List Taschenbücher der Wissenschaft
Erziehungswissenschaft

Heydorn/Koneffke, Studien zur Sozialgeschichte und Philosophie der Bildung
II Aspekte des 19. Jahrhunderts in Deutschland
Band 1667

Die Reihe *Erziehungswissenschaft* wird herausgegeben von Hans-Jochen Gamm

Heinz-Joachim Heydorn
Gernot Koneffke

Studien zur Sozialgeschichte und Philosophie der Bildung

II

Aspekte des 19. Jahrhunderts in Deutschland

List Verlag München

Originalausgabe

ISBN 3 471 61667 5

Printed in Germany. Schrift: Garamond-Antiqua
Gesamtherstellung: Wagner, Nördlingen

Der zweite Band der Studien, – »Aspekte des 19. Jahrhunderts in Deutschland« –, führt vom radikalen Ausgang der neuhumanistischen Bewegung zum schließlichen Verfall der bürgerlichen Bildungstheorie. Die entscheidenden Stadien werden freigelegt, Jachmann, Humboldt, die Übersetzung des Gedankens auf den gesamten Prozeß der Geschichte im Werk Hegels. Bildung des Bewußtseins wird zum Instrument einer Destruktion, mit der eine kommende Gesellschaft entbunden wird. Damit hat die bürgerliche Theorie ihre äußerste Möglichkeit entfaltet; ihr Niedergang wird unabwendbar. Die Analyse der Schulkonferenzen von 1890, 1900 und 1920 deckt den wachsenden Irrationalismus der spätbürgerlichen Gesellschaft unter Hinweis auf die Gegenwart auf.

Heinz-Joachim Heydorn
Gernot Koneffke

Inhaltsverzeichnis

Vorbemerkung

Die Beiträge des zweiten Bandes der »Studien zur Sozialgeschichte und Philosophie der Bildung, Aspekte des 19. Jahrhunderts in Deutschland« sind der von den Verfassern im Verlag Detlev Auvermann, Glashütten, herausgegebenen Sammlung historischer pädagogischer Neudrucke, »Paedagogica«, entnommen. Dies gilt nicht für die Einleitung der »Hallischen Jahrbücher«, – gleichfalls im Verlag Detlev Auvermann ediert –, und die Arbeit über Wilhelm von Humboldt, der ein Vortrag in der Frankfurter Universität anläßlich seines 200jährigen Geburtstages zu Grunde liegt. Den Einleitungen, die sich auf Texte der »Paedagogica« stützen, ist eine pragmatische Bibliographie beigegeben. Die Arbeit über Jachmann entstand 1969, über Humboldt 1968, über Hegel 1973, zu den »Hallischen Jahrbüchern« 1971, die Arbeiten zu den Schulkonferenzen entstanden 1972/73.
Der Band soll auf entscheidende Entwicklungsstadien in der Bewußtseinsgeschichte des 19. Jahrhunderts verweisen; Bildung wird als historische Dimension begriffen. Über die Genese des Neuhumanismus führt der Weg zu Humboldt und Hegel, von ihm zur revolutionären Konsequenz. Eine Analyse des Marxschen Bildungsbegriffs ist an anderer Stelle vorgelegt worden*. Die Schulkonferenzen von 1890, 1900 und 1920 sind Gegenstand einer Anatomie des zerfallenden und brutalisierten bürgerlichen Bewußtseins.
Wenn nach Hegel Erkenntnis erst mit der Würdigung aller Momente möglich wird und damit ihre Beziehung zueinander einschließt, bleibt dies im Prinzip gewahrt. Die

* Heinz-Joachim Heydorn: »Über den Widerspruch von Bildung und Herrschaft«, Frankfurt, 1970, Seite 134 ff.

Geschichte des Bewußtseins bildet jedoch einen natürlichen Schwerpunkt. Als Gegenstand von Bildung darf das Bewußtsein diesen Schwerpunkt beanspruchen, wenn seine materielle Bedingung ins Auge gefaßt ist. Diese Bedingung ist nicht ausschließlich auf einen umrissenen Zeitpunkt zu begrenzen. Das Bewußtsein transzendiert seine Bedingung, es bliebe sonst affirmativ, es ist über seine Gegenwart allein nicht zu fassen, so sehr es auch in ihr wurzelt und in ihr seinen stetigen Ausgangspunkt findet. Im geschichtlichen Verhältnis von Bedingung und Erkenntnis sind die Nahtstellen nicht mechanisch festzumachen, sondern Inbegriff widersprüchlicher Prozesse. Geschichte des Menschen insgesamt will mitgedacht sein.
Ist der genuine Gegenstand in den Vordergrund gerückt, so meint Geschichte Gedächtnis und Zukunft; beide Begriffe verweisen auf Gleiches, Selbstverständigung des Menschen. Die verwandte Sprache bleibt jenseits der Gitter des Positivismus, der auch dort, wo er sich revolutionär einführt, zum Instrument geistiger Paralyse wird.

Heinz-Joachim Heydorn
Gernot Koneffke

I Heinz-Joachim Heydron: Reinhold Bernhard Jachmanns »Archiv Deutscher Nationalbildung«. Zur Genese des Neuhumanismus.

Zum ersten Male seit seinem Erscheinen im Jahre 1812 wird das »Archiv Deutscher Nationalbildung« der Öffentlichkeit wieder vorgelegt. Dem Vergessen fast ganz anheimgefallen, stellt es doch einen Höhepunkt in der Geschichte der deutschen Pädagogik dar. Die Gründe, die zu seinem Vergessen geführt, vor allem aber seinen entscheidenden Veranstalter, Reinhold Bernhard Jachmann, aus dem Bewußtsein gelöscht haben, sind nicht zu übersehen. Das revolutionäre Bildungsprogramm, das von Jachmann vorgelegt wurde, entzog sich jeder spätbürgerlichen Umdeutung, jeder Paralysierung und Heraussetzung in das Niemandsland des Geistes, wie sie an anderen Autoren bis zur Unkenntlichmachung vorgenommen wurden; der apodiktische Charakter dieses Programms schloß jede Einvernahme aus. So wurde es der Vergessenheit überliefert und Jachmann nur hier und dort noch als verschrobenem Außenseiter kurze Erwähnung getan; die bestimmenden gesellschaftlichen Kräfte unseres Landes haben den Teil unserer nationalen Geschichte untergehen lassen, in dem die Hoffnung auf die Befreiung des Menschen einen Ausdruck fand. Jachmann erfuhr damit das gleiche Schicksal wie Peter Villaume, Karl Follen oder Franz Heinrich Ziegenhagen, deren Namen verschollen sind. Es ist heute endlich an der Zeit, diese unsere eigene, bessere Geschichte einzuholen. Jachmann und sein »Archiv Deutscher Nationalbildung« gehören ihr auf hervorragende Weise an.

Es wird zunächst wichtig sein, auf einige Voraussetzungen hinzuweisen, die mitgedacht sein wollen, um das Werk Jachmanns und seiner Mitarbeiter zu verstehen; dies geschieht im thematischen Zusammenhang und kann den Charakter einer kurzen Einleitung nicht überschreiten. Mit Jachmann und dem von ihm geleiteten »Conradinum« zu Jenkau bei Danzig vollzieht sich der Übergang von der Spätaufklärung zum Idealismus, der mit dem Beginn des neuen Jahrhunderts unter dem Einfluß der Philosophie vielfältig einsetzt; als strenger Schüler Kants sucht er die praktische Vernunft aus dem Reich des Gedankens in die Wirklichkeit zu übersetzen. Sein Bildungs- und Schulprogramm zeigt die radikale Konsequenz, mit der dieser Versuch unternommen wird. Zugleich bleibt deutlich, daß die vornehmste Tradition der Aufklärung in diesen Versuch eingegangen ist; was für Kant selber gilt, daß er die Aufklärungsphilosophie seiner Zeit nicht nur überwunden, sondern auf einer höheren Stufe fortgesetzt hat, gilt auch, mutatis mutandis, für seinen Schüler Jachmann. Die antiaufklärerische Wendung des Idealismus wird zwar von seinen Vertretern subjektiv stark empfunden, zumal gerade im Bereich der Pädagogik mit vorherrschenden Aspekten der aufklärerischen Theorie gebrochen wird, doch bleibt der objektive Zusammenhang auch hier gewahrt; die aufklärerische Vernunft wird zu sich selbst freigesetzt. Blieb sie in der vorherrschenden pädagogischen Theorie des 18. Jahrhunderts fast immer an Stand und Beruf, an die Bedingungen einer vorgegebenen Klassenherrschaft gebunden und durfte nur innerhalb dieses Rahmens wirksam werden, – Rochow und Salzmann, aber auch Resewitz waren sich dieser Grenzen stets gewärtig –, so erfährt sich diese Vernunft mit den Höhepunkten des Idealismus als Gleichheit aller, als revolutionärer Ansatz für eine kommende Geschichte. Das auch von der deutschen Aufklärung letzthin intendierte, ihr zumindest jedoch immanentes Ziel, wird damit auf die Höhe des Bewußtseins gehoben. Es ist nicht zufällig, daß spätere Zeiten diesen Zusammenhang geleugnet und Idealismus und Aufklärung einander ausschließend gegenübergestellt haben; es geschah dies, um dem Idealismus den Platz machtloser Größe außerhalb aller gesellschaftlicher Widersprüche zuzuweisen, die Aufklärung jedoch aus unserem Gedächtnis herauszunehmen oder sie der Lächerlichkeit zu überliefern. Doch zeigt gerade die größte Gestalt, mit der die pädagogische Aufklärung abschließt, Johann Heinrich Pestalozzi, wie eng Idealismus und Aufklärung ineinandergreifen und wie vielschichtig die

Wirkungsfolgen anzusehen sind. Auf dem Hintergrund der Aufklärungspädagogik und dem Heraustreten aus ihren Bedingungen ist somit das Werk Jachmanns zu verstehen. Es stellt für seine Zeit eine äußerste Konsequenz dar, die in ihren Fragestellungen für die Gegenwart und eine mögliche zukünftige Entwicklung von erheblicher Bedeutung bleibt. Es ist jedoch notwendig, bevor Jachmanns Werk selbst Gegenstand einer kurzen Analyse wird, weiter zurückzugreifen und auf einige entscheidende Voraussetzungen hinzuweisen.
Die Aufklärungspädagogik wird auf eine Weise eingeleitet, die ihre höchste Möglichkeit antizipiert; das Werk des Jan Amos Comenius gehört zu den bedeutendsten Leistungen der Geschichte der Pädagogik. Der letzte Bischof der Böhmischen Brüder vermittelt zugleich eine Tradition, die der Entstehungsgeschichte der Demokratie angehört. Sein Werk macht den Ursprung deutlich, aus dem die aufklärerische Vernunft hervorgeht, vielmehr ist dieser Ursprung noch ganz vorhanden, als inneres Licht, das allen Menschen gemeinsam ist und sie zu Brüdern macht. Es sind dies Nachklänge einer revolutionären Mystik, die den Anbruch des Gottesreiches anzeigt. Die Brüder hüten dieses Erbe, in stillem, gemeinschaftlichem Tun, denn sie sind seine historischen Sachwalter; hinter ihnen liegen die Hussitenkriege, die frühe Rebellion des tschechischen Volkes, das neue Jerusalem zu Tabor. Die Vision, die im Werk des Comenius wirksam bleibt, verwandelt wiedererscheint, ist die gleiche, die dem großen Aufstand an der Wende der Zeiten unterliegt, im deutschen Bauernkrieg, bei Quäkern und Millenariern eschatologische Zeichen gibt, in den Niederlanden schließlich eine Fluchtstätte von langandauernder kommunikativer Wirkung findet. Es ist kein Zufall, daß Comenius seine letzten Lebensjahre in Amsterdam verbringt. Doch ist das comenianische Werk mehr als eine auslaufende Spur, ein bewahrendes Gedächtnis, wie es die Mennoniten als Reste der wiedertäuferischen Bewegung kennzeichnet; es setzt dieses Gedächtnis auf die realen Bedingungen hin um, der Messianismus verbindet sich einem systematischen politischen Konzept. Die frühkapitalistischen Bedingungen werden in den Bildungsprozeß als Movens umfassend einbezo-

gen, das auf die Veränderung des Menschen, auf die Befreiung seiner Vernunft hin gerichtete Handeln verbindet politische und pädagogische Perspektiven auf ungebrochene Weise. Die Wirklichkeit kann nur über die Einbeziehung ihrer Arbeits- und Produktionsweisen verändert, Bildung nur so wirksam werden, gleich wie die Politik an die gegebenen Voraussetzungen anzuknüpfen hat, um die Wiederherstellung des Menschen zu ermöglichen. Die große und weltzugewandte Weise der Vernunft verliert niemals ihr letztes Ziel aus den Augen, das auf die Überwindung der Herrschaft, auf einen endgültigen Frieden, auf den Tag eines neuen Reiches gerichtet ist. Geschieht die Befreiung der Vernunft auch auf eine Weise, mit der sie die vorgefundene Bedingung in sich aufnimmt, so läßt sie doch diese Bedingung zugleich wieder hinter sich, um den nächsten verändernden Schritt zu tun; das comenianische Schulsystem zeigt als System einer Einheitsschule schon Elemente einer künftigen, klassenüberwindenden Gesellschaft. Dies ist nicht möglich ohne die Hinterlassenschaft, die im comenianischen Werk fortlebt und ihre Modifikation erfährt; die deutsche pädagogische Aufklärung bietet zu Anfang nichts Gleiches, die Erinnerung an die großen Aufstände ist viel tiefer abgesunken, nur Ratke behauptet einen eigenen Rang.

Auch in Deutschland lebt jedoch die Reich Gottes Erinnerung, die Erinnerung an den Sofortbeginn einer neuen Wirklichkeit, wie er mit der Reformation ausbrach, unterirdisch fort, wird im inneren Reich, oft unerkennbar, bewahrt und gerettet, verbindet sich als Pflanzstätte einer zunächst religiösen Erfahrung, dann einer keimenden aufklärerischen Vernunft der frühkapitalistischen Realität, um sie zu vermenschlichen. Der erste Auftakt dieser Aufklärungspädagogik wird in Deutschland mitten während des dreißigjährigen Krieges gegeben; einige kleine Territorialstaaten gehen weit voran, Herzog Ernst von Gotha sichert sich durch seine vorausschauende Initiative einen Platz in der Geschichte des Bildungswesens. Von Anfang an sind die Züge realistisch, auf die Entwicklung frühkapitalistischer Möglichkeiten und die Verbesserung der landwirtschaftlichen Produktion hin gedacht. Durch den ökonomischen Charakter der Bildungsauffassung wird der arme und verwahrloste Mensch zugleich zwangsläufig auf eine höhere Stufe gehoben, indem auch er in den Umkreis der Wissensvermittlung eingeschlossen wird; durch die Verbesserung seiner Produktionsfähigkeit kann er sich von den drückendsten Fesseln des Vegetierens befreien. Ansätze sind erkennbar, einen bewußten Untertanen zu erziehen und damit eine erste Selbstverständigung auszulösen. Vor allem jedoch soll der mittleren, bürgerlichen Klasse eine adaequate Bildung zugute kommen, über die gleichzeitig ihre Bedeutung innerhalb des sozialen Gefüges gestärkt wird. Die Herrschaftsstruktur selbst wird an keiner Stelle in Frage gestellt, doch wird sie gemildert, ihr äußerster Rigorismus soll überwunden werden. Dies geschieht nun vornehmlich durch eine Verbindung, die den neuen Bildungsrealismus von Beginn an kennzeichnet; er tritt mit dem Frühpietismus gemeinsam auf und löst diese Verbindung zum Pietismus erst mit der fortschreitenden Säkularisation um die Mitte des 18. Jahrhunderts. Im Pietismus, der neuen Form religiöser Selbsterfahrung, lebt eben jene antihierarchische Tradition verborgen weiter, deren revolutionäre Virulenz untergegangen und fast vergessen ist; doch wird eine neue, gemeinsame Gotteskindschaft erlebt, die sich durch produktives Leben bewährt. Der Pietismus, dessen separatistische Splitterungen immer wieder auf seinen Ursprung hinweisen und den selbstgesetzten Rahmen demütiger Wirksamkeit zugunsten des sofortigen Gottesreiches sprengen, wird zum entscheidenden Bindeglied zwischen der revolutionären Mystik des auslaufenden Mittelalters und der aufklärerischen Vernunft. Es ist daher nicht zufällig, daß der bestimmende Einfluß des Pietismus auf die Entwicklung des Schulwesens fast bruchlos durch die säkularisierte Vernunftideologie abgelöst werden kann, die die religiösen Faktoren transformiert. In der hervorragenden Gestalt des Thomasius sind beide, pietistische und aufklärerische Elemente, widerspruchslos vereinigt.

Es sind die Stillen im Lande, vornehmlich kleine Gewerbetreibende und Handwerker, die die pietistische Bewegung tragen und durch ihren antifeudalen Lebensstil ein neues Selbstbewußtsein des Bürgertums vorbereiten, nachdem die alten bürgerlichen Stadtkulturen durch den Absolutismus fast gänzlich vernichtet waren. Die Franckeschen Anstalten in Halle sind das entscheidende pädagogische Vermittlungszentrum des Pietismus in Deutschland, ohne sie ist die weitere Entwicklung nicht denkbar. Es ist bezeichnend, daß Geist und Werk des Comenius hier einen Ort der Aufbewahrung finden, wenn auch nie voll verstanden. Pläne entstehen, die auf den Charakter einer Einheitsschule abzielen, so der Plan Gesners, der entschieden über die gegebenen Möglichkeiten hinaus weist und trotz antipietistischer Elemente ohne die Vorarbeit der Franckeschen Organisation nicht hätte geleistet werden können. Jedoch soll auch mit ihm das Bewußtsein keineswegs revolutioniert werden; in der Kurfürstlich Braunschweigisch-Lüneburgischen Schulordnung aus dem Jahre 1737, an der Gesner hervorragenden Anteil hat, wird die Aufgabe des Lehrers darin erblickt, »den Staat mit rechtschaffenen Bürgern und alle Stände darinnen mit tüchtigen Gliedern zu versehen«. Die herrschaftsstrukturellen Bedingungen werden nicht in Frage gestellt, der Preußische Staat kann die durch den Pietismus geleistete Vorarbeit widerspruchslos fortsetzen, um sie seinen ökonomischen und politischen Interessen dienstbar zu machen. Auch dort, wo der vermenschlichende, auf eine frühkapitalistische Mobilität hin gerichtete Ansatz unverkennbar ist, werden die ständischen Grenzen nicht in Frage gestellt und festliegende Arbeitsmerkmale nicht bezweifelt. Der Mensch hat zu bleiben, wo er ist, seine Selbstverständigung führt über diese Grenze nicht hinaus. Dabei wird dem erwerbenden Bürgerstand eine wichtige Position innerhalb dieser anerkannten Herrschaftsstruktur zugewiesen; es sind dies »Kaufleute, Künstler, Schiffsherren, Manufakturisten, größere Land- und Hauswirte, sie mögen adlig sein oder nicht, und alle, welche große Erwerbungsgeschäfte unternehmen«, heißt es bei Resewitz in seiner berühmten »Erziehung des Bürgers«. Was für den Rest bleibt, hat der preußische Minister von Zedlitz im Jahre 1787, durchaus im Rahmen der pädagogischen Humanität des deutschen Aufklärungsbürgertums, formuliert: »Wenn der Schulunterricht den Endzweck haben soll, die Menschen besser und für ihr bürgerliches Leben brauchbarer zu machen, so ist es ungerecht, den Bauer wie ein Tier aufwachsen, ihn einige Re-

densarten, die ihm nie erklärt werden, auswendig lernen zu lassen; und es ist eine Torheit, den künftigen Schneider, Tischler, Krämer wie einen künftigen Konsistorialrat oder Schulrektor zu erziehen, sie alle Lateinisch, Griechisch, Hebräisch zu lehren und den Unterricht in Kenntnissen, die jene nötig haben, ganz zu übergehen oder diese Kenntnisse für sie unverständlich und unanwendbar vorzutragen«.
In den Jahren, die der französischen Revolution unmittelbar vorangehen, vor allem aber während dieser Revolution selbst, erweist sich die deutsche Aufklärungspädagogik als zuverlässiges Instrument der Herrschaft. Untertanentum und Aufklärung werden von Salzmann als zwei Aspekte der gleichen Sache beschrieben. Es fehlt an allem, um über den eigenen Schatten zu springen, es fehlt nicht zuletzt an der großen, kritisch-analytischen Durchdringung der gesellschaftlichen Zusammenhänge, die die französische Philosophie während des ganzen Jahrhunderts geleistet hatte. Mit ihr konnte die Bildungsutopie jedoch erst möglich werden. Morelly und Rétif de la Bretonne; auf diesem Hintergrund entstehen die Schulpläne Condorcets und Lepeletiers, die weit in die Zukunft weisen, wird die erregende Diskussion im Konvent vorbereitet. Dies alles fehlt in Deutschland, Aufklärung wird auf die Düngung des Bodens reduziert. Es ist der degenerierte Zustand der deutschen Aufklärungspädagogik, der beachtet werden muß, wenn der aufkommende pädagogische Idealismus richtig verstanden sein will, ihre Unfähigkeit, die bestehende Ordnung in Frage zu stellen. Die Industrie- und Armenschulen, die sie mit bemerkenswerten polytechnischen Ansätzen geschaffen hatte, gehen nicht nur deswegen unter, weil die beginnende industrielle Revolution ihre bisherige Form überflüssig macht, sondern auch deshalb, weil sie sich unter den gegebenen Bedingungen jeder progressiven Entwicklung verschlossen. Sie waren Schulen zur Vorbereitung einer künftigen Fron geworden. Der Anschluß an die revolutionäre Bewegung wird über den Neuhumanismus gefunden. Die Aufklärungspädagogik konnte die in ihr enthaltene Vernunft somit nicht befreien, sie hat sie zuletzt nur noch verdunkelt. Es gibt einige, wenige, große Ausnahmen; Campe und Trapp suchen einen Anschluß an die neue, revolutionäre Bewegung, C. F.

Bahrdt hat in seiner Schrift »Rechte und Obliegenheiten der Regenten und Untertanen« aus dem Jahre 1792 eine ganz neue Landschaft betreten. Peter Villaume schließlich setzte den auf die Überwindung des industriellen Territorialismus zielenden bürgerlichen Gedanken in eine radikal emanzipatorische Nationalbildung um. Sie läßt in der Tat alle soziale Determination hinter sich. »Die Menschenliebe? Würde es nicht zu viel von dem Volke gefordert sein? Ein Teil der Menschheit drückt es, ein anderer Teil läßt sich gegen dasselbe als Werkzeug der Bedrückung brauchen. Die Liebe beruht auf Achtung. Kann der Mensch aber denjenigen achten, den er sieht die Rechte seiner Mitmenschen und die seinigen unter die Füße treten? Kann er diejenigen achten, welche er sieht knechtisch kriechen und, stolz auf ihre Knechtschaft, sich der Verachtung und den Mißhandlungen der sogenannten Großen rühmen? O, die Menschenliebe wird sich in enge Schranken schließen, wenn sie der Achtung bedarf; und außer der Achtung ist sie doch weiter nichts als Barmherzigkeit gegen Elende«. Villaume geht es um die Veränderung der Bedingungen, denen der Mensch unterworfen ist, nicht mehr allein um Bildung; »Das verwundete Herz ist allen, auch den finstersten Eindrücken offen, und es bedarf weiter nichts, als einer Gelegenheit, es zum Verbrecher zu machen«. Somit wird der »Aufstand des Volkes« zur unabweisbaren Forderung.
Um die neuhumanistische Reaktion auf die Aufklärungspädagogik zu verstehen, auf ihre Berufs- und Arbeitsgebundenheit, muß man ihr Ende mitdenken. Es war dies keine Rückkehr zum degenerierten Formalismus der gelehrten Schulen, sondern die einzig mögliche Position gegenüber einer Bildungsauffassung, deren originärer Charakter fast gänzlich verstümmelt und zum reinen Herrschaftsmittel instrumentalisiert worden war. Wo der Neuhumanismus seine stärkste Aussagekraft erreicht, wird er zu einem Versuch, die soziale Determination des Menschen aufzuheben, zum revolutionären Agens. Nur so ist die scharfe Distanzierung von jeder berufsbezogenen Ausbildung zu verstehen, wie sie uns im »Archiv Deutscher Nationalbildung« entgegentritt; sie steht dem möglichen Schritt zum universellen Menschen sozialdeterministisch entgegen. Die Vernunft, die

sich durch Aufklärung befreien sollte, war im Determinismus der Arbeitsteilung untergegangen, im Koordinatensystem der Klassenherrschaft; sie gewinnt sich abstrakt, als reine Vernunft zurück. Dieser Vorgang wird schon mit der zweiten Hälfte des 18. Jahrhunderts erkennbar und vollzieht sich in kritischer Distanzierung vom Arbeitsrealismus der Aufklärung. Der Bürger will sich als Mensch erfahren und nicht über eine soziale Fixierung, die seine Ketten nur geschmeidiger macht, er will sich als Menschheit für alle setzen. Verschiedene Einwirkungen sind hier zu beachten, an denen dieser Prozeß der Selbstverständigung seinen Inhalt gewinnt. Der nationale Gedanke löst sich aus seiner ursprünglichen, ökonomischen Verhaftung und gewinnt eine eigene, humanistische Qualität, wird mit Herder zum Band der Völker, die Rousseausche Befreiung der Natur, die nun schon romantische Sehnsüchte offenbart und einen neuen Naturbegriff vorbereitet, läßt eine tiefe Wirkung zurück. Dies alles zielt auf einen großen Sprung, auf ein neues Evangelium, das über die Geschichte heraustritt, doch wird zugleich eine eigentümliche Schwäche früh erkennbar. Der Versuch, den Menschen einzuholen, enthält von Beginn an Fluchtmomente, weicht der realen gesellschaftlichen Auseinandersetzung durch die Errichtung einer Wohnstätte in imaginärer Landschaft aus, zeigt eine veränderte Fortsetzung der aufklärerischen Intention, das ungelöste politische Problem über die Bildung zu unterlaufen. Wieder werden Bildung und Herrschaft getrennt, statt beide in Eins zu sehen, das bürgerliche Selbstbewußtsein emanzipiert sich im selbsterzeugten Elysium, an die Stelle einer degenerierten Aufklärung, die das Auge des Menschen auf den Boden haftet, tritt das irreale Reich. Eine folgenschwere Dialektik wird auch darin erkennbar, daß sich die bürgerlich-nationale Emanzipation gegen Frankreich vollzieht, das zunächst als absolutistisch kulturelles Vorbild der deutschen Feudalherren, dann als Tyrann unter Napoleon erscheint. Selbstbestimmung und nationaler Charakter schienen somit gegen Frankreich erkämpft werden zu müssen, eine überspringende Wirkung der französischen Ideologie wurde paralysiert. Sie allein jedoch hatte die Voraussetzung einer revolutionären Möglichkeit entwickelt und die Frage nach der realen Verwirklichung des Menschen gestellt; dem deutschen Humanismus blieb dieser Zugang versperrt. Der reine Bildungsgedanke wird schließlich um so mehr verabsolutiert, als die Konsequenzen der französischen Revolution nicht mitvollzogen werden können, die Guillotine zum Trauma wird, auch der eigenen Frustration und Machtlosigkeit, nicht nur der Angst vor den Massen. Damit wird Bildung zur Selbstrechtfertigung; wenn Edmund Burke die Revolution als Sprecher des englischen Volkes verwarf, dann konnte er es tun, weil diese Revolution bereits stattgefunden hatte, der deutsche Bürger mußte sie verwerfen, weil er sie nicht fertig brachte. Eine servile Anpassung an adlige Verhaltensweisen setzt früh ein und beschleunigt den Vorgang der Demoralisation, der am Ende dieser Entwicklung durch Heinrich Manns »Untertan« repräsentiert wird. Zwar hätte das Wahlverwandschaftsverhältnis zu den Griechen, das für die humane Emanzipation des deutschen Bürgertums von großer Bedeutung war und zu Zeiten eine Dimension von seltenem geistigen Rang gewinnt, in gleicher Weise wie der Brutus Kult der Franzosen eine revolutionäre Spitze gewinnen können, doch ließen dies eben die Umstände nicht zu. Das Griechentum öffnet vielmehr neue Fluchtwege, bei metaphysisch-romantischer Unbestimmtheit, Narzissusbesessenheit und Hochzüchtung äußerster Sensibilität. Es wird zum Modell einer zerbrechlichen ästhetischen Welt auf dem Untergrund des Schreckens. So endet die zu sich selbst befreite Vernunft bald schon dort, wo auch die aufklärerische in Deutschland geendet hatte: Sie wird zur Rechtfertigung des Bestehenden, nur auf eine andere Weise. Hatte der Bildungsrealismus die gottgewollte Ordnung als unabänderlich hingestellt, jeder in seinem Stand zum Dienst der Herrschaft, so endet der Bildungsidealismus im Niemandsland und liefert damit eine neue Bestätigung des Gegebenen; er wird zum leeren Tauschwert, zum sinnentleerten Merkmal des Privilegs.

Die kompensatorische Herrschaft des Geistes wird dennoch in dieser ersten Periode, die dem Ende der Aufklärungspädagogik folgt, noch nicht in ihren vollen Konsequenzen entwickelt, es gibt Ansätze, die Herrschaft der Vernunft real zu machen, einen revolutionären Prozeß der gesellschaftlichen

Umwälzung einzuleiten. Dies geschieht, auch im Bereich der Bildung, vor allem nach Jena und Auerstedt. Die von der Sinnlichkeit emanzipierte Vernunft schlägt mit großer Wucht auf die Realität zurück. Zwar wird auch hier die Schwäche erkennbar; dem direkten, umfassenden Angriff auf das Bestehende wird ausgewichen, der Gedanke, der sich der Bildung zuwendet, weiß schon zu sehr um die politische Aporie. Die Art und Weise aber, wie er dies tut, öffnet neue Horizonte; die Bildungsentwürfe haben dort, wo sich der nationale Gedanke nicht aus der menschheitlichen Verbindung löst, wahrhaft revolutionären Charakter. Indem Bildung zur Hoffnung wird, zum Modell einer zukünftigen Gesellschaft, bewahrt sie zugleich eine Hoffnung auf, die als Hoffnung der Menschheit gefaßt wird; im Besten läßt das Bürgertum seine eigene Bedingung hinter sich und wird zum Sprecher des ganzen Volkes, aller Erniedrigten. Damit überwindet es auf dem Höhepunkt seinen partiellen Charakter als Klasse und erweitert sich zur Universalität. Die universelle Bildung wird Bildung zur universellen Befreiung. Dies gilt für Fichte, wenn auch mit Einschränkungen, – doch ist es längst überfällig, die aufklärerische Gewalt in Fichtes Denken neu zu entdecken –, für Humboldt in bleibendem, erst wieder aufzugrabendem Befreiungsansatz. Es gilt für Jachmann, wenn auch ohne den Reichtum der Welten, in denen Humboldt zu Hause war, doch mit unerhörter Konsequenz. Mit dem Süvernschen Entwurf, der der Reaktion zum Opfer fällt und bereits Zeichen der Anpassung zu erkennen gibt, endet diese Periode. Die kurzen, erregenden Jahre dieser Erhebung, die 1848 ihr letztes Nachspiel finden, erreichen zwar nicht ihr Ziel; für die Geschichte der Pädagogik jedoch hinterlassen sie einen bemerkenswerten Ertrag. Dies ist nicht nur historisch zu verstehen; Jachmann läßt die bürgerliche Gesellschaft in seinen entscheidenden Positionen weit hinter sich und weist auf eine unangebrochene Zukunft. Hatte die Aufklärungspädagogik deutlich gemacht, daß sich der Mensch über seine realen Bedingungen zum Menschen bildet, so hat die Pädagogik des Idealismus in ihren größten Vertretern das Bild eines Menschen antizipiert, auf den alle Bildung gerichtet ist, der ständig aus der Verdunkelung befreit sein will, wenn unser Auge nicht blind werden soll. Der soziologische Aspekt der Aufklärung gewinnt erst dann in der Pädagogik eine humane Geltung, wenn die Vision eines befreiten Menschen in ihm enthalten bleibt, der seine Last von sich geworfen hat. Erst damit ergeben sich auch Zusammenhänge zwischen einer speziellen und allgemeinen Bildung im Sinne weiterwirkender Fruchtbarkeit. Ist es die spezielle Bildung, die den Menschen für seinen Tag, so ist es die allgemeine, die ihn für seine Zukunft fähig machen soll, zur universellen Wiedergewinnung.

»Jachmann: Reinhold Bernhard J., Dr. phil., Geheimer Regierungs- und Provinzialschulrat, den 16. August 1767 in Königsberg in Ostpreußen geboren, vorgebildet auf dem dortigen Altstädtschen Gymnasium, bezog eben daselbst 1783 die Universität, um Theologie zu studieren«, heißt es in der »Allgemeinen Deutschen Biographie«. Es wird hinzugefügt, daß er sehr bald in eine enge Beziehung zu Immanuel Kant trat. Wir wissen in der Tat wenig über die Jugendjahre Jachmanns, kaum mehr als die eben zitierte Biographie berichtet, auch für die spätere Zeit ist das Material überaus spärlich und gibt kaum Hinweise auf Einzelheiten. Sicher ist, daß er der Sohn eines Schuhmachers war; wie viele große Deutsche dieser Zeit entstammte er beschränkten Verhältnissen. Im Jahre 1783 nahm er das Studium der Theologie an der Königsberger Universität auf, unter dem Dekanat Kants. Das Verhältnis der Schülerschaft, das ihn mit dem Philosophen verbindet, bestimmt sein gesamtes zukünftiges Leben; Kant selbst wünschte sich diesen seinen Schüler als Biographen, eine gewiß ungewöhnliche Auszeichnung angesichts des spröden, zurückhaltenden Mannes. Mit tiefer Bewegung weist Jachmann in seinem im Jahre 1794 anläßlich seiner Rektoratsprüfung eingereichten Lebenslauf auf diese Begegnung hin: »Praelectionibus P. Kantii absolutis, quoniam in examine quaestiones satis aptas a me reddi videret, vir ad obitum usque reverentia prosequendus talem in me cepit favorem, ut liberum mihi aditum ad praelectiones suas omnes concederet, me caeteris professoribus eodem consilio commendaret, amicitia me acciperet atque ad hodiernum usque diem innumeris adficeret beneficiis«. Kant ist es auch, der ihm seine ersten Hauslehrerstellen vermittelt und seine erste gedruckte Arbeit persönlich einleitet.

Die theologischen Studien stehen somit ganz im Schatten der Philosophie, doch ist dies nicht ungewöhnlich für die Zeit. Es besteht zudem kein Zweifel, daß Jachmann auch philosophisch Kantianer blieb, solange wir seine geistige Spur verfolgen können, obgleich behauptet worden ist, er habe später vornehmlich unter dem Einfluß Fichtes gestanden. Diese Behauptung ist nicht zu verifizieren; Fichtesche Ansätze werden zwar von Jachmann im »Archiv« aufgenommen, doch bleibt der entscheidende Ausgangspunkt seines Denkens an Kant gebunden. Passow hat recht, wenn er Jachmann im Jahre 1810 als einen »Schüler von Kant« bezeichnet. Die Tatsache, daß das »Archiv« ein Bild Fichtes an den Anfang setzte, sollte vielmehr allen Lesern deutlich machen, daß sich die Gruppe um dieses Organ dem Befreiungskampf aktiv verpflichtet wußte.

1792 wird Jachmann als Pfarrer nach Marienburg gerufen, im Jahre 1794 wird er Rektor der dortigen Gelehrten Schule, »mit Beistimmung der ganzen Bürgerschaft«. Die bedeutendste Wende seines Lebens vollzieht sich, da er im Jahre 1801 als Direktor des »Provinzial-Schul- und Erziehungsinstituts« nach Jenkau bei Danzig berufen wird. Dieses Institut beruhte auf einer Stiftung des Polnischen Kammerherrn K. F. von Conradi, der im Jahre 1798 starb. Testamentsvollstrecker Conradis wurde der Regierungspräsident von Beyer, dem Jachmann sein erstes Buch gewidmet hat. Beyer schätzte Jachmanns Arbeit sehr, er sei, so läßt er bei der Berufung wissen, »als vorzüglicher Pädagoge vorteilhaft bekannt«, er habe den Ruf, »der besten Schulanstalt der Provinz vorzustehen«. Das Institut wird am 10. Januar 1801 offiziell eröffnet, vorher hatten Jachmann und Beyer gemeinsam die inhaltlichen Richtlinien für die Gründung bestimmt; sie halten sich im wesentlichen an die Bestimmungen des Stifters, der die Schule im Geiste des Dessauischen Philanthropin eingerichtet wissen wollte. Im Vorwort der »Prüfung der Kantischen Religionsphilosophie« wird auf die Aufforderung hingewiesen, »an der Errichtung dieser so nützlichen Anstalt« teilzunehmen. Bis zur Schließung des Instituts im Jahre 1813 liegen nur wenige Zeugnisse über die

Person Jachmanns vor, der aus sich selbst nichts machte; sie ergeben dennoch, wenn man die subjektive Befangenheit der Beurteiler mit in Betracht zieht, ein gewisses Bild. Der preußische Minister von Massow, der das Institut im Jahre 1802 besucht, bemerkt über ihn: »Er zeichnet sich durch sein solides Verfahren ebenso als durch feines und anständiges Äußere aus«, doch wirft er ihm zugleich vor, dirigistisch gegenüber seinen Lehrern zu verfahren. Er meine, so fügt der Minister hinzu, daß sich kein Lehrer eine solche Behandlung auf die Dauer gefallen lassen könne; ein 1804 erlassenes Regierungsreglement über die Befugnis der Direktoren geht auf diesen Besuch in Jenkau zurück. Die Feststellung des Ministers, der keineswegs als liberal galt, ist erstaunlich, dies um so mehr, als er zugleich das Fehlen eines ständischen Bewußtseins im Institut kritisch vermerkt. Erst im Kontext mit den wenigen erhaltenen Bemerkungen zu Jachmanns Person und den in der Schule gegebenen Verhältnissen, wie wir sie dem Briefwechsel Passows entnehmen können, wird dieses autoritäre Verhalten verstehbarer. Jachmann wollte einen großen Schritt nach vorn, von Anfang an hatte er den Modellcharakter der Schule zu entwickeln versucht; er konnte dies nicht mit einer Lehrerschaft, die Züge einer allgemeinen Kretinierung aufwies.

Franz Passow, der Mitherausgeber des »Archivs« tritt 1810 als zweiter Direktor in das Institut ein, er sollte Jachmann zur Ergänzung seines Wirkens beigegeben werden. Die Charaktere sind grundverschieden, obwohl die Bewegung der Zeit zunächst eine gemeinsame Grundlage schafft. Passow ist Patriot wie Jachmann, begeisterter Neuhumanist, ein Mann von stupender wissenschaftlicher Begabung, der auf die innere Entwicklung der Schule einen großen Einfluß gewinnt; die sozialrevolutionären Theorien des ersten Direktors interessieren ihn jedoch nur am Rande, soweit es sein bürgerliches Bewußtsein und die Augenblicke des geschichtlichen Aufschwungs eben zulassen, sein wahres Interesse gilt der Antike. Es darf sogar angenommen werden, daß die Berufung Passows auch als Korrektiv für Jachmann gedacht war. »Jachmann hatte vortrefflich auf die sittliche und allgemeine Verstandsbildung gewirkt, aber freilich nur eine geringe Masse von Ideen und Kenntnissen in Umlauf gebracht«, heißt es in Passows Briefwechsel; ein leichter, skeptischer Unterton wird immer wieder spürbar, ein Zweifel an der Wissenschaftlichkeit Jachmanns im Sinne des bürgerlichen Wissenschaftsbegriffs. Doch: »An geselligem Umgang gebricht es nicht: allein Jachmanns Haus könnte uns genügen.« Jachmann habe zwar keine Beziehung zu den einzelnen Unterrichtsfächern, aber »Alle Einrichtungen, die sich auf die physische Bildung der Zöglinge, so wie auf ihre Sittlichkeit, ferner auf das Ökonomische ... der Anstalt beziehn, sind von Jachmann in musterhafter Vortrefflichkeit ausgeführt, so daß mich der höchst zivilisierte Zustand unserer kleinen Republik aufs angenehmste überraschte«. In Ergänzung zu diesen Äußerungen lesen wir noch, daß Jachmann eine lateinische Chrestomathie für den Unterricht in der Quarta fast beendet habe. Der puritanische Charakter Jachmanns, die Ausschließlichkeit seiner gesellschaftlichen Intention werden zugleich gewürdigt und verhalten ironisch wieder aufgehoben. Jachmann sei ein »höchst angenehmer, gebildeter Mann« anregend und überaus praktisch, »was er im letzten Krieg« – gemeint ist die erste Belagerung Danzigs im Jahre 1807 – »vielfach bewährt hat«. Wie deutlich Passow schließlich den Trennungsstrich zieht, wird mit der Suspendierung des »Conradinum« am 15. Februar 1814 vollends erkennbar und widerspricht der Behauptung, daß es sich hier um eine Seelenfreundschaft gehandelt habe. Nun »ist es ganz gut, daß es so hat kommen müssen«, schreibt er, es ist »ein Gespinnst der unedelsten Bestrebungen gewesen«. Zwar wird der Name Jachmann nicht genannt, wenig später noch gibt Passow seinen Sohn nach dem Tod der Mutter bei Jachmanns Frau in Pflege, doch wird unübersehbar klar, daß er sich bewußt geworden war, welchen Weg er zu gehen hatte. Er war des sozialistischen Kantianers überdrüssig.

Gewinnt das Bild Jachmanns auf solche Weise harte, allzu apodiktische Züge, wird ihm eine reichere Beziehung zum geistigen Leben abgesprochen, so muß seine Kant-Biographie in diesem, auf seine Menschlichkeit hin gerichteten Zusammenhang als eine wichtige Quelle hinzugezogen werden. Hier entsteht das Bild eines Menschen, der tiefer Empfindungen fähig war, einer andauernden Freundschaft, auch der liebevollen Beobachtung des geringfügigsten Details. Die Biographie gibt nicht nur einen Hinweis auf die ungewöhnliche Breite des Interesses; sie offenbart einen ungewöhnlichen Charakter. »Mir war er Alles«, heißt es über Kant. Als der Philosoph, schon vom Tode gezeichnet, seinen Schüler nicht mehr zu erkennen vermag, lesen wir: »Ich flog mit wehmütigem Herzen an seine Brust, ich drückte ihm meinen kindlichen Kuß auf seine Lippen; ich bekannte ihm meine Freude, ihn wiederzusehen und Er – er blickte mich mit mattem forschendem Auge an und fragte mich mit einer freundlichen Miene: wer ich wäre. Mein Kant kannte mich nicht mehr!«. Für das ganze Wirken Jachmanns aber, für die Motive, die ihn dauerhaft bestimmten, bleibt jener Passus bezeichnend, in dem er von der sittlichen Kraft der Kantischen Philosophie spricht: »Ach, wie oft rührte er uns bis zu Tränen, wie oft erschütterte er gewaltsam unser Herz, wie oft erhob er unsern Geist und unser Gefühl aus den Fesseln des selbstsüchtigen Eudaimonismus zu dem hohen Selbstbewußtsein der reinen Willensfreiheit, zum unbedingten Gehorsam gegen das Vernunftgesetz und zu dem Hochgefühl einer uneigennützigen Pflichterfüllung! Seine Zuhörer verließen gewiß keine Stunde seiner Sittenlehre, ohne besser geworden zu sein«.

Es bleiben jetzt nur noch wenige Daten. Nach der Auflösung des Conradinum mit der zweiten Belagerung Danzigs, – die Stiftsgüter waren nachhaltig verwüstet worden – wurde Jachmann 1814 zum Regierungsschulrat ernannt und nahm seinen Sitz in Gumbinnen. 1816 trat er einen neuen Dienst bei der Regierung in Danzig an, später wirkte er als Geheimer Regierungsrat im Provinzialschulkollegium zu Königsberg. Er leitete das Gymnasialwesen der Provinz und starb am 28. September 1843 während einer Dienstreise in Thorn. Obgleich es auf den ersten Augenblick scheinen mag, daß er die Jahre der Restauration gut überstanden und sein besseres Ich mit Erfolg verdrängt hat, so ergeben sich doch bemerkenswerte Gesichtspunkte. Bemerkenswert ist vor allem, daß Jachmann keine Zeile mehr schreibt, er schweigt, während viele seiner alten Mitkämpfer, – man denke nur an Christian Wilhelm Harnisch –, sich durch stetige Rechtfertigungen dem neuen Regime anboten. Sicher erwartete man auch von ihm eine solche Rechtfertigung, doch er gab sie nicht her. Bemerkenswert bleibt zudem, daß er sich, obgleich für das Gymnasialwesen verantwortlich, unermüdlich der Volksschule annahm. Schließlich gründete er eine »Friedensgesellschaft« in Erinnerung an den wiedergewonnenen Völkerfrieden, die sich armer, begabter Jungen annehmen sollte. Dies alles läßt darauf schließen, daß er sich nicht verriet, obgleich er seine Hoffnungen begraben sah, seine Sache vorerst unter den Rädern der Geschichte. Er tat, was ihm als einziges übrig zu bleiben schien: Er leistete Hilfe, wo es auch immer anging.

Der rein biographische Hinweis auf Jachmann ist dürftig, die Entwicklung seines Denkens liegt jedoch deutlich vor uns. Schon die erste gedruckte Schrift, »Prüfung der Kantischen Religionsphilosophie in Hinsicht auf die ihr beigelegte Ähnlichkeit mit dem reinen Mystizism« enthält Gesichtspunkte, die für die späteren Auffassungen unverändert wichtig bleiben. Den Rang dieser Arbeit hat Kant in seiner Einleitung selbst unterstrichen, sie soll »das Siegel der Freundschaft gegen den Verfasser zum immerwährenden Andenken diesem Buche beifügen«. Mit gutem Erfolg habe Jachmann versucht, die Afterphilosophie auszutilgen, »mein ehemaliger fleißiger und aufgeweckter Zuhörer, jetzt sehr geschätzter Freund«; doch habe die Schrift seiner Anpreisung »keineswegs bedurft«. Die Untersuchung zeigt nun, wie sehr Jachmann, im Gegensatz zu der zunächst entscheidenden Richtung der Kant-Nachfolge, den aufklärerischen Charakter der Kantischen Philosophie betont. Wird der Begriff der Mystik auch von seinem Ursprung getrennt und einer irrationalistischen Dogmatik gleichgestellt, so erkennt Jachmann doch mit Sicherheit, daß eine gegen die Aufklärung gerichtete Bewegung anhebt, die sich der Kantischen Ideen zu bemächtigen sucht; sein Blick ist nicht nur auf die Vergangenheit, sondern auf eine sich anbahnende Entwicklung gerichtet. »Mystik« sei der »Tod aller Philosophie« lesen wir, daher wird es »in unsern Tagen von neuem wichtig, die kritische Philosophie in ihrer Lauterkeit zu erhalten, und sie vor der Annäherung des Mystizismus zu bewahren; denn in der Fichteschen Streitsache zeigt sich das besondere Phänomen, daß Philosophen, die den Kritizismus verließen und ihren eignen dogmatischen Weg gingen, in ein gefährliches Labyrinth gerieten und endlich in den Mystizismus verfielen, um in einem exaltierten Gefühl ein Vereinigungsmittel zu finden, wo der Verstand keinen Frieden mehr hoffen ließ«. Die scharfsinnige Schrift, die den Weg des Menschen als Weg »von der Tugend zur Begnadigung« ansieht, steht in direkter, ungebrochener Verbindung zu den entscheidenden Aussagen des »Archivs«. Wenn es dort heißt, daß der Mensch nicht geboren sei, um dieses oder jenes zu werden, sondern »um in einem unendlichen Fortschritt sich dem Ideal der vollkommnen Menschheit zu nähern«, so ist diese These bereits mit dem ersten Werk Jachmanns voll ausgesprochen. Auch in den »Briefen« des Jahres 1804, die das Leben Immanuel Kants schildern, wird der aufklärerische Charakter seiner Philosophie entschieden unterstrichen.

Jachmanns Intention wird eben in diesen Briefen überaus klar herausgestellt. Im Hinblick auf Kants Interesse an der Realisierung des Vernunftideals fügt er bezeichnend hinzu: »Es war das reine Interesse eines Weltbürgers und freidenkenden Philosophen, der dem Experiment, die von der Vernunft aufgegebene Idee einer vollkommenen Staatsverfassung zu realisieren, mit eben dem Vergnügen zusah, als ein Naturforscher auf das Experiment hinblickt, daß eine wichtige Hypothese bestätigen soll«. Das »Conradinum« war dieses Experiment, frei von aller romantischen Weltflucht; es sollte die Hypothese bestätigen, daß der Mensch eine Zukunft hat. Alle kommenden Veröffentlichungen Jachmanns sind ohne diese empirische Grundlage nicht mehr zu denken.

1801 erscheint ein erster Bericht über die Anstalt, der den Entwurf erhellt; er ist, da er nicht auffindbar war, nur über die späteren Veröffentlichungen zu rekonstruieren. In der Rede »Über das Ideal eines vollkommenen Erziehers« aus dem Jahre 1802 jedoch wird die eigene Absicht zweifelsfrei deutlich. »Den Menschen erziehen heißt, seine körperlichen und geistigen Anlagen so entwickeln und ausbilden, daß er durch sie seine höchste Bestimmung als Mensch und als Staatsbürger zu erreichen imstande ist.« Eine umfassende Bildung des Lehrers wird gefordert, vor allem aber eine entschieden moralische Zielsetzung; es ist bekannt, daß

Jachmann an sein Kollegium die höchsten Anforderungen stellte. Für das Jahr 1802 sind uns die Prüfungsthemen für einige Bewerber, die am »Conradinum« arbeiten wollten, erhalten geblieben; sie stammen aus seiner Hand und zeigen einen bemerkenswerten Schwierigkeitsgrad. Unter den Themen wird eine Teilinterpretation des »Emile« verlangt, – dies ist aufschlußreich im Hinblick auf den über Kant vermittelten Einfluß Rousseaus –, sowie eine »Darstellung des Einflusses der kritischen Philosophie auf die Pädagogik«. Nach der Kant-Biographie des Jahres 1804 meldet sich Jachmann erst im Jahre 1809 wieder zu Wort; er legt einen »Entwurf zur Nationalbildung« vor und folgt damit einer bereits entwickelten Absicht. Auch bei diesem Entwurf muß, gleich der Rede »Über das Ideal eines vollkommenen Erziehers«, auf Sekundärquellen zurückgegriffen werden; Helmut König bemerkt in seiner in der Bibliographie angegebenen Jachmannstudie, daß die wenigen erhaltenen Exemplare des »Entwurfs« vermutlich dem letzten Krieg zum Opfer gefallen sind. Jachmann verlangt in dieser Schrift eine zusammenhängende, stringente Organisation des Bildungswesens, die sich in ihren inhaltlichen Bestimmungen noch ganz an den Modellen der Aufklärung orientiert; die Pläne Stephanis haben sicher ihre Wirkung getan. Noch werden ständische Bedingungen in Betracht gezogen, wie sie der ursprünglichen Organisation des »Conradinum« zugrunde lagen. Elementarschulen sollen das Fundament bilden, untere und höhere Bürgerschulen, die einander bedingen, ihnen angeschlossen werden; eine weiterführende, höhere Bildung baut sich auf dieser Grundlage auf. Dem gesamten Stufensystem steht eine zentrale Bildungsbehörde vor. Nicht ohne Einfluß Hippels, der Jachmann bekannt war, wird eine durchgängige Koedukation zur Bedingung gemacht; wie nur wenige Zeitgenossen nimmt sich Jachmann der Emanzipation der Frau an. Die körperliche Ausbildung spielt eine große Rolle, sie zielt auf die Ablösung der feudalen Söldnerheere durch eine demokratische Volksbewaffnung. Endlich wird eine allgemeine Erwachsenenbildung in den Mittelpunkt gerückt; der neue »Volkslehrer« soll entstehen, in dem Prediger und Lehrstand vereinigt sind, an den Universitäten soll die Pädagogik endgültig heimisch werden. Der Entwurf zeigt eine letzte, progressive Konsequenz der Aufklärungspädagogik, doch wird sie bald aufgehoben. Als 1811 das »Erste Programm des Conradinum bei dem Oster-Examen« unter dem Titel »Über das Verhältnis der Schule zur Welt« erscheint, war der aufklärerische Berufsbezug des Instituts bereits eliminiert; das Conradinum hatte eine Revolution erlebt. Der neue avantgardistische Schultyp liegt dieser Publikation schon zugrunde. Geist und Sinnlichkeit, Welt und Vernunft werden einander schroff gegenübergestellt; »So weit die Geschichte reicht, hat die Schule mehr oder minder im Dienste der Welt gestanden«, aber »wir halten dieses für eine gänzliche Verkennung der wahren Natur und Bestimmung einer Schule«. Bildung hat antizipierenden Charakter, sie ist auf die »Erreichung der höchsten Vernunftzwecke« hin gerichtet. Sie ist »Aufgabe der Vernunft«, eine »Schule für die Menschheit«. Wird der Bildungsbegriff den höchsten Zwecken der Menschheit subsumiert, so soll die Schule ihrem reinen Vernunftbegriff nach »die emporkeimende Generation« der Welt entziehen, um sie für die Zwecke des Menschengeschlechts auszubilden. Damit entfallen alle »Industrie-, Acker-, Handlungs-, Bau-, Kunstschulen«, sie sind nur vorbereitende Geschäftsstätten; die Schule wird zum Ort aller Menschen, ungeachtet ihrer Herkunft und bürgerlichen Bestimmung. Nach diesen Voraussetzungen darf es kein subordiniertes, fremdbestimmtes Verhältnis der Schule zur Welt mehr geben, auch kein koordiniertes; das präordinierte Verhältnis allein, das von allen Herrschafts- und Produktionsrelevanten Zwecken absieht, ist ihr gemäß. Die »Brauchbarkeit« des Menschen im überlieferten Verstande wird damit radikal negiert, von ihr soll nichts übrig bleiben, die alte Schule sei eine groteske Reproduktion wechselnder Bedürfnisse gewesen. »Kaum hat das Zeitbedürfnis oder die Mode irgend eine Sprache, Disziplin oder Geschicklichkeit der Welt als nützlich oder angenehm empfohlen, so zeigt sie sich auch schon als Lehrobjekt in dem Lektionsverzeichnisse dieser geschmeidigen Schulen«. Auf den kapitalistischen Marktcharakter dieser Institute eingehend bemerkt Jachmann: »Solche Schulen gleichen einem Kramladen, der Modeartikel aus allen Weltgegenden für beliebige Nachfrage in Bereitschaft hält und zur Schau legt, um Käufer aller Art an sich zu locken. Gleich diesen erleichtern sie auch jedem den Handel dessen, was ihm not tut oder wünschenswert ist, ohne ihn zum Kauf alles übrigen zu zwingen. Daher stellen sie Klassen so nebeneinander, daß jeder nehmen und lassen kann, was ihm beliebt«. Nur Kenntnisse, »die einen Marktpreis haben«, kommen in Betracht. Bildung wird ihrer Anwendbarkeit und somit notwendigerweise dem Profitgesetz unterworfen. Ein listiger Charakter wird produziert, der nur seinen Vorteil kennt. Unter diesen Gesichtspunkten analysiert Jachmann auch die Organisationsform der Schule. Institute, und dies erscheint höchst aktuell, die sich unter das Profitgesetz stellen, sind veranlaßt »ihre Klassen nach den einzelnen Lehrgegenständen abzuteilen und die Klassen einzelner Disziplinen gleichzeitig nebeneinander zu stellen. Nur dadurch wird es möglich, daß ihr Schüler sich mit dem einen Gegenstande beschäftige, ohne den andern zu berühren, und daß er den einen weiter verfolge, wenn er mit dem andern auch nur erst den Anfang macht«. Die Ausbildung aller Kräfte ist nicht gefordert, sondern die rationelle Entwicklung einzelner Fähigkeiten nach dem Gesichtspunkt der Arbeitsteilung. Diesem »Accomodationssystem« wird die neue Auffassung entgegengesetzt. »Wenn dort die veränderlichen Zeit- und Ortsbedürfnisse ein Mehr oder Minder von Kräften und ein willkürliches Hinstreben einzelner Kräfte zu einem selbstgewählten Ziele zulässig machten, so erheischt hier das unveränderliche Vernunftbedürfnis eine bestimmte Summe von Kräften, und eine feste Leitung aller dieser Kräfte zu einem gemeinsamen Ziele«. Die physische und die geistige Menschennatur sollen stufenweise ausgebildet werden, die Schule soll den ganzen Menschen umfassen, sie ist »Bildnerin der Menschheit«. Dieser Gedanke der harmonischen Entfaltung aller Kräfte und ihrer wechselseitigen Unterstützung führt Jachmann zum Klassenverband zurück, über den zugleich eine neue, den Atomismus der Gesellschaft überwindende Gemeinschaft erkennbar werden soll. »Tritt ein exzentrisch verbildeter Schüler in diese Schule ein, oder entwickelt sich beim Unterricht eine von Natur hervorstechende Kraft, und dadurch zugleich das ihr angemessene Lehrobjekt in ihm schneller, als alle übrigen, so hält sie nach diesem Klassensystem geflissentlich die vorauseilende Kraft zurück, bis jede andere einen angemessenen Grad von Kultur errungen und die Disharmonie sich wieder in Harmonie aufgelöst hat«. In der Einheitsschule wird jedoch eben nicht nur der einzelne Mensch harmonisch ausgebildet, sondern alle Kinder des Volkes sollen dem gleichen Unterricht und der gleichen Methode in einer Klasse unterworfen werden, der Unterricht soll das »idealische Leben« bewirken, die bisher unbekannte Weise der Gemeinsamkeit. Wenige Fächer nur dienen diesem Auftrag: Philosophie, Religion, Mathematik und Altertumswissenschaften; sie dürfen nicht als Wissenschaften betrachtet und behandelt werden, »sondern als eigentliche Lebensweisen für den Geist ihrer Schüler«. Die objektiv-wissenschaftlichen Systeme sind der Universität vorbehalten, das subjektiv-idealische Leben kennzeichnet die erneuerte Schule. So soll »die Menschheit empor keimen«, in einer Schule, die dem Entwicklungsgang einer vernünftigen Natur folgt, in der jeder »das volle Bewußtsein seines bis dahin errungenen geistigen Lebens« genießen kann; die ungewöhnliche Begabung wird zugleich alle entfalteten Kräfte auf ihre innere Bestimmung hin lenken. Die Schulreife endlich wird durch den Schüler selbst mitbestimmt, wenn ihn das Bewußtsein der ausgebildeten Humanität »aus der Schule in die Welt ruft«, um in ihr zu handeln. Der gewerbetreibenden Gesellschaft sucht Jachmann verständlich zu machen, daß ein auf diese Weise ausgebildeter Mensch auch sein »ganzes Gewerbe vervollkommnen und sich schneller und gründlicher die notwendigen Berufskenntnisse« aneignen würde; die Welt und ihre Staaten sollten »ihr wahres Interesse« erkennen. Doch wird damit kein Nachgeben angezeigt: »Wir sind daher auch der lebendigen Überzeugung, daß diese Schule der Humanität nicht einzelnen Ständen der bürgerlichen Gesellschaft, sondern der ganzen Menschheit angehört«. Nach Geist und Wesen »kann und muß es nur Eine Schule für das Menschengeschlecht geben, eine Schule, in der die Menschennatur harmonisch entwickelt und zu einem tätigen Leben für den höchsten Zweck der Menschheit gebildet wird«.

So sind alle Voraussetzungen für das »Archiv« gegeben, der

Kantische Gedanke bildet den Ausgangspunkt, das »Conradinum« die empirische Basis, die die Modalitäten der Verwirklichung stets wieder neu zu durchdenken zwang. Die endgültige Form der avantgardistischen Schule ist gefunden, die Konturen treten scharf hervor; über sie soll der zukünftige Mensch erkennbar werden. Die revolutionäre Intention ist von Anfang an Jachmanns Sache, er besaß den Willen, der auf die Veränderung der gesellschaftlichen Verhältnisse dringt. Passow dagegen, seit 1810 Mitdirektor der Schule, hat zwar die veränderte Bildungsinhaltlichkeit entscheidend mitbestimmt, er war jedoch durch die wiedererstandene klassische Philologie allein geprägt, ein bürgerlicher Neuhumanist par excellance. Der Unterschied wird deutlich: So sehr das Bildungsprogramm nun auch inhaltlich durch Passow mitgeprägt ist, sein sozialrevolutionärer Charakter weist allein auf Jachmann, auf den Ausgangspunkt einer militanten Vernunft zurück.
Es bleibt, auf einzelne wichtige Gesichtspunkte sowie auf den inneren Zusammenhang der Jachmannschen Archivbeiträge einzugehen. Die grundlegende These wird sofort dargelegt. Es geht um »das Ideal der physisch und geistig vollendeten Menschheit«. Unter dieser Voraussetzung wird »jeder einzelne Mensch der Stellvertreter der Menschheit«, der Gedanke der Perfektibilität wird uneingeschränkt bejaht, ein unendlicher Fortschritt ist möglich als Prozeß der Verwirklichung. »Da aber diese eigentümlichen Anlagen einer unendlichen Vervollkommnung fähig sind, so strebt die Vernunft nach einem letzten und höchsten Ziel, dem die Menschennatur zugebildet werden soll«, sie findet dies »in sich selbst«, in der Vorstellung einer »harmonisch ausgebildeten und vollendeten Menschheit«. Nation und Individuum haben sich an dieser einen Menschheit zu orientieren, Humanität, Nationalität und Individualität offenbaren ein Rangverhältnis, in dem die Bildung zur Humanität jeder anderen Bildung vorangeht. Es ist wichtig, auf dieses, an keiner Stelle angezweifelte Verhältnis hinzuweisen. Der aufbrechende, agressive Nationalismus verleitet Jachmann niemals dazu, die vorgeordnete Humanität anzuzweifeln oder dem deutschen Volk eine besondere, metaphysisch begründete Stellung zuzuweisen. Es gibt keine Spur, die hier

auf Fichte hinweist; Jahns »Deutsches Volkstum«, das in dieser Zeit eine große Popularität gewinnt und dessen präfaschistische Elemente heute offen zu Tage liegen, wird von Jachmann nur einmal erwähnt. Er distanziert sich dabei von dem Jahnschen Begriff der »Volkstümlichkeit«, die Erziehung der Nation bleibt dem Ideal »vollkommner Menschheit oder Humanität« untergeordnet. Dies ist gewiß bemerkenswert in einer Periode, in der die Grundlagen des späteren deutschen Nationalismus bereits voll entwickelt sind. Jachmann hält, mit seiner patriotischen Bindung, an einer allgemeinen menschlichen Vernunft fest, die es zu verwirklichen gilt. Das Verfahren, dem er dabei folgt, ist notwendigerweise deduktiv, die Vernunft setzt die Zwecke. »Nur aus der Verbindung des unbedingten Vernunftszwecks mit den Bedingungen des zu erziehenden Subjekts entsteht eine reelle Pädagogik«, es ist dieser »allgemein gültige und unbedingte Zweck«, der allein Nationen und Individuen, »in eine Einheit« verbinden kann. Die Position ist gegeben; mit ihr ist die Frage gestellt, wie sich »der allgemeine Vernunftzweck der Erziehung« zu seinen empirischen Bedingungen verhält, wie sich das Unbedingte und das Bedingte aufeinander zuordnen lassen. Um diesen »Widerspruch« zu beheben, muß »die bedingende Natur« erforscht werden, die Natur des Menschengeschlechts, der Nation, des Individuums. Auf diese Weise wird der Charakter einer »angewandten Pädagogik« entwickelt.
Es ist nun kein Zweifel, daß sich Jachmann unter den gegebenen Voraussetzungen vor allem dem Verständnis der Nation zuwendet, das die aufsteigende bürgerliche Klasse gewinnen mußte, wenn sie ihre Aufgabe erfüllen sollte. Die verspätete Entwicklung Deutschlands machte dies unabweisbar. In dieser Auseinandersetzung um ein nationales Selbstverständnis wurde die neuere deutsche Geschichte verhängnisvoll präjudiziert; Jachmanns Verständnis der Nation ließ dagegen eine andere, menschlichere Möglichkeit offen. Die Nation, so meint Jachmann, habe, wie das Individuum, besondere Eigentümlichkeiten, die es zu erforschen gilt. Wir müssen ihren empirischen Charakter kennen lernen, die Bedingungen, unter denen er geworden ist, wenn wir die Nation vermenschlichen wollen. Die vollendete

Nationalität ist Teil einer vollendeten Menschheit, aber die vollendete Menschheit wird erst über ihre Nationalitäten; der Weg zum Ganzen muß über konkrete Positionen durchlaufen werden. Der »Endzweck aller Erziehung« bleibt sonst abstrakt. Bei der Erforschung der empirischen Bedingungen ist davon auszugehen, daß die Nationalität nicht die Summe ihrer Erscheinungen ist, »sondern die Summe der in der Natur einer Nation befindlichen Ursachen jener Erscheinungen«. Diese Ursachen werden von Jachmann jedoch nicht als metaphysische Konstanten behandelt, sondern es heißt rein aufklärerisch: »Die materielle Natur ist das Antecedens, die Nationalität das Consequens; erstere die Ursache, letztere die Wirkung«. Die Natur geht der Nationalität voran, verändert sie sich, so verändert sich die Nationalität; Sprache und Institutionen werden von dieser Veränderung berührt, doch wirkt gleichzeitig das Bewußtsein auf die Nationalität zurück und modifiziert sie unablässig. Die Nationalbildung muß alle Erscheinungen in Betracht ziehen, die der Natur und der Vernunft gemäß sind, wobei der Naturbegriff entschieden materiell gefaßt ist. Vor allem kommt nach Jachmann die Sprache in Betracht; die Nation sei Ausdruck einer »besondern Modifikation« der Sprache und mit ihrem Umfang identisch. Doch werden daraus keine politischen Konsequenzen gezogen, die Nation ist ein reiner Naturverein, »dessen Zweck der reine Zweck der Menschheit ist«. Der Staat sei dagegen eine äußere, bürgerliche Einrichtung mit dem Ziel der Machtausübung, die Staatserziehung verfolge nur die Absicht, Menschen »geschickt und willig zu machen«, um sie ihren Zwekken, den Zwecken der bürgerlichen Gesellschaft unterzuordnen. Um den empirischen Charakter einer Nation festzustellen, muß man nach Jachmann ihre geschichtlichen Denkmäler untersuchen, aber auch ihr vorhandenes, gesellschaftliches Leben. Dies geschieht sehr präzis, »die bürgerlichen Stände in ihrer wechselseitigen Beziehung« werden ins Auge gefaßt, man soll auf »den bürgerlichen Zustand des weiblichen Geschlechts« achten, auf »die Strafen, und insbesondere die Todesstrafen«. Das ist humanitär gedacht, fernab von jeder romantischen Verklärung; die Vorarbeit des 18. Jahrhunderts ist unverkennbar. Wenn Jachmann im gleichen Zusammenhang den Kosmopolitismus einer kritischen Analyse unterwirft, so ist es notwendig, die Gründe deutlich zu machen, die ihn dazu bewogen. Sie sind nicht nationalistischer Natur, sondern sie enthalten die Kritik an einer Verhaltensweise, die den konkreten Problemen auswich. Der Sprung vom Individuum zur Menschheit wird hier als Verzicht auf die progressive Lösung der eigenen nationalen Aufgabe angesehen. Kosmopolitismus wird von Jachmann als intellektueller Selbstbezug verstanden, »wohinter sich der gröbste Egoismus verbirgt«; über die Nationen müsse der sittliche Zweck der Menschheit erreicht, das Menschengeschlecht in ein sittliches Reich von Vernunftwesen verbunden werden. Nur so lasse sich das Herz erweitern »bis zur Liebe des vernunftverwandten Menschengeschlechts«. Der Mensch, der seine konkrete Wirklichkeit ignoriert, wird »über die Idee der Menschheit, die er in seinem Innern verfolgt, das wirkliche Menschengeschlecht aus dem Auge verlieren«, weil die Idee der Menschheit »ihm jeden Menschen in eine gleich weite und dunkle Ferne an dem Rande der unendlichen Sphäre der Menschheit hinstellt«. In seinem Herzen kann sich kein wahrhaft menschliches Gefühl entwickeln. »Leere, fruchtlose Spekulation« sei die Teilnahme vieler Gebildeter am Schicksal der Menschheit, sie arbeiteten an einer »höhern Geisteskultur nur um ihretwillen«. So muß der Mensch die Menschheit über das wirkliche Leben bilden. Nur ganz selten werden Untertöne vernehmbar, die einer anderen Denkart angehören, aber auch dann nur mit großer Zurückhaltung. Auf das »erste Jugendleben« der Nation, auf ihren »Urkeim« müsse der Blick gerichtet werden, um die »echte, reine, ursprüngliche Deutschheit« zu finden, der nationale Mensch könne sich erst im nationalen Menschen verstehen. Die Bemerkungen sind sporadisch, auch Hinweise auf die Franzosen finden sich selten und bedienen sich keiner exaltierten Sprache. Entscheidend bleibt auch hier: »Durch Nationalität wollte die Natur das Individuum zur Humanität empor heben«, die Nationalvereine sollen jene Tugenden erwecken, »durch deren Mitteilung und Austausch unter allen Völkern der Erde die Kultur des Menschengeschlechts allererst denklich ist«. Es wird zur Aufgabe der Nation, »mit allen in friedlichem Bunde an der

Veredlung des Menschengeschlechts zu arbeiten« und »die Rechte aller Völker des Erdbodens für heilig« zu halten. Schließlich: Die Idee, der sich die Nation unterwirft, »ist dieselbe, welche jeder einzelne Mensch und das ganze Menschengeschlecht an sich realisieren soll«, eine Idee »nicht der Gottheit, sondern der vollkommenen Menschheit«, der »Veredlung und Beglückung«, der Entwicklung einer höchsten physischen, ästhetischen, intellektuellen und moralischen Kultur.

Inmitten eines ersten, aufsteigenden Chauvinismus wahrt Jachmann damit in seinem Nationalverständnis einen eigenen Rang, er wendet sich gegen kein anderes Volk, Nationalität und Humanität bleiben auch in jenen erregenden Tagen, in denen die Beiträge zum »Archiv« geschrieben wurden, ungetrennt. Ist die Menschheit der umfassendste, zugleich aber auch der abstrakteste Begriff, so nimmt die Nation eine entscheidende Mittlerrolle ein; das Individuum allein ist unmittelbarer Gegenstand aller Erziehung. In ihm sind Menschheit und Nationalität enthalten, aber als besondere Modifikation, die ihrer eigenen Bedingung unterliegt. Auch hier gilt, was für die Nationalität festgestellt wurde: Die Bedingungen sind zu untersuchen, der empirische Charakter zu klären, Bildung ist auf Veränderung, Freiheit, Verwirklichung hin gerichtet. Durch »angemessene Bildungsmittel« soll ein individuelles Mißverhältnis »in das allgemeine Verhältnis einer vollkommnen Menschennatur« umgewandelt werden. Das Individuum ist somit kein Endzweck, sondern eine vorgefundene Erscheinung, kein Naturwesen, sondern ein qualitativ menschliches Wesen, das die Natur beherrschen soll. Da es eine »Modifikation des Wesens der allgemeinen Menschennatur« ist, muß die Menschheit in ihm über einen festen Entwicklungsgang aller seiner Kräfte freigesetzt werden. Obgleich alle Erziehung auf die individuelle Natur Rücksicht zu nehmen hat, finden wir doch in ihr nur »was gebildet, aber nicht das, wozu und wie es gebildet werden soll«. Unter diesem Gesichtspunkt kommt Jachmann zur Forderung einer harmonischen Ausbildung der »ganzen Natur zum höchsten Zweck der Menschheit«. Sie beginnt bereits damit, daß Vater und Mutter vor der Geburt, »ja, vor der Erzeugung« die Bestimmung des Menschen in Betracht ziehen; die ersten Jahre sind »die wichtigsten und entscheidenden Jahre des Kindes«. Unter dem menschheitlichen Gesichtspunkt kommt nur eine gleiche Erziehung für alle Individuen in Betracht, weil der Entwicklungsgang einer wahren Menschennatur »als das Vorbild aller Erziehung, nur ein einziger ist«. Die harmonische Hervorbringung aller Kräfte soll zu einem mit Bewußtsein und Liebe geführten Vernunftleben gelangen; »Die Darstellung dieses progressiven und stufenweise sich erweiternden Verhältnisses von Kräften und Kraftäußerungen, welche alle die Bedingung der nächst höhern Kraftäußerung, von dem ersten Atemzuge und von der ersten Eröffnung des Auges bis zum letzten Ziel eines idealischen Vernunftlebens sind, gibt uns das Bild einer vollkommnen Menschennatur in ihrem allmählichen Entwicklungsgange«. Der auf diese Weise ausgebildete Mensch kann sich später seinem Beruf »als humaner Mann und Weltbürger, als Genosse einer Nation und bürgerlichen Gesellschaft« widmen. So werde über Erziehung ein wahres Glück vermittelt. Die Forderung nach einer allseitigen Ausbildung des Menschen, nach Erkennbarmachung seiner Universalität, führt zu einer scharfen Kritik an der bürgerlichen Aufklärungspädagogik. Sie habe das Individuum dem »Marktpreis« unterworfen, seine einzelnen Anlagen und Neigungen verabsolutiert und den jeweiligen gesellschaftlichen Interessen überliefert; ihr Naturbegriff sei ambivalent und verschleiere ihre realen Motive. Zwar klinge es human, das Kind seinen persönlichen Neigungen anheimzugeben, um ihm seine Jugend nicht zu verbittern, doch müsse das Prinzip erkannt werden, das sich hinter dieser Forderung verbirgt; mit erstaunlicher Klarheit erkennt Jachmann in diesen Postulaten die korrespondierende Harmonie des Smithschen Liberalismus. Nach diesem Standpunkt soll eine vielseitige Mittelmäßigkeit verhindert werden; Spitzenleistungen könnten nur durch solche Menschen erreicht werden, »die dazu geboren waren«, die spezifische Anlage allein mache glücklich, es müßten nur Hindernisse fortgeräumt werden, die ihr entgegenstehen. »Sollte das Menschengeschlecht in einer gesellschaftlichen und bürgerlichen Verbindung leben, und alle Segnungen dieser Verbindung genießen, so mußten die

Individuen in ihren Anlagen, Neigungen, Kunstfertigkeiten, Bedürfnissen und Schwächen verschieden sein. Gerade die größtmögliche Verschiedenheit der Einzelnen bringe die größtmögliche Harmonie des Ganzen hervor«. Der Übertragung des ökonomischen Liberalismus auf die Pädagogik begegnet Jachmann, indem er selbst den Begriff der Natur aufnimmt und ihn einem normativen Vernunftprinzip zurückverbindet. Er fragt damit, unter eindeutigem Hinweis auf die gesellschaftliche Bedingtheit: Was heißt das, »einen Menschen nach der Natur erziehen«? Das hier unterstellte Naturtalent ziele in seiner Konsequenz nicht nur auf Schulen für die verschiedenartigen Berufe, die in der bürgerlichen Gesellschaft benötigt werden, sondern auf eine Standesschule, die sich der sozialen Determination unterwirft und den individuellen Materialismus zum Prinzip erhebt. Auf die vorhandenen Schulen dieses Typus eingehend, bemerkt Jachmann, zunächst im Hinblick auf die subjektive Situation des Knaben, – wobei dieser Begriff im Sprachgebrauch noch beide Geschlechter umfaßt –, daß »die Wahl der Unterrichtsgegenstände und Beschäftigungen seiner Willkür überlassen war«, er somit nur diejenigen wählte, »welche seiner Individualität zusprachen, keine Mühe kosteten und ihm doch das Bewußtsein gaben, daß er etwas sei und etwas leisten könne«. Vielmehr jedoch werde deutlich, daß diese Schulen nur Kindern der frühkapitalistischen Klasse zugute kämen; Talent hat nur, wer es sich fördern lassen kann, die Kinder der arbeitenden Bevölkerung haben keine Talente. Aber: »Die Philosophie hat auch dem Tagelöhner seine Menschenrechte gerettet, und die Politik hat die arbeitende Volksklasse als den Kern der Nation achten gelehrt«.

Unter dieser Zielsetzung ergibt sich das System einer Nationalbildung, das zu den kühnsten gehört, das die Geschichte der Pädagogik kennt. Zunächst wird diese Bildung in ihren allgemeinen, menschheitlichen Zusammenhang gestellt; zwar hat eine jede »einen von der andern verschiedenen Anfang«, hat aber »mit jeder andern, so wie mit der allgemeinen Menschenbildung, ein und dasselbe Ziel«. Sie stehe in einem umgekehrten Verhältnis zur Staatserziehung; jede Staatserziehung habe den gleichen Ausgangspunkt, ihre

Ziele jedoch schlössen einander aus. Die Nationalbildung wendet nur solche Erziehungsmittel an, »die nicht allein aus der Nationalität selbst herfließen, sondern die von der Vernunft auch als übereinstimmend mit den sittlichen Zwecken der Menschheit geheiligt sind«. Mit der Nationalbildung unterwirft sich die Nation dem Vernunftgesetz. Sie kennt daher nur eine Schule, einen Lehrplan, eine Art und Reihenfolge der Lehr- und Übungsmittel, eine Methode der Erziehung. Das ganze Leben wird von ihr umfaßt, die Schule nimmt »schon das zarte Kind, wenn es vernehmlich sprechen kann, in ihre Mitte auf«. Daher sollen alle vorhandenen Schulen beseitigt werden: »Hinweg mit den sogenannten gelehrten und ungelehrten Schulen, mit den Gymnasien, höhern und niedern Bürgerschulen und wie sonst ihr Name sein mag! Es ist nur Eine Menschheit! Es ist nur Eine deutsche Nation! Es muß auch nur Eine Nationalschule sein!« Jeder Mensch ist zur Vernunft und Freiheit berufen, wenn sich die Welt an der Menschheit je versündigt hat, so »durch jene Berufsschulen, die dem Geiste Fesseln anlegten«. Aus dem »Zweck des Menschen« ist kein Grund herzuleiten, verschiedene Schulen zu errichten, da jeder Mensch ein vollkommener Mensch werden kann; es darf »nur Eine Schule für die Menschheit« geben. Erst nach dieser abgeschlossenen Bildung »zum Menschen und zum Staatsbürger« kann die Berufsschule eine Funktion haben. Jachmann gibt das Ende der allgemeinen Bildung mit dem 18. Lebensjahr an, doch kann diese Zeit bei besonderen Fähigkeiten abgekürzt werden. Findet man zunächst den Hinweis, daß auch die »irdischen Verhältnisse« den Bildungsweg abkürzen können, so wird dieser Standpunkt schließlich überwunden und alle noch einengenden Gesichtspunkte abgeworfen: »Sie führt alle ihre Lehrlinge«, heißt es von der neuen Schule, »soweit die Kräfte derselben reichen, einen und denselben Bildungsgang«.
Über diese Schule soll nun dem Armen eine neue Welt eröffnet werden. »Er sieht sich schon als Knabe in seinem Schulleben nicht dadurch zurückgesetzt und gedemütigt, daß er von Lehrgegenständen abgehalten wird, mit welchen sich seine Mitschüler zu höhern Zwecken beschäftigen. Er wird nicht in seinem Fleiß gehemmt, weil er nur wenigere

und leichtere Gegenstände erlernen darf.« Er fühlt sich allen Kindern gleich, weil er mit ihnen die gleichen Aufgaben zu bewältigen hat. »Er faßt Zutrauen zu sich selbst, denn die Schule setzt kein Mißtrauen in ihm.« So erfährt er seine Menschenwürde. »Und wer kennt überhaupt die Bestimmung des Knaben schon in seinem ersten Schulleben? ... Wer ist im Stande voraus zu sehen, welche hervorragenden Kräfte sich durch eine zweckmäßige Kultur in ihm noch fernerhin entwickeln werden? Wie manches Talent, durch welches Wissenschaft und Kunst und die ganze Menschheit weiter geführt worden wäre, mag in unsern Berufsschulen erstickt worden sein!«. In der Nationalschule soll jeder die Möglichkeit einer allseitigen Entwicklung und der Vorbereitung für alle Zwecke des Lebens haben. Im Sinne dieser Voraussetzungen ist es daher im Geiste eines revolutionären Neuhumanismus nur konsequent, wenn Jachmann den obligatorischen Griechisch-Unterricht einführt, damit alle jenes Volk kennenlernen, das sich »am vollkommensten und bis zur höchsten Humanität aus sich selbst entwickelte und bildete«. Die Verbindung zur griechischen Antike gewinnt hier an keiner Stelle den Charakter eines ästhetischen Rückzugs; sie wird zum Agens der Befreiung. Die Ideen des »Wahren, Guten und Schönen«, die in ihr gefunden werden, das Modell der Sprache führen über die Erkenntnis der eigenen Nationalität zur Bestimmung des Menschseins. Der Lehrer endlich, der an einer solchen Schule wirkt, wird selbst zum »Künstler«.

Jachmann will nun diese Schule, in der sich der Mensch in einer realen Gleichheit erfährt, zum »Regulativ der Staatsverfassung« machen, über sie soll ein grundlegender gesellschaftlicher Veränderungsprozeß eingeleitet werden. Da sich die staatliche Erziehung ihre Mittel nur gemäß ihres besonderen Interesses sucht, muß eine veränderte Bildungswirklichkeit von außen an den Staat herangetragen werden. Dennoch wendet sich Jachmann an den gleichen Staat, um seine Unterstützung zu gewinnen. Er erkennt damit die Legitimität des Bestehenden an. Unabhängig von der Frage, ob die Gesellschaft durch Bildung allein überhaupt verändert werden kann, bleibt hier ein offener Widerspruch. Sicher resultiert er nicht aus Feigheit, eher aus dem Unglauben, daß ein anderer Weg offenblieb. Die Wirklichkeit des »Conradinum« zeigt uns eine vollkommene Umwälzung aller bestehenden gesellschaftlichen Verhältnisse, hier wird das Wesen, »welches einer unendlichen Vervollkommnung fähig ist« bedingungslos unter die Vernunftidee gestellt, »zu welcher die Kunst in unendlichem Fortschritte hinstrebt«.

Die Beschreibung, die Jachmann vom Conradinum im »Archiv« gibt, setzt eine bemerkenswerte Entwicklung voraus. Das Institut sollte ursprünglich aus einer Provinzialschule und zwei Landschulen bestehen; die Schüler sollten zu Landwirten, Lehrern und Handwerkern ausgebildet werden, nur in Ausnahmefällen für ein Studium. Die Provinzialschule wurde zu Jenkau, an Stelle der Landschulen wurde eine Industrieschule in Bankau eingerichtet. Ein ehemaliger Garnisonkantor wurde zu ihrem Leiter bestellt; inhaltlich wies sie den typischen Charakter einer Produktionsschule auf, landwirtschaftliches Arbeiten stand im Mittelpunkt, aber auch Nähen, Spinnen und Stricken für die Mädchen. Die Provinzialschule vornehmlich war durch das Legat reich ausgestattet, Lehrer, die an ihr tätig werden wollten, wurden durch den Direktor selbst geprüft. Die Zahl der Schüler war begrenzt; nur 40 sollten aufgenommen werden, die höchste Zahl betrug schließlich 52. Von Beginn an setzte Jachmann die gleiche Behandlung aller Schüler durch; sie trugen die gleiche Kleidung, im Sommer eine hellgraue Jacke, im Winter einen Leibrock mit Weste und Stiefel. Alle Schüler wurden mit dem Familiennamen und mit »Sie« angesprochen, aristokratische Titel waren untersagt. Der preußische Minister von Massow, der Jenkau und Bankau visitierte, fand dies höchst anstößig. »In Ansehung des Tisches ist zu bemerken, daß er im ganzen zu gut zu sein scheint. Da alle Jünglinge, auch die ganz armen, daran teilnehmen, so werden sie, sonderlich die letzteren, zu sehr verwöhnt«. Das Lehrplanprinzip spiegelt zunächst genau jene Auffassungen, die Jachmann später rigoros verwirft: Es wurde möglichst viel angeboten, Französisch, Englisch und Polnisch, Naturgeschichte, Anthropologie, Diätetik, Technologie und Staatsverfassung. Dem Individualitätsprinzip entsprechend gab es Lehrfachklassen, denen die Schüler nach ihren Leistungen zugewiesen wurden; Schulklassen gab es nicht. So konnte ein Schüler, leistungsgemäß, der ersten lateinischen und zugleich der fünften französischen Fachklasse angehören. Das Prinzip der Lehrfachklassen, das heute erneut über das Kurssystem eingeführt werden soll, war bereits während des 18. Jahrhunderts vielfältig entwikkelt worden und entsprach den Bedürfnissen des aufkommenden Industriebürgertums. Erst mit Passows Ankunft im Jahre 1810, – doch waren die entscheidenden Thesen Niethammers vorangegangen –, wird die innere Organisation des Conradinum grundlegend verändert. »Ich denke zu verhüten«, schreibt Passow kurz nach seiner Ankunft, »daß sich von Philanthropie hier keine Spur hervortun soll«. In der Tat kommt es in Jenkau zu einem Umsturz, über den Passow einen eingehenden, äußerst interessanten Bericht erteilt. Im Verein mit Jachmann, »der überall den redlichsten Willen und einen reinen, alles gemeine verachtenden, alle Bildung ehrenden Sinn zeigt... habe ich in kurzer Zeit schon soviel erreicht, daß das Conradinum, daß bisher gegen Jachmanns Willen geschwankt hatte zwischen einer gelehrten Anstalt und einem modigen Philanthropin, Pädagogium, sich nun durch eine gänzliche Reform zu einer wirklichen gelehrten Schule konstituiert hat, die keinem einzelnen Zweck huldigt, sondern die reinste menschliche Bildung zum Ziel hat«. Dies habe auch Jachmann »längst als das rechte erkannt, aber noch nicht durchzusetzen gewagt«, weil er sich »zu allein fühlte«. Das Klassensystem wird eingeführt, Griechisch wird obligatorische erste Fremdsprache; »Demnach ging es an eine genaue Musterung der Lehrgegenstände, unter denen sich ziemliche Contrebande befand, z. B. Chemie, Papparbeiten, Technologie, alle möglichen Scienzien, und die gesamte angewandte Mathematik«. Zum »Entsetzen unserer Kollegen« sei nun alles umgeworfen, nur die »Altertumsstudien in ihrer gehörigen Extension« und die »reine Mathematik nebst den nötigsten historischen und naturwissenschaftlichen Hilfsmitteln« seien verblieben, sowie eine recht vielseitige Behandlung der Muttersprache. »Was uns sehr zustatten kommt, ist die treffliche sittliche und physische Erziehung, die Jachmann schon seit der Errichtung des Instituts durchgeführt.« Humboldt und Niethammer müssen hier vorausgesetzt werden, aber es besteht kein Zweifel, daß Passow den veränderten Bildungsinhalt des Conradinum entscheidend selbst im Sinne eines philologisch geschulten Neuhumanismus bestimmt hat. Die gesellschaftliche Perspektive dagegen war von Beginn an allein Jachmanns originäre Leistung, er hatte jedoch einsehen müssen, daß sie unter den Bedingungen der absterbenden Aufklärungspädagogik, wie er es zunächst versucht hatte, nicht zu verwirklichen war. So hatte er sich dem Neuhumanismus geöffnet, spät erst und zögernd, denn der »Entwurf« versucht immer noch mit den Mitteln der Aufklärungspädagogik den Schritt in die Zukunft zu tun. Um die neuhumanistische Bewegung recht zu verstehen und sie von ihrer spätbürgerlichen, elitären Verdunklung zu befreien, ist gerade dieser Übergang Jachmanns von spezifischer Bedeutung; er sah in dieser Bewegung das einzig mögliche Instrument seiner Zeit, die Standesgesellschaft zu überwinden und einen neuen Menschen vorwegzunehmen. Das »Postskriptum« der Schrift »Über das Verhältnis der Schule zur Welt« geht auf diesen Zusammenhang sehr präzis ein. Das erste Dezennium des Instituts sei eine »Experimentalperiode« gewesen. Zwar sei noch vor seiner Entstehung das ursprünglich geplante, reine Utilitätsprinzip eingeschränkt worden, doch konnte es nicht völlig überwunden werden. Dann sei die Schule in ein koordiniertes Verhältnis zur Welt getreten, aber immer habe ihr »ein noch weit höheres Ideal der Menschenbildung« vorgeschwebt. Die Kräfte hätten divergiert, nur der strenge Gemeinschaftscharakter des Instituts, das gemeinsame Leben aller und der Einfluß dieses Lebens auf die intellektuelle, moralische und ästhetische Bildung konnten einen begrenzten Erfolg sichern. Es gab eine »schädliche Ungleichförmigkeit«. Nun erst habe sich die Anstalt dem höchsten Zweck der Menschenbildung, »dem reinen Vernunftzwecke gemäß« reorganisiert. Ein feststehendes Klassensystem sei eingeführt worden, um die stufengemäße Ausbildung des Menschen zu sichern, Menschenkunde, Natur- und Erdkunde sollten die humanistischen und mathematischen Studien unterstützen. Französisch und Englisch würden dagegen nur außerhalb der Schulzeit erteilt. Die Lehrobjekte seien der inneren Ordnung entsprechend für die einzelnen Klassen festgelegt worden, man habe das wahre Wesen der Methode darin erkannt, »eine jede Wissenschaft in ihrer Beziehung auf die höchsten Zwecke der Menschheit aufzufassen«. So solle der Unterricht die jungen Menschen lehren, mit sich selbst übereinstimmend, zu »empfinden, denken, leben und handeln«. Dies alles sei jedoch nicht endgültig, eine Schule, welche die Jugend und durch sie die Menschen bilden will, darf »nie aufhören sich selbst zu bilden«.

Das ist der Hintergrund, auf dem der Bericht über das Conradinum verstanden sein will. Die Schüler werden auf den »Schauplatz der öffentlichen Welt« hin erzogen, um dort zu handeln, das egalitäre Prinzip wird vollkommen durchgeführt. Sie sollen sich Kenntnisse für ein wahrhaft menschliches Leben erwerben. Die pädagogischen Details sind überaus wertvoll, das Selbststudium spielt eine große Rolle, die Schüler sollen »durch Lehrversuche ihre eigene Einsicht begründen und befestigen«. Alles soll in ein richtiges Verhältnis zueinander treten, »einen innern, wesentlichen Zusammenhang erlangen, und zur Bewirkung echter Menschenbildung einander unterstützen«. Der Charakter der Schule erschöpft sich nicht im Unterricht; die Anweisung, »wie ein Kind lernen, wiederholen, sich vorbereiten und überhaupt studieren soll«, ist so wichtig wie der Unterricht selbst. Jachmann, der Philosophie und Religion lehrt, vertritt zugleich jene Fächer, über die sich der Mensch gewiß wird. Ein gemeinsames Ehrbewußtsein steht im Mittelpunkt, es gibt nur wenige Strafen. Der Familiencharakter der Schule, der das Leben der Schüler in den geselligen Umkreis der Lehrer und ihrer Freunde einbezieht, erinnert an Hermann Lietz; ihr revolutionärer Vernunftcharakter an Leonard Nelsons »Walkemühle«, mit der ein gleicher Anfang gesetzt werden sollte.

Passow berichtet in einem Brief vom 9. Januar 1813 über die letzten Tage des Instituts. Die Russen rückten zur Befreiung heran, – »wir erhielten unmittelbare und sichere Nachrichten von dem musterhaften Betragen aller russischen Heere, die bis auf 24 Meilen von uns herangerückt waren« –, viele Bürger Danzigs flüchten sich in das Conradinum, um der gefährdeten Stadt auszuweichen. Die Schule sei »des buntesten Lebens voll« schreibt Passow; doch sind es die letzten

Tage, die ihr beschieden sind. Der Versuch mit dem neuen Menschen war beendet. Er konnte nicht gelingen, weil er, bei begrenzten Stipendien nicht über ein Internat gelingen konnte, dem nur wenige Schüler, vor allem aus den höheren Ständen, angehörten; gleiche Erfahrungen wurden in unserem Jahrhundert gemacht. Er konnte vornehmlich nicht gelingen, weil er keinem direkten, konsequenten Angriff auf die bestehende Herrschaft verbunden war. Doch wurde ein anderer Mensch vorweggenommen und in unser Gedächtnis gesetzt, aus dem er nicht wieder gelöscht werden kann.

Unter den Mitarbeitern war Franz Ludwig Karl Friedrich Passow, am 20. September 1786 zu Ludwigslust als Sohn eines Prinzeninstruktors geboren, eine der glänzendsten Gestalten des deutschen Neuhumanismus. Unerhört begabt und neben seinen klassischen Studien der literarischen und ästhetischen Welt reich zugetan, wurde er durch Vermittlung Goethes bereits im Jahre 1807 Professor der griechischen Literatur am Weimarer Gymnasium; er war seinerseits Schüler der berühmten Gothaer Anstalt gewesen. Passow war zu dieser Zeit noch nicht 21 Jahre alt und hatte noch keinen akademischen Grad erworben; die Universität konnte ihm kaum etwas bieten, als er sie betrat. In Weimar setzte er eine neuhumanistische Reform der Schule durch, unter starker Betonung der Anleitung zu selbständigem Arbeiten. Als der Rat der Stadt Danzig Passow im Jahre 1810 nach Jenkau ruft, konnte er bereits auf wichtige Veröffentlichungen hinweisen, darunter Übersetzungen seltener Texte, – so die »Basia« des Johannes Secundus –, und einen Band eigener Gedichte. Passow durfte in Jenkau völlig selbständig arbeiten und war für die Unterrichtsorganisation vorrangig verantwortlich; sicher erwartete man auch hier von ihm eine neuhumanistische Reform. Die Arbeit in Jenkau erfüllte ihn zunächst so sehr, daß er 1811 eine Berufung an das Graue Kloster nach Berlin ablehnte. Nach der Auflösung des Conradinum erhielt Passow, der steten Umgang mit einer großen Zahl hervorragender Gelehrter hatte, 1815 eine ordentliche Professur für Altertumswissenschaften in Breslau. Wegen seines Eintretens für das Turnen im Sinne der Deutschen Bewegung der demokratischen

Gesinnung verdächtig, mußte er im Jahre 1821 eine Haftstrafe von 8 Wochen verbüßen; er tat dies in einem als Gefängnis hergerichteten Zimmer der Universität. Passow ist allen Versuchen, sich seiner zu entledigen, mit persönlichem Mut entgegengetreten; er blieb in Breslau, konnte schließlich seine Professur behalten und ist, noch in frühem Alter, am 11. März 1833 gestorben. Er vertrat eine ausgesprochen bürgerlich-liberale Gesinnung, blieb damit zwar weit hinter Jachmann zurück, doch ist er dieser Gesinnung eindrucksvoll treu geblieben. Seine Leistungen als Altphilologe, vor allem seine bahnbrechenden lexikographischen Veröffentlichungen, können hier auch nicht annähernd gewürdigt werden. Er war eine der hervorragendsten Erscheinungen der deutschen Altertumswissenschaft.
In seinen Beiträgen zum »Archiv« spielt der neuhumanistisch-philologische Standort die bestimmende Rolle. Griechisch soll nach ihm »mit der ersten wirklichen Unterweisung in der Muttersprache« gleichzeitig gelernt werden; die Begeisterung für das Griechentum findet einen bewegenden Ausdruck. Die Griechen vermitteln uns die Erinnerung an eine »erste Unschuld des Daseins«, sie standen am Morgen des »großen Welttages«. Über das Griechentum sollen die Deutschen zu sich selbst finden, die Griechen hätten sich »ohne fremdartige Einwirkung« zur »Höhe der reinsten Menschlichkeit« emporgebildet. Unter Hinweis auf Gedike werden die Griechen als Originale, die Römer dagegen als Kopien bezeichnet; die Hellenische Sprache sei die Sprache der ganzen Menschheit. Die Leidenschaft für das griechische Altertum führt bis zur Selbstaufgabe: Wäre es wahr, daß die Deutschen im Griechentum, aus dem sie sich Kraft schöpfen sollten, untergingen, dann ließe sich kein anderer Rat geben, »als, alles übrige von sich werfend, sich einzig in die Überreste des hellenischen Altertums zu versenken«. Die obligatorische Einführung des Griechischen für alle, auch die ärmsten Kinder des Volkes, wird von Passow am konsequentesten vertreten; hier trieb ihn seine Begeisterung weit über seine sonstigen Positionen hinaus.
Passows Beiträge enthalten vor allem auch wertvolle didaktische Hinweise, so wenn er im Zusammenhang mit dem Sprachunterricht darauf aufmerksam macht, daß unausge-

bildete Sprachen am schnellsten zur Anwendung gebracht werden können, – »sie bleiben aber dann ein Bewußtloses«. Sprachbildung und Bewußtseinsbildung werden in einem, besonders heute wieder zu beachtenden, geschlossenen Verhältnis gesehen. Auch die literarischen Selektionsprinzipien werden für die Schule in bedeutsamer Weise festgelegt; »Demnach sollte bei einem zu Zwecken der Erziehung zu erlesenden Werk seine allgemeine künstlerische Vollendung, der auch die höchste Reife des Lebens huldigen müßte, erstes Erfordernis sein«.

Politisch setzt Passow stärkere nationale Akzente als Jachmann, deutsche Tiefe und deutsches Gemüt werden berufen, Jahns »Deutsches Volkstum« ist wiederholt anerkennend genannt. Die Beurteilung der französischen Sprache läßt auf den Einfluß Fichtes schließen. Auch rekurriert Passow stärker auf den Staat, als dies bei Jachmann der Fall ist. Seine allgemeine schulpolitische Einstellung wird am Besten an seiner Rezension Bernhardis, – »Über die ersten Grundsätze der Disziplin in einem Gymnasium« –, erkennbar. Bernhardi, der der gleichen philologischen Schule wie Passow entstammte und ein Mann von ungewöhnlicher literarischer und wissenschaftlicher Bildung war, gehörte zu den einflußreichsten deutschen Pädagogen des 19. Jahrhunderts, er hat die ständische Dreigliederung des deutschen Schulwesens entscheidend mit bewirkt. Passow verhält sich in seiner Besprechung dem Bernhardischen Programm gegenüber rein deskriptiv, obwohl es autoritäre Züge aufweist. Auf Passows abschließende Beurteilung des Jenkauer Versuchs ist schon hingewiesen worden. Eine »wahrhafte Geschichte dieses Instituts« müsse vom Augenblick der Stiftung an »ein fortlaufendes Gemälde von Schlechtigkeit und Schwäche geben«; jahrelang habe er glücklich in Selbsttäuschung gelebt, nun verlasse er Jenkau, »aber mit innigem Schmerz, daß mir dies Scheiden sowenig zu Herzen gehn kann«.

August Meineke, am 8. Dezember 1790 zu Soest geboren, ist nur mit einer Rezension von hohem philologischen Niveau vertreten. Absolvent von Schulpforta, war auch er bereits mit wertvollen Arbeiten hervorgetreten und, gleich Passow, Mitglied der »Griechischen Gesellschaft« Gottfried Hermanns in Leipzig gewesen. Ende des Jahres 1811 begann

Meineke seine Tätigkeit in Jenkau und arbeitete dort besonders eng mit Passow zusammen. Er war Professor der griechischen und römischen Literatur am Institut; als er seine Arbeit aufnahm, war er noch keine 21 Jahre alt. Meineke hat später eine bedeutende pädagogische Wirksamkeit, vor allem als Direktor des Joachimsthalschen Gymnasiums, ausgeübt, sein Einfluß auf die Entwicklung des philologischen Studiums war beträchtlich. Er starb am 12. Dezember 1870 und muß gleichfalls zu den hervorragenden Vertretern der deutschen Altertumswissenschaften des 19. Jahrhunderts gezählt werden.

Johannes Karl Hartwig Schulze, am 15. Januar 1786 geboren, ist der Rezensent von Jachmanns Schrift: »Über das Verhältnis der Schule zur Welt«. Wie die anderen Jenkauer Neuhumanisten hatte er unter dem bestimmenden Einfluß Friedrich August Wolfs gestanden, der die klassische Philologie vor allen anderen in Deutschland neu begründet und eine geregelte Philologenausbildung eingeleitet hatte. Auch er gehörte dem Kreis um Gottfried Hermann an. Mit Passow befreundet und mit ihm zusammen in Weimar tätig gewesen, beabsichtigte er ursprünglich, seinem Freunde nach Jenkau zu folgen, doch zerschlug sich der Plan. Schulze war der demokratischen Bewegung der Zeit verbunden und trat offen für sie ein. In seiner späteren, langen und hervorragenden ministeriellen Tätigkeit überstand er schwere Gesinnungskonflikte, ohne sich jemals selbst aufzugeben; vielen bedrohten Professoren und Lehrern ist er in notvollen Jahren zu Hilfe gekommen, er blieb eine der wenigen aufgeklärten Personen in Preußens Ämtern. Schulzes ungewöhnliche Bedeutung für die Entwicklung des höheren Bildungswesens ist wiederholt dargestellt worden; für seinen Lebensgang ist es wichtig, daß er von 1819 bis 1821 sämtliche Vorlesungen Hegels besuchte und von ihm tief beeinflußt wurde. Zwischen ihm und Hegel kam es zu einer engen Freundschaft; Neuhumanismus und Geschichtsphilosophie fanden in Schulzes Person eine eindrucksvolle Verkörperung.

So gehörte er nicht nur zu den Herausgebern der hinterlassenen Werke Hegels, sondern er war auch Mitherausgeber der Schriften Winckelmanns, durch die das Bewußtsein für die Antike entscheidend aufgeschlossen wurde. Er starb am 20. Februar 1869 nach einem Leben von außerordentlicher wissenschaftlicher, literarischer und praktischer Wirksamkeit. Es ist bemerkenswert, daß Schulze in seiner Rezension erklärt, daß »die hier aufgestellte Idee von dem Wesen der Schule die richtige ist«; einige geringfügige Einschränkungen können an diesem Urteil nichts ändern. Auch weist er auf die Bedeutung der sokratischen Methode für das Conradinum hin.

Zu dem erlesenen neuhumanistischen Mitarbeiterkreis des »Archivs« gehört auch Georg Gustav Samuel Köpke, über lange Jahre Mitdirektor und Direktor des Berliner »Grauen Klosters«. Am 4. Oktober 1773 geboren, studierte er, wie so viele führende Köpfe der jungen Generation seiner Zeit, bei Wolf; auch Gedike hat einen Einfluß auf ihn hinterlassen. Er hat Beiträge zur Altertumswissenschaft geleistet und stand der demokratischen Bewegung nahe. Er starb am 28. Juni 1837 zu Berlin.

Schließlich gehört Karl Besseldt, der die aufkommende Germanistik in Jenkau vertrat, dem gleichen geistigen Bereich an. Sein Beitrag gibt einen guten Hinweis auf den romantischen Ursprung der Germanistik, doch enthält er Weltweite; Griechenland und Indien sind in ihm lebendig, die Wiederentdeckung der Frühzeit ist noch ohne teutomanen Charakter.

Neben dieser geschlossenen und höchst eindrucksvollen Mitarbeitergruppe stehen Karl August Zeller und Johann George Scheffner abseits. Scheffner gehört noch ganz dem 18. Jahrhundert an, er ist ein klassischer Aufklärer, Zeller dagegen wurzelt zwar sehr viel tiefer in diesem Jahrhundert als der Kreis der Neuhumanisten, ist jedoch zugleich einer neueren Zeit auf eine schwer einzuordnende Weise verhaftet. Am 15. August 1774 geboren, war er eine der eigenwilligsten und unfestlegbarsten Erscheinungen der Pädagogik des 19. Jahrhunderts, er führt, unter Umgehung der neuhumanistischen Bewegung, von der Aufklärung in dieses Jahrhundert weiter. Zunächst in der Schweiz, vornehmlich in der Lehrerbildung und mit internationalem Erfolg tätig, wurde er, der die Pestalozzische Methode an Ort und Stelle kennengelernt hatte und zu Pestalozzi in ein persönliches

Verhältnis trat, schließlich nach Ostpreußen berufen. Seine Aufgabe als Oberschulrat war es, Musterschulen und Lehrerseminare im Geiste Pestalozzis einzurichten. Durch seine Freundschaft mit Campe und Salzmann der auslaufenden Aufklärungspädagogik eng verbunden, arbeitete er während seiner späteren Lebensjahre an den »Rheinischen Blättern« Diesterwegs mit, deren sensualistischer Grundton auf das 18. Jahrhundert zurückweist. Zellers Methode war äußerst eigenwillig, sein Leben abenteuerlich, es gelang ihm nicht an einer Stelle Fuß zu fassen und ein kontinuierliches Arbeitsverhältnis zu begründen. Der überaus kritischen Darstellung, die sein Wirken oft gefunden hat, muß entgegengehalten werden, daß er der deutschen Volksschule sehr geholfen hat, über ein methodisches Selbstverständnis zu einem eigenen Bewußtsein zu gelangen; mit seiner Beförderung des »wechselseitigen Unterrichts« hat er eine Grundform der gegenseitigen Hilfe freigelegt. Seine Humanität wird am deutlichsten in seinen Arbeiten zur Reform des Strafvollzugs; er war ein entschiedener Anhänger der Rehabilitation und nahm sich stets der Letzten in der Gesellschaft an. Ohne Zweifel verdient das Leben Zellers eine neue Würdigung, es wird zu entscheiden sein, wie weit dieser Mann, der sich stets zu sich selbst bekannte, auch Opfer seiner Umstände wurde und wie sehr bestimmte Eigentümlichkeiten aus diesen Umständen eben und ihren zermürbenden Auswirkungen abzuleiten sind. Der Beitrag Zellers für das »Archiv« hat durchaus eigenes Gewicht. Der Lehrer wirft den Stab »mit Abscheu und Ekel von sich«, er muß die »Schuld in sich selbst und seinem Verfahren« suchen, wenn er die Entwicklung der Kinder gehemmt sieht. Der antidespotische Zug ist offenbar, die Methode wird für alle Kinder des Volkes entworfen. Es geht Zeller um die Entwicklung »des Menschenkinds«. Unter diesem Gesichtspunkt haben die Kinder ein eigenes Kontrollrecht, wenn sie ihr veto einlegen, sollen wir ausstreichen, was nicht taugt und »suchen, bis wir durch Finden für unsere Mühe belohnt werden«. Was der junge Mensch auch immer selbst tun kann, soll ihm überlassen bleiben. Die Darstellung des zellerschen Internats trägt starke pestalozzische Züge, sie weist zugleich auf jene Arbeitsweisen hin, durch die Zeller den besonderen Charakter der weniggegliederten Schule mitgeprägt hat. Obwohl dieser Schultyp obsolet ist, enthält er doch eine humanistisch-pädagogische Qualität, die jenseits der institutionellen Form, aus der sie erwachsen ist, bleibende Bedeutung behält. Der Lehrer soll nach Zeller »kritisch, nicht mechanisch« verfahren. An zwei Beispielen seiner Abhandlung wird am besten erkennbar, was damit als Praxis gemeint ist. Zur Frage der Bettverunreinigung im Internat durch halbverwahrloste Kinder wird bemerkt: »Wir betrachten ein solches Kind als einen Kranken, der gesund werden will«, und, »es ist keine Schande ... krank zu sein«. Großartig schließlich die Darstellung des Klassenzimmers, in dem Webstuhl und Spinnrad ihren Platz haben: »Es ist ein eigener Anblick, die Mittel der äußern Freiheit zu schauen, mitten unter jenen der innern, und in demselben Zimmer, in welchem Grammatik, Musik und Mathematik das innere Leben entwickeln, die Geräte der niedern Klassen zu finden, denen wir zwar das gleiche Himmelsglück, nur aber ja nicht das gleiche Erdenglück gönnen wollen, welches doch einzig darin besteht, daß der Mensch das werde, was er nach seinen Anlagen werden sollte. Über der Wandtafel und dem Tische des Lehrers lesen sie die Worte: BEWUSSTSEIN«. Dies ist pädagogische Aufklärung mit ihrer höchsten Aussage, eine Hinterlassenschaft, die der unglückliche, von schweren Widersprüchen gequälte Mann tapfer in seiner Zeit fortzusetzen versuchte.

Johann George Scheffner wurde am 8. August 1736 zu Königsberg geboren, nahm am siebenjährigen Krieg teil, war Kriegs- und Steuerrat, zuletzt Gutsbesitzer. Er war mit Hippel befreundet, kannte Hamann und Kant und stand mit Herder und Königin Luise im Briefwechsel. Er ist als Dichter und Übersetzer, darunter von Werken Machiavellis, hervorgetreten. Scheffner ist ein guter Vertreter der Aufklärung; obgleich es seinem Beitrag an Problembewußtsein ermangelt, erhält er doch einen Rang durch das Eintreten für die Redefreiheit und durch eine für das Jahr 1812 bemerkenswerte Beurteilung der Franzosen. »Sollte die den Franzosen gewöhnliche Freiheit, über alles dreist reden zu dürfen, ihnen nicht zu dem offnen Kopf geholfen haben, den sie so oft, ohne lesen oder schreiben zu können, äußern und

geltend machen? Diese Publizität von unten herauf veredelt den Charakter«.
Das empirische Material, das dem »Archiv« beigegeben ist, – in der »Kurzen Nachricht über den Zustand der Schulen« und der »Tabellarischen Übersicht der Bildungsanstalten« vornehmlich –, gibt ihm einen zusätzlichen und für die Kenntnis der Zeitumstände belangvollen Wert.

Jachmann hat in der Geschichte der Pädagogik kaum einen Nachhall gefunden; als sekundärer Vertreter des Neuhumanismus wird er gelegentlich genannt. Nur die Studie Helmut Königs macht hier eine Ausnahme. Gewiß ist an der vorherrschenden Beurteilung so viel richtig, daß Jachmann kein typischer Neuhumanist war; dem bleibenden Ausgangspunkt nach war er Kantianer und Aufklärer. Er hat, wie Villaume, jede Möglichkeit genutzt, um die untergehende Aufklärungspädagogik in eine neue Zeit zu überführen; erst nach dem Scheitern dieser Versuche geht er, ohne inneren Bruch, zum Neuhumanismus über, wie er ihm durch Passow und seine Freunde angeboten wurde. Das Beispiel Jachmanns zeigt, daß sich die Aufklärungspädagogik nicht mehr aus ihrer sozialdeterministischen Unterworfenheit zu ihrem Ursprung befreien konnte; es zeigt auch, daß die neuhumanistische Bewegung ein Angebot für eine radikale Befreiung des Menschen enthielt. So sehr dieses Angebot nun bald in Vergessenheit geriet und der Neuhumanismus den Privilegcharakter der bürgerlichen Klasse annahm, einer aus aller körperlichen Arbeit entlassenen Existenz, die sich den Schein der Zweckfreiheit leistet, wird doch an Jachmanns Beispiel deutlich, daß er einen ursprünglich revolutionären Ausgang hatte. Hier war die Möglichkeit gegeben, den Menschen aus seiner gesellschaftlichen Verhaftung herauszusetzen, die ihn hoffnungslos strangulierte und nicht zu sich selbst kommen ließ, ihn seinem eigenen, menschlichen Bewußtsein zurückzugeben. So wird auch die Verbindung zum Griechentum bei Jachmann zu einer gesellschaftsverändernden Kraft, sie erfüllt die Aufgabe, die der römischen Republik im zeitgenössischen Frankreich zufiel. Die Historiographen der Pädagogik haben diesen Aspekt wohl erkannt; daher urteilt denn Joerden über diesen obligatori-

schen Griechisch Unterricht, der auch den Ärmsten der Armen die Welt des Geistes öffnen sollte, er sei von einer »grotesken Konsequenz«. Friedrich Paulsen, dessen überragende Bedeutung hier nicht geschmälert werden soll und der dem progressiven Bürgertum seiner Zeit zuzurechnen ist, bezieht eine vergleichbare Position; er meint, in den Archiv-Aufsätzen sei »wohl das Ausschweifendste jener an ausschweifenden Erziehungstheorien nicht armen Zeit – etwas Unerhörtes schien geschehen zu müssen, um die bessere Zukunft heraufzuführen – geleistet worden«. Er erkannte nicht, daß eben dieses Unerhörte hätte geschehen müssen. Schließlich urteilt auch Karl-Ernst Schellhammer, der die »Geschichte der Einheitsschulidee« nicht ohne Verständnis abgehandelt hat, in durchaus ähnlicher Weise. Jachmann schoß »weit übers Ziel hinaus, so weit, daß er auch heute in der revolutionierten Zeit darin nicht überboten wird«, schreibt er im Jahre 1925. Seine Pläne entbehrten »einer tieferen Begründung«, er zeige die »Verstiegenheit des Theoretikers«, er liefere ein »Phantasiebild, auf welchem gewisse Ideologen auch heute noch Farben und Konturen erkennen wollen«. So habe er allen Bürgern »*eine* Bildung aufzwingen« und Hand- wie Kopfarbeiter bis zum 18. Lebensjahr mit dem gleichen Lehrstoff bedacht wissen wollen. Er habe jeden Unterschied zwischen höheren und niederen Ständen vergessen. Von der Person Jachmanns dennoch angerührt fügt Schellhammer hinzu: »Seine Pläne zu einer deutschen Nationalschule sind ein Höhepunkt in der Entwicklung der Einheitsschulidee, da hier fast alle Vereinheitlichungsbestrebungen der vergangenen Zeiten zusammengefaßt und in ihrer Intensität gesteigert werden«. Wird die Kritik damit zum höchsten Lob, so hat Helmut König, der als erster Jachmann wieder der Vergessenheit entrissen hat, seine Würdigung mit dem Bemerken begründet: »Weil der Schuhmachersohn Reinhold Bernhard Jachmann Gedanken ausgesprochen hatte, deren Verwirklichung die Durchbrechung des bestehenden Bildungsmonopols bedeutet«.
Jachmanns Frage nach dem wahren nationalen Selbstverständnis hat ohne Zweifel in einer Zeit an Bedeutung verloren, in der sich Formen der übernationalen Kommunikation als immer notwendiger erweisen, die Art, wie er dieses

Selbstverständnis faßt, bleibt dennoch in ihrer Ausgeglichenheit bedeutsam. Niemand kann zudem mit Sicherheit sagen, ob die Periode irrationaler nationalistischer Reaktionen in Europa wirklich zu Ende geht. Für die Bildungstheorie bleibt entscheidend, daß er den universellen und zu sich selbst gekommenen Menschen als Ziel aller Bildung erkannt hat, den Menschen, der die Ketten seiner Fremdbestimmung zerreißt. Unter den Zeitgenossen vollzieht nur noch Humboldt den gleichen Schritt, im Bild des Gelehrten, der Tische macht, des Tischlers, der die griechische Geisteswelt erfährt. Jachmann vollstreckt damit den pädagogischen Auftrag Kants: »Kinder sollen nicht dem gegenwärtigen, sondern dem zukünftig möglich bessern Zustande des menschlichen Geschlechts, das ist: der Idee der Menschheit, und deren ganzer Bestimmung angemessen, erzogen werden«. Der Mensch wird Subjekt im eigenen Reich, nach überwundener Klassenherrschaft. Dagegen wird argumentiert werden müssen, daß die Schule, über die hier das Reich des Geistes vorweggenommen werden soll, selber gesellschaftlich determiniert ist. Doch gibt es zwei Gesichtspunkte zu bedenken. Der eine geht auf ein Ziel, das durch die Entwicklung der Produktivkräfte möglich werden kann, aber doch nur erreichbar ist, wenn es stets im Gedächtnis bleibt. Es umschließt das Bild eines Menschen, der durch die vollendete Herrschaft über die Natur für sich selbst frei geworden ist, für seine umfassende Verwirklichung. Jachmann hat um dieses Ziel unter Bedingungen gewußt, die es nur schwer erfahrbar machten, er hat an seiner Wegstation das Licht gehalten. Zugleich jedoch gilt es zu bedenken, daß die Schule kein mechanischer Reflex der gesellschaftlichen Machtverhältnisse ist, sie ist selber eine wirkende Kraft innerhalb der gesellschaftlichen Dialektik. Es geht darum, diese Kraft auf die Bestimmung des Menschen hin zu richten, im Zusammenhang mit der ganzen Gesellschaft und dem System ihrer Herrschaft, damit der Mensch fähiger wird, der blinden und determinierenden Integration zu widerstehen. Jachmann hat diesen Widerstand des Menschen über seine Bildung herausgefordert, um ihn damit fähig zu machen, mitten in seiner Wirklichkeit die in ihr enthaltene, menschlichere Zukunft zu öffnen. Die Einheitsschule selbst ist, mit dem Inhalt, den er ihr gegeben hat, bereits Zukunft inmitten der Gegenwart. Somit hat er den Widerspruch vertieft, um ihn bloßzulegen und zu überwinden. Dies ist für die heutige Situation nicht ohne Belang, in der eine Gesamtschule als Reproduktion der kapitalistischen Leistungs- und Konsumgesellschaft zum Modell wird, um die Unterwerfung des Menschen unter die bestehende Verfügung dauerhaft zu machen. Die auf die Zukunft gerichtete Bildung, der Jachmann diente, scheiterte bald. Es ist wahr: Jachmann wurde zum Schweigen verurteilt, Bahrdt zu Tode gehetzt, Ziegenhagen nahm sich das Leben, Villaume floh nach Dänemark, Follen entrann seinen Häschern im letzten Augenblick, um in Amerika seinen Kampf an der Spitze der Sklavenbefreiungsbewegung fortzusetzen. Humboldt endlich, der wie kein anderer seiner Zeitgenossen die menschliche Welt umschloß, blieb einsam in Tegel. Eine ganze Generation wurde vernichtet, zerstört, verstreut, um ihre Wirkung gebracht; es war dies weder das erste noch das letzte Mal. Doch ist die Geschichte unvollendete Hinterlassenschaft, die auf ihre Vollendung drängt, stetige Vorwegnahme dessen, was wir sein können. Es ist aus diesem Geiste, daß Jachmanns »Archiv Deutscher Nationalbildung« erneut vorgelegt wird.

II Heinz-Joachim Heydorn: Wilhelm von Humboldt

Friedrich Meinecke, so berichtet Kaehler in seinem Buch »Wilhelm von Humboldt und der Staat«, habe einst im persönlichen Gespräch ihm gegenüber geäußert: »Humboldt ist eine Sphinx, welche jeden Betrachter anders ansieht, und welche jeder Betrachter anders ansieht«. In der Tat, gerade ein langes und sorgfältiges Studium des Humboldtschen Werks, dem der Briefwechsel in höchst bedeutsamer Weise zugehört, ruft diese Bemerkung Meineckes immer wieder in das Gedächtnis. Das Werk Humboldts entzieht sich jeder überzeugenden Systematisierbarkeit; dies macht seine Grenze, aber auch seinen eigenartigen, faszinierenden Charakter aus. Die von Humboldt behauptete originäre Individualität setzt der Verobjektivierung des Gedankens im Sinne eines stringenten Zusammenhangs offenbare Grenzen, zu oft wird der Gedanke, trotz aller übergeordneten Begriffe, in seinen persönlichen Ursprung zurückgenommen. Es ist daher bezeichnend, daß das Humboldtsche Werk, bei einzelnen, großartig zusammenhängenden Leistungen, wie sie etwa die Sprachphilosophie darbietet, weithin den Charakter des Fragmentarischen, selbst des Aperçuhaften trägt. Dies schmälert seine Bedeutung nicht, erlaubt vielmehr dem heutigen Betrachter, mehr als dies bei anderen Autoren der Fall sein darf, die historische Leistung auf ihre unmittelbare Bedeutung hin ungebundener zu untersuchen, auf eine Bedeutung, die sie für die Behauptung unseres eigenen Menschentums besitzt. Ein subjektives Element der Beurteilung ist somit eher erlaubt, soweit Subjektivität nicht den Charakter der Zufälligkeit, sondern die besonderen Bedingungen meint, denen der Betrachter unterliegt. Humboldt selbst erlaubt dies durch die Variationsbreite seiner Ausdeutungsfähigkeit, durch

seine vibrierende Sensibilität, wenn er den Gedanken, ohne das in ihm Angelegte zu Ende zu führen, wie einen Ball in die Luft wirft. So soll hier kein Versuch unternommen werden, die gesamte geistige Leistung Humboldts auch nur annähernd vorzustellen oder ihren Ort in der Geistesgeschichte zu bestimmen. Was versucht werden soll, kann eben auf eine einzige Fragestellung reduziert werden: Was kann uns gegenwärtig, in unserer konkreten Existenz, Humboldt noch sein, welche Aspekte seines Werkes sind unverloren oder können von uns in einen neuen Zusammenhang gesetzt werden, wie vermag er uns noch zu helfen, uns selbst über ein menschenwürdiges Leben zu begreifen? Die große Existenz bewährt sich darin, daß sie die Kommunikation mit keiner Gegenwart abreißen läßt. Nur wo diese Fragestellung akzeptiert wird, mag das Folgende eine Grundlage zur Auseinandersetzung abgeben. Finden wir nichts, was uns hilft zu leben, geistig zu leben, unter dem Brennglas des Bewußtseins mitten in unserer Zeit zu leben, um in ihr trotz allem eine Möglichkeit für den Menschen offen zu halten, dann ist das Humboldtsche Werk unter den Gesichtspunkten, unter die sich die Menschenbildung gestellt sieht, ohne Belang, nur noch Teil ihrer Geschichte, oder, wie heute vielfach behauptet wird, ihrer verfehlten Geschichte. Geistige Existenz in einer jeden Gegenwart möglich zu machen und ihr damit den Charakter unabgeschlossener Erwartung zu geben, ist das einzige Interesse, dem sie sich unterwirft.
Schon kurz nach der Beendigung des deutsch-französischen Krieges heißt es bei Nietzsche auch über Humboldt: »Eine falsche Antike wie die Canovas, etwas zu glasirt, weich, durchaus der harten und häßlichen Wahrheit nicht in's Angesicht zu sehen wagend, tugendstolz, vornehmen Tones, affectvoller Gebärde, aber kein Leben, kein ächtes Blut«. Das Humboldtbild des deutschen Spätbürgertums ist damit bereits früh und unerbittlich gekennzeichnet, auf dem Hintergrund wachsender Leere, ein Bild, das auch heute noch Geltung besitzt und über das die Abgründe des Lebens immer weniger zugedeckt werden können. Es ist dieses Bild, das auch Eduard Sprangers geheimrätlicher Interpretation unterliegt. »Wohl aber«, so heißt es bei ihm, »kann man sagen, daß dieses System seiner Natur nach aristokratisch

ist. Es gilt nur von dem hochstehenden, geistig bereits differenzierten Menschen. Aber auch diese soziale Schranke ist nicht absolut. Denn jede Aristokratie strebt nach Ausdehnung. Mag es idealistisch klingen: jedenfalls kann es keine edlere Ethik geben als die, die alle Menschen zu Aristokraten zu machen strebt. Tendenzen dieser Art zeigt unsre Gegenwart in erfreulicher Blüte«. Der gutgemeinte Kommentar, 1908, sechs Jahre vor Ausbruch des ersten Weltkrieges geschrieben, steht im Zusammenhang einer Systematisierung, die das Humboldtbild über die Begriffe Individualität, Universalität und Totalität unter Aussparung alles Untergründigen, Widerspruchhaften und in der Tiefe Zerrissenen für Generationen festlegt. So wenig Spranger seine eigene Zeit begreifen konnte, so wenig konnte er den Ausgang der Humboldtschen Existenz verstehen. Bedeutendere, spätere Arbeiten, wie das schon genannte Buch Kaehlers, Schaffsteins »Humboldt« oder Clemens Menzes vorzügliche Untersuchung zu »Humboldts Lehre und Bild vom Menschen« haben die Wirkung Sprangers in breiteren Kreisen kaum widerrufen können. In seiner Darstellung spiegelt sich die bürgerliche Welt in einem Augenblick, in dem sie als humane Kraft schon erloschen war und nur noch über die Aufrechterhaltung der Lebenslüge eine abgelaufene Frist verlängern konnte; sie tut dies auch heute, nach dem Brennen der Gasöfen. Es ist nun bezeichnend, wie Spranger, hier unter Einbeziehung Schleiermachers, den Klassizismus Humboldts zur Darstellung bringt; von Schleiermacher eben ausgehend, heißt es in »Wilhelm von Humboldt und die Humanitätsidee«: »Denn das eine darf dem andern nicht vorwegeilen, wenn nicht das innere Maß und die innere Einheit gestört werden soll. Denken und Handeln, Tun und Schauen müssen in stetem Gleichgewicht miteinander gehalten sein. Darauf beruht die innere Geisteseinheit. Alle Verrichtungen des Geistes werden dann in ihrer ewigen Einheit angeschaut. Das Bewußtsein der ganzen Menschheit führt man dann in sich – in stiller Ruhe und wechselloser Einfalt. Man kann nicht mehr aus seines Lebens Mitte herausgeworfen werden, nicht mehr an etwas Vereinzeltes sich verlieren, sondern man ist Totalität geworden. Selbstbildung und Rezeptivität halten sich das Gleichgewicht, statt daß etwas Einzelnes auf das Innere einstürmt und es aus seinen Bahnen wirft. Eine schöne, innere Gestaltungskraft ist dann dem Geiste eigen, eine wahre innere Form und Harmonie. Selbst der Gegensatz der Lebensalter wird durch solche innere Klarheit, Selbstheit und Gleichmäßigkeit aufgehoben, und es ist eine herrliche Bestätigung für diesen theoretischen Satz Schleiermachers, wenn man von Humboldt – der dies Ideal wie kein zweiter praktisch verwirklicht hat – sagen konnte: er sei von keinem Alter gewesen«. So auf den Podest gesetzt, Totalität zum Anschauen, Welt in sich zum gehobenen Vergnügen, staunenerregender Gegenstand kleinbürgerlicher Verdrängung, mag das Bild Humboldts auch weiterhin eine Verschleierungsfunktion haben, über die das wirkliche Leben unsichtbar gemacht wird. Was Bildung nur antizipiert als Aufdekkung des heilen Gesichts des Menschen inmitten seiner Zerstörtheit, Wegzeigung durch furchtbare Zwänge, ist hier bereits in aller Glückseligkeit da und somit absolut nichtig. Je mehr jedoch die Zeit fortschreitet, um so weniger wird dieses Bild noch eine Bedeutung für unser geistiges Leben haben. Für die junge, kritische Intelligenz unseres Landes ist Humboldt daher heute schon nur noch ein leerer Name, der sich mit der Fehlinterpretation unserer Geschichte verbindet; so muß er auch erscheinen, als Residuum von Bildungsplänen und Schulverwaltung, damit der zynische Pragmatismus der technologischen Gesellschaft nicht unmittelbar hervorzutreten braucht, sondern hinter einem metaphysischen Dunstkreis versteckt bleibt. Humboldt teilt dieses Schicksal jedoch mit der ganzen deutschen Klassik. Es ist daher eher erfreulich, daß sich heute eine Bildungstheorie durchzusetzen beginnt, die den Menschen nur noch nach seiner Produktionseffizienz beurteilt, nach der Möglichkeit seiner maximalen Ausbeutung innerhalb der gesellschaftlichen Produktion. Indem sie von jedem Lebenssinn abstrahiert und den Menschen dem partikularen Interesse ausliefert, fordert sie ihre Antithese, die Rebellion des Geistes, heraus.

In der Tat jedoch, so sehr sich auch die Elemente in Humboldts Werk vorfinden, die das vorherrschende Bild, wenn auch nicht in seinen Vergröberungen, kennzeichnen, ist damit doch der entscheidende Ausgangspunkt übersehen. Harmonie ist hier vielmehr Gegenbild eines zerrissenen Bewußtseins, eines die Existenz bis in die Tiefe spaltenden Widerspruchs. 1813 heißt es in einem Brief an Caroline von Dacheröden: »Aber wenn einmal der Grad des Selbstbewußtseins gekommen ist, der den alten immer fremd blieb, wo der Mensch sich mit sich selbst entzweit und das Vertrauen zu sich verliert, dann kommt man in furchtbare Tiefen«. Die Geschichte der nachgriechischen Zeit wird zur Geschichte des gespaltenen Bewußtseins, der Dichotomie von Diesseits und Jenseits des Menschen, aber selbst über die Griechen lesen wir, angesichts der Bodenlosigkeit aller Existenz: »Auf der schmalen Grenze zwischen Leben und Tod wollten sie daher nur Leben und volles Leben«. Momente der romantischen Agonie sind von Anbeginn da, der Schmerz der Existenz gewinnt den Charakter der einzigen Süßigkeit, spätromantische Verfallsexzesse werden vorweggenommen, wenn es heißt, daß selbst der Moment der Zerstörung ein Moment des Entzückens ist. Die Absurdität des Seins läßt den Augenblick zugleich nichtig erscheinen; der Sinn liegt zurück, erstorben, in der erloschenen Landschaft des Geistes, im Traum der Griechen, in der kommenden Wirklichkeit des Menschen. Eben dieses: Wandern im Gewesenen und im unangebrochenen Reich des Menschen gehört hier untrennbar zusammen, und es wird dies zu belegen sein. Dagegen verliert das Wirkliche seine Geltung. »Und es ist wunderbar«, so wird 1805 formuliert, »wenn die Menschen sich einbilden, das eigentliche Glück in der Wirklichkeit zu finden. Von der Wirklichkeit läßt sich nur Wirklichkeits-Glück erwarten, und wer das hat und danach, wie einem Endziel hascht, hat seinen Lohn dahin. Ich kenne das Unglück nicht, dem nicht eine eigne Süßigkeit beigemischt wäre, und das Glück nicht, das, mit der ganzen Gestalt hinübergebeugt in die unsichre Zukunft oder die unerreichbare Ideenwelt, mehr als die äußerste Fußspitze auf die Wirklichkeit des Moments aufsetzte«.

Die Entleerung der Gegenwart zugunsten der reinen Imagination, ein stetiger Fluchtversuch, werden selbst dann erkennbar, wenn sich die Bewegung der Geschichte des Individuums mit großer Gewalt habhaft zu machen sucht.

Als sich Humboldt im Jahre 1813 durch die kämpfende Erhebung des Volkes unmittelbar berührt weiß, auch er mitgerissen wird von einem Strom, der die Dämme durchbricht, schreibt er doch: »Ich kann es nicht leugnen, und es muß tiefer liegen als bloß in früher Jugendbeschäftigung: das Altertum ist das einzige, was mich eigentlich ganz lebendig ergreift, und ich bin im reinsten und eigentlichsten Verstande ein echter Heide... Was vorgegangen ist, seit jene Zeiten vorüber sind, kommt mir nur immer vor wie ein verwirrtes Gären von Kräften oder maschinenmäßiges Aufbauen toter Formen oder im besten Verstande die Bewegung eines edlen Sinnes in Fesseln der Not... Das eigentliche Leben ist ein Nichts von allem dem, es liegt auch hier schon nur immer jenseits. Und, wenn man bedenkt, daß in so vielen anderen Dingen das Höchste und Beste auch immer jenseits liegt, daß selbst die Liebe, das Reinste und Selbständigste, sich fast nie in ihrem wahren Wesen in dem Augenblicke der Gegenwart verklärt, so wird man tief inne, daß das wahre Glück nur aus Wehmut und Sehnsucht besteht und der Meeresluft gleicht, die einen von fernen Küsten her anweht ... und so geht denn in der Genugtuung des Handelns und in dem Genusse der Sehnsucht das Leben hin, und das bloße Verfließen der Zeit macht, was ich unendlich in Anschlag bringe, mit jedem Moment die Weltansicht bedeutender. Aber wenn mitten darin mich Laute aus jenen einzigen Zeiten und Regionen berühren, so kann mich ein Zittern ergreifen, wie ein Bewußtsein entrückten Paradieses und verlorener Unschuld, und es bedarf Zeit, sich wieder in das alte Gleichgewicht zu wiegen«. Es ist dieser Traum vom heilen Menschen, der Traum vom Ursprung, von der sinnlich-geistigen Einheit des todbedrohten Lebens über dem Nichts, der sein Bild vom Griechentum ausmacht; die Frage nach der tatsächlichen Wirklichkeit des griechischen Lebens ist hier fast belanglos. Die griechische Welt wird irrealisiert, imaginäre Erlösung, zur Traumstatt der mit sich selber versöhnten Existenz. Nun gewinnt diese Einholung des Vergangenen, weit in der Ferne liegenden und schon zurückgesunkenen Selbstbesitzes des Menschen gleich den Charakter früher Bedrohung; die Selbsterlösung des Geistes über die reine Vorstellung reicht mit ihrem Wurzelstrang tief in die zerrissene Landschaft. In der »Geschichte des Verfalls und Unterganges der griechischen Freistaaten« wird dieser zwiespältige Charakter aufgedeckt: »Der Grieche behandelt alles symbolisch, und indem er alles, was seinem Kreise naht, in ein Symbol umschafft, wird er selbst zum Symbol der Menschheit, und zwar in ihrer zartesten, reinsten und vollkommensten Gestalt... Denn indem sie von einfachen und natürlichen Gegenständen ausgehen, von einem von wohltätig üppiger Kraft überfließenden Jüngling, einem Mädchen, das, eben aufblühend, sich dieses Aufblühens mit Befremden bewußt wird, der Freiheit, mit der die Seele im Schlafe, aller Sorgen entfesselt, durch das leise verknüpfte Reich der Träume schweift ... kommen sie zu Ideen, die ewig an sich unbegreiflich bleiben. Je tiefer und schöner man die Idee des Schlafes faßt, wo der Mensch, im Vertrauen auf schützende Gottheiten, das wachsame Auge schließt, die schützende Rechte entstrickt und sich nackt und wehrlos hingibt, wo er freudig sich vom Getümmel des Lebens in den Schoß einsamer Nacht zurückzieht, und sich nur dem reinsten und ätherischsten Teil seines Wesens, der nie schlummernden Einbildungskraft überläßt, wo er erwacht bald aus entzückenden Träumen mit wehmütiger Rührung, daß er erst sein Dasein gleichsam vernichten muß, um Götterseligkeit mit müheloser Überwindung der Schwierigkeiten zu schmecken, bald aus furchtbaren, tief erschüttert, daß Geister und Schicksale vielleicht tückisch ihm auflauern, die ihm die blendende Helle des Tages verbirgt, wo er endlich mit jedem Auf- und Niedergange der Sonne, wie in einem kurzen Vorspiel die große Bahn seines Daseins immer von neuem vollendet und wieder beginnt – je tiefer und gehaltvoller erscheint ihm auch die in diesem Bilde ausgedrückte Idee«. Hier sind Elemente einer absoluten Romantik erkennbar über die Erlösungskraft des Symbols, als Identität von Schlaf und Erfüllung, als Helle des Tages, in der sich der Mord verbirgt, in der die Irrationalität des Schicksals dem Menschen auflauert, aller Besitz entrissen wird. So wird auch die Aussage nach dem Tode Caroline von Dacherödens verstehbar, mit der er über Jahrzehnte eine Ehe in unbegrenzter Freiheit und oft neurotischer Verhaftung, doch stets tief beglückend führte, um nach ihrem Fortgehen nur noch dem eigenen Sterben überlassen zu sein, daß »die der irdischen Vergänglichkeit entkleidete Freundin noch sehr viel teurer sei als die lebende durch die unbedingte Sicherheit des Besitzes«. Leben über den Abgründen wird zur Kunst, zu einer Anstrengung äußerster Bewußtheit, um eben noch gehalten zu sein; in der Schrift »Über den Charakter der Griechen« heißt es, daß das Leben wie eine Kunst und der im Leben dargestellte Charakter wie ein Kunstwerk betrachtet werden kann, in der Abhandlung »Über das Studium des Alterthums« schließlich: »Des Künstlers einziger Zweck ist Schönheit«. Das Artifizielle trägt alle Züge der Spätheit, der Geist wird zum König der künstlichen Paradiese, selbst Elemente des Dandyismus sind erkennbar, über den das untergehende Bürgertum vor seinem Abgrund den Stil des degenerierenden Adels zu reproduzieren sucht. »Es war eine tötende Gleichgültigkeit in mir, so gar keine Erwartung«, schreibt schon der junge Humboldt über sich selbst; in einem der intimen Sonette des Jahres 1823 lesen wir in einer an Brentano erinnernden Wendung:

»Ich bin ein armes, verlorenes Kind,
ich weine die klaren Augen mir blind«.

Das Werk Humboldts umfaßt die ganze Selbstdarstellung der bürgerlichen Kultur in einer höchsten Ausprägung und über alle Perioden. Aufstieg und Verfall sind schon in gleicher Weise umschlossen, Hoffnung auf eine neue Erschaffung des Menschen und Wissen um ihr Dahinwelken im fallenden Tag. Obwohl Aristokrat – die Familie wurde jedoch erst kurz vor seiner Geburt geadelt – in seinem minuziösen Sinn für Form, in der großen Distanz, sind doch die bürgerlichen Charakteristika ganz überwiegend: die einzigartige Vertiefung der Individualität, in die der ganze Weltbezug leibnizisch eingeschlossen wird, das verwundbare Geäder der Empfindung, eine Unendlichkeit der Reflexion, der innere Monolog, der, wie im Brochschen Vergil, an der Todesgrenze geführt wird. Für die ästhetisch reflektierte Existenz gilt der Satz Kierkegaards: »Hat man dergestalt in der Kunst zu vergessen und in der Kunst, sich zu erinnern, sich vervollkommnet, so ist man imstande Fangball zu spielen mit dem ganzen Dasein«; doch ist sie mehr. Traumbergung zu kurzer Stunde vor dem beginnenden Licht, Verabsolutierung des Imaginären, um drohender Untiefe zu entkommen, weist sie zugleich über sich selbst hinaus in ein unbekanntes Land. Im Jahre 1803 schreibt Humboldt an Schiller, indem er auf die Alten Bezug nimmt: Sie waren nur, was sie waren, heißt es. »Wir wissen auch, was wir sind, und blicken darüber hinaus. Wir haben durch die Reflexion einen doppelten Menschen aus uns gemacht«.

Alle Gegenwart des Menschen ist Gegenwart der Vereinsamung, dies bleibt; die Morbidität der Erotik zeigt Todesnähe, ästhetisch verzauberte Befreiung vom Tageslicht des Bewußtseins. Zugleich aber bleibt doch der Widerspruch zwischen der Irrationalität des Seins und dem Hinweis der Vernunft unüberbrückbar: »Wir wissen auch, was wir sind, und blicken darüber hinaus«. Dieser Widerspruch wird auf dem Hintergrund einer Gesellschaft erfaßt, die nun bereits alle Züge der anhebenden industriellen Revolution aufweist. Mit außerordentlicher Beobachtungsgabe registriert Humboldt die Tendenz der gesellschaftlichen Entwicklung. 1798 wird sie in dem ästhetischen Versuch »Über Goethes Hermann und Dorothea«, noch unter dem Eindruck der französischen Umwälzung, im XCV. Kapitel, mit Hellsichtigkeit offengelegt. Ein längerer Absatz ist hier von entscheidender Bedeutung; er soll ungekürzt wiedergegeben werden. »Das Übergewicht der Kultur«, heißt es dort, nachdem Kultur als vom Menschen abstrahierte Rationalität begriffen worden ist, »gibt unsrer ganzen Lebensart eine gewissermaßen unnatürliche und künstliche Gestalt und einen ähnlichen Charakter tragen auch die Begebenheiten unsrer Zeit an sich. Da sie eine Menge neuer Bedürfnisse weckt und vor allem darauf ausgeht, die möglichst große Zahl der Zwecke mit dem möglichst kleinen Aufwande von Mitteln zu erreichen, so hat sie zwischen die Kraft des Menschen und das Werk, das er dadurch hervorbringt, eine Menge von Werkzeugen und Mittelgliedern gesetzt, vermöge deren ein einziger mit geringerer Anstrengung eine große Masse bewegen kann. Der Mensch erscheint also seltner als die einzige Ursache einer Begebenheit und noch seltner als unmittelbare. Er handelt nicht allein oder nicht frei oder wenigstens nicht selbst und geradezu. Das Zusammenwirken der Menschen und Ereignisse ist so vielfach und mächtig geworden, daß wir weit öfter den Zufall – das Zusammentreffen kleiner, für sich nicht bemerkbarer Umstände – als den Entschluß einzelner herrschen sehen; die Ausführung der außerordentlichsten Unternehmungen hängt mehr von der klugen Berechnung der Umstände und einer geschickten Anlegung des Plans, als von der Kraft und dem Mut des Charakters ab. Der reine Mensch für sich vermag nur wenig mehr über den Menschen und nichts über den Haufen; er muß immer durch Massen handeln, sich immer in eine Maschine verwandeln. Wenn noch eine Energie mächtig ist, so ist es allein die Energie der Leidenschaften, und die Leidenschaften selbst verlieren durch kleinliche Eitelkeit und kalten Egoismus von ihrer furchtbaren Naturgröße. Dadurch ist ein großer Charakter überhaupt oder doch wenigstens die Stimmung seltner geworden, ihn in Andern zu finden oder ihn sich selbst zuzutrauen«. Die Richtung, auf die sich die Wirklichkeit hinbewegt, ist illusionslos erkannt; die bedrückende Realitätsnähe läßt keine Spur einer Haltung erkennen, die sich im Reich des Geistes mit täuschender Harmonie einrichtet. Vielmehr ist Kommendes als wachsende Determination des Menschen vorweggenommen. Es geht Humboldt niemals darum, diese Determination zu leugnen oder sie zu ignorieren; sie wird in ihrem ganzen Umfang aufgedeckt. Ihr anonymer Charakter ist schon erfaßt, die unsichtbare Steuerung des Menschen, der immer schwieriger werdende Prozeß einer rationalen Aneignung des gesellschaftlichen Vorgangs. In der abstrakten Interdependenz geht der Mensch unter; er wird zugleich zu sich selbst, in seine eigene Verlorenheit herausgesetzt. Schon der junge Humboldt weist darauf hin, daß eine neue Einsamkeit im Entstehen sei, während die Umwelt, wie es wörtlich heißt, immer noch »mit dem Lande und kleinen Städten Begriffe von einer Einsamkeit verbindet, die eigentlich nur in den großen wirklich ist«. Nach eigener Aussage ist es diese Determination des Menschen, über die man seiner Wahrheit ganz nahe kommt. Aber die Humboldtsche Frage richtet sich ausschließlich auf die Differenz, die übrigbleibt, auf das, was der Mensch noch ist, wenn man die Summe seiner Determinationen abzieht. Hier allein wird der Ansatzpunkt für eine Reaktualisierung des Menschen gesehen, für eine wie auch immer verzweifelte Möglichkeit, sein Selbstbewußtsein zurückzugewinnen. Dies ist so aktuell, daß es keine andere Fragestellung gibt, die für unsere Gegenwart bedeutsamer wäre, doch ist dieser Gesichtspunkt im überlieferten Humboldtbild gänzlich verdunkelt worden. »So bleibt immer doch eine unbekannte Größe zurück«, lesen wir in der Schrift über das »Achtzehnte Jahrhundert«, »die primitive Kraft, das ursprüngliche Ich, die mit dem Leben zugleich gegebne Persönlichkeit. Auf ihr beruht die Freiheit des Menschen, und sie ist daher sein eigentlicher Charakter«. Die zitierte Stelle gibt nicht nur eine bemerkenswert knappe, auf den elementaren Bestand zielende Definition des Kraftbegriffs, auf dem die Humboldtsche Anthropologie beruht, sondern sie weist schon darauf hin, daß es hier nicht um das Selbstverständliche geht, sondern um die Aufgrabung der dem Menschen eigenen Freiheit aus dem, was sie zudeckt oder verschüttet. Kraft kann immer nur am Individuum unmittelbar erfahren werden; der Begriff erscheint nicht, er wird auch über die Sprache letztlich individuell vermittelt. So ist der Ausgang des Individualitätsprinzips zu verstehen gegenüber der Hegelschen Prävalenz des Begriffs, die später von Marx übernommen wird und dem Individuum gegenüber Vorrang besitzt. Der Weg wird nicht vom Begriff zum Menschen genommen, sondern vom Menschen zum Begriff; weder die abstrakte, noch die konkrete Gattung, sondern das »ursprüngliche Ich« setzt den Ausgang, weil keine andere Kraft auf gleiche Weise erfahren werden kann. »Alles, was wir mit Sicherheit zu behaupten im Stande sind«, heißt es in der gleichen Schrift über das »Achtzehnte Jahrhundert«, »ist nur so viel, daß irgend eine Kraft, sei es nun eine gleiche oder ungleiche (obschon dies letztere, wenn man sich einmal ein Urteil, zu dem man nicht befugt ist, erlauben will, eine größere Wahrscheinlichkeit hat) zuerst und unabhängig von allen sie umgebenden Umständen vorhanden ist, weil ja sonst nichts da wäre, worauf von außen eingewirkt werden könnte«. Die ungewöhnliche Zurückhaltung in der Formulierung fällt auf; vermutbar nur, mehr sagt Humboldt hier nicht, sei es, daß die Kraft eine ungleiche sei, womit das Individualitätsprinzip angezeigt ist. Es entbehrt somit aller Fraglosigkeit und es ist bezeichnend, daß die späteren Bildungspläne dieses Prinzip kaum in Erscheinung treten lassen, vielmehr eine gemeinsame, schöpferische Struktur des Bewußtseins. Doch ist es das bürgerliche Subjekt, das sich hier reflektiert und alle erfahrene Welt in die eigene Tiefe senkt. Innerhalb der Zwänge soll nun der Mensch seine Kraft zum Menschentum entfalten, weil sich alle Hoffnung auf das gründet, was der Mensch selbst vermag. Wo er sich aber freisetzt, ist dies seine absolute Selbstschöpfung; es ist bemerkenswert, daß sich die Formulierungen über den Menschen als Schöpfer seiner selbst bei Humboldt und Marx fast gleichen. Auch hier soll der Mensch, der »sich mit sich selbst entzweit und das Vertrauen zu sich verliert«, durch den Menschen zu sich zurückgenommen, die Dichotomie von Diesseits und Jenseits überwunden, Geist und Sinnlichkeit wieder miteinander vereinigt werden. Es ist sicher dieser Standort, der den späteren Beurteiler am unmittelbarsten zu einer Entscheidung zwingt. Humboldts vita macht gleichzeitig deutlich, daß diese Selbstschöpfung des Menschen eine Schöpfung innerhalb heilloser Spannungen ist.

Der Begriff, das überindividuelle Organon, setzt die ungleiche Kraft voraus; er verhütet jedoch ihre Entlassung in eine bare Zufälligkeit. Zugleich vermag sich die Vernunft immer nur über den individuellen Menschen darzustellen. Somit ist auch die Menschheit in ihrer gedachten und anzustrebenden Möglichkeit Menschheit, die ihre Form über unendlich viele Inhalte findet. Es sind dies Elemente eines reichen Strukturprinzips, das durch die nationalen Individualitäten eine zusätzliche Bereicherung erfährt. Einen Begriff von der Menschheit kann sich der Mensch daher nur über ihre Vielfältigkeit bilden; der Mensch aber wird nur zum Menschen, wenn er die Menschheit über sich selber erkennbar macht. In der kleinen Schrift »Über den Geist der Menschheit« wird dies auf eine knappe Formulierung gebracht: »Einen Menschen beurteilen heißt nichts andres, als fragen: welchen Inhalt er der Form der Menschheit zu geben gewußt hat«. Das Individuum muß also seine Berechtigung über die Darstellung suchen, die es der Menschheit durch sich zu geben weiß; seine Veredelung muß die des ganzen Geschlechts in sich nehmen. Menschheitliches und Individuelles sind ineinander genommen, oder, wie es Humboldt auch ausdrückt: »Der Verstand sucht seine Totalität in der Welt und kennt keine andern Grenzen, als die auch die ihrigen sind; der Wille findet die seinige in dem Individuum, und geht nie über dasselbe hinaus«.

Der anthropologische Exkurs war notwendig, weil gezeigt werden mußte, daß der Mensch um der Verwirklichung der Menschheit willen zu sich befreit werden soll, daß Menschheit jedoch nur über das Individuum als eine eigene Kraft erfahrbar wird. Die Menschheit verwirklicht sich, soweit sich Menschen verwirklichen und Menschheit in sich freisetzen. Das Begriffliche wird bei Humboldt nie so weit entsinnlicht, um nicht stets am Konkreten überprüft zu werden. Der Prozeß der Menschwerdung ist zugleich Einholung des menschlichen Eigentums in das Bewußtsein des Menschen und damit in seine Freiheit. Ist es der konkrete, sinnliche Mensch, über den sich dieser Vorgang allein vollziehen kann, so meint er nichts anderes als Überwindung der Irrationalität des Seins. In einer großartigen Formulierung in den »Betrachtungen über die Weltgeschichte« wird dies erhellt: »Aber plötzlich wird wieder das Edelste verschlungen von Naturbegebenheiten, oder Barbarei; es ist sichtbar, daß das Schicksal das Geistig-Gebildete nicht achtet, und das ist die Unbarmherzigkeit der Weltgeschichte. Aus den Revolutionen gehen aber wieder neue Formen hervor, die Fülle der Kraft tritt in immer wechselnden und sich immer veredelnden Gestalten auf, und die Endabsicht, wie das Wesen alles Geschehenden besteht nur darin, daß sie sich ausspricht, und sich aus chaotischem Fluten zur Klarheit bringt«. Schicksal ist Irrationalität, Zufall, unberechenbares Verhängnis, das über uns kommt, in Menschlichkeit unauflösbar; aber es ist eben dieses Schicksal, von dem sich der Mensch befreien soll. So lesen wir: »Das allgemeinste Bestreben der menschlichen Vernunft ist auf die Vernichtung des Zufalls gerichtet. Im Gebiete des Willens soll er nie herrschen; im Reiche der Natur nirgends zu herrschen scheinen«. Wo der Zufall zu herrschen scheint, »muß die Vernunft die Rechtmäßigkeit seines Besitzes zu prüfen versuchen«. Nun aber wird gerade hier eine Beziehung erkennbar, der entscheidende Bedeutung zukommt. Das Ziel der

Weltgeschichte ist, wie es in den »Betrachtungen« heißt, daß »die in der Menschheit begriffene Fülle und Mannigfaltigkeit der Kraft nach und nach zur Wirklichkeit kommt«; jedoch wird das menschliche Dasein »durch die Flut des Schicksals durchbrochen«. Die mit der industriellen Revolution anhebende Welt ist es, in der der Zufall zunimmt, Irrationalität akkumuliert wird, die Flut des Schicksals steigt. Eben dies war in »Hermann und Dorothea« ausgedrückt, der Entzug rationaler Habhaftmachung des Wirklichen, seine wachsende Irrationalität, in der der Mensch untergeht und die sich zugleich mechanisch als anonyme Steuerung darstellt. Hier ist das Mißverhältnis von abstrakter Rationalität und menschlicher Demoralisation, von Rationalisierung und gleichzeitigem Humanitätsverlust des gesellschaftlichen Vorgangs früh und mit beklemmender Hellsichtigkeit erkannt.

Die Vernunft aber strebt überall dahin, den Zufall zu überwinden. Ist es die Irrationalität der Gesellschaft nach Humboldt, die es bis heute so schwierig macht, aus der Erfahrung darzutun, daß sich die Menschheit im Ganzen einem letzten und höchsten Ziel in gleichförmigen Schritten nähert, so ist es die Aufgabe des handelnden Teilnehmers der Geschichte, den Zufall auszuschließen. Der entscheidende Aspekt seines Tuns, der Einfluß seines Handelns auf das Ganze der Menschheit, muß unter diesen Gesichtspunkt gerückt werden. Er muß annehmen, »daß es auch hier ein festes Ziel und einen bestimmten Weg, es zu verfolgen, gebe, daß die ganze Menschheit diesen einen Gang nehmen, und er seine Tätigkeit demselben anpassen müsse«. Die Vernunft zeigt uns als Ziel aller Geschichte die Verwirklichung der humanen Rationalität; sie weist den Weg, auf dem es erreicht werden kann. Durch die Hineinnahme des Menschen in sein eigenes volles Bewußtsein wird die Irrationalität des gesellschaftlichen Zustandes überwunden und die Flut des Schicksals zum Rückzug gebracht. Viel mehr, als dies in der Regel angezeigt wird, weist Humboldt auch hier auf seinen aufklärerischen Ursprung, auf seinen Ursprung in einer großen deutschen Geistesepoche, die wir in unserem Bewußtsein gelöscht haben. Der Auftrag der Vernunft kann jedoch letztlich nur vom Individuum vollstreckt werden, das über sich selbst die

Geschichte in ihre Bewegung auf den Menschen hin zwingt: »Aber daß wir in unsern Handlungen dem Zufalle keinen Raum verstatten, darauf beruht unsre Sittlichkeit und Menschlichkeit selbst, und hier dürfen wir daher weder müßig noch gleichgültig sein«.

Kantische Einflüsse wirken sicher nach, auch wenn es heißt, daß unsere Handlungen strengen und durchgängigen Grundsätzen unterworfen werden sollen. Die Grenzen des Individualitätsprinzips werden zugleich deutlich. Wenn sich die Menschheit über das Individuum darstellt, wenn es sie auf den Weg bringt, dann tut es dies nur durch seine Kooperation mit andern. Nur durch ein vernünftiges Zusammenwirken aller humanen Bestrebungen, lesen wir, wird es »unserm Geschlechte möglich von Stufe zu Stufe der Kultur fortzuschreiten«. Auch wem es nur gelingt, seinen Platz in der Zeit auszufüllen und die Bedürfnisse des Tages befriedigen zu helfen, muß sich als tätiges und leidendes Glied in der ganzen Kette der Menschheit betrachten. Er soll, und dies ist wieder für den gesamten Zusammenhang bezeichnend, den Versuch machen, »einen so weiten Kreis, als ihm seine Lage nur immer verstattet, zu durchschauen«, um so an Planmäßigkeit der Handlungsweise zu gewinnen, wie ihm immer möglich ist. Wird der Geist in eine unendliche Region eingeladen, so steht das Handeln innerhalb der Notwendigkeit enger Grenzen. Die Aktionsfähigkeit des Menschen sieht Humboldt in einem unmittelbaren Verhältnis zu seiner gesellschaftlichen Möglichkeit; nur innerhalb dieser Möglichkeit kann er den Weg der Menschheit auf einem eigenen, schmalen Fußpfad beschreiten, hier aber mit festen Schritten fortgehen. Der Realismus ist außerordentlich; über die Realisierung konkreter Zwänge kann Freiheit allein wirksam werden und nur innerhalb ihrer. Die Hoffnung der Vernunft ist für Humboldt an diese Möglichkeit eines nächsten Schrittes aus der bedingenden Determination gebunden; der Schritt jedoch kann nur getan werden, wenn eine endgültige Freiheit schon mitgedacht ist. Da der einzelne Mensch, auch in seiner vollen Verwirklichung, die Menschheit nur über sich selbst, aber nicht gesellschaftlich darstellen kann, so sollen schließlich alle einzelnen Glieder des Menschengeschlechtes in einem Bunde vereint sein. Dies sei kein leeres Hirngespinst, heißt es, so wenig es ein Hirngespinst sei, Bürger eines Staates und seiner Zeit und zugleich Bürger der Welt zu sein. »Wenn die Vernunft jedem Einzelnen vorschreibt, sich zugleich durch Bestimmtheit und Vielseitigkeit des Charakters fähig zu machen, mit den Kräften, die zunächst mit ihm in Verbindung stehn, gemeinschaftlich tätig zu sein, wenn sie die Kreise dieser Mitwirkung, je nachdem es die Fähigkeiten und die Umstände verstatten, nach und nach erweitert, so kann sie, ihrer Natur nach, nicht eher befriedigt sein, als bis sie in dem letzten und größesten die ganze Menschheit zusammenfaßt«. Dies kann ein Ergebnis der Freiheit sein; Freiheit, als Unberechenbarkeit des Menschen verstanden, seine Nichtfestlegbarkeit, als Aussicht auf eine undeterminierbare Antwort. Der Mensch kann die Welt in sich nehmen, statt von ihr genommen zu werden, so unsäglich schwer es sein mag, dies im Drahtgewirr offen zu halten. Spontaneität und Rezeptivität stehen somit nicht von vornherein in einem harmonischen, ästhetisch wohlgefälligen Verhältnis, obgleich dies idealiter unterliegt; sie sind Ausdruck einer Spannung, mit der die ganze Frage nach der Befreiung des Menschen umfaßt ist.

»Wenn ich mich deutlich ausgedrückt habe«, lesen wir in einem Brief an Christian Gottfried Körner aus dem Jahre 1805, »so werden Sie sehen, daß, was ich zeigen möchte, eigentlich das Dasein, die Bedeutung und der Fortschritt des intellektuellen Lebens in dem Individuum, der Natur und der Geschichte ist«. Die Jahre des Staatsdienstes zeigen Humboldt jedoch nicht so sehr als einen Reformer, der auf den nächsten, nur eben möglichen Schritt bedacht ist; er überschreitet vielmehr die geschichtliche Möglichkeit, läßt sie ganz unbeachtet. Die Gegenwart, als Inbegriff enger Grenzen, berührt seine Existenz nur wenig, so sehr sie in ihrer Verhaftung erkannt ist; der Geist setzt sich sogleich in sein eigenes Reich unter Mißachtung der Geschichte, die er doch mitschleppen muß. Ist der Augenblick schmerzlich, vorübergehend, widerspruchshaft, nur über die Attitüde ertragbar, so hatten die Griechen den Traum des Daseins geträumt, auf der »schmalen Grenze zwischen Leben und Tod«; sie hatten das Sein des Menschen über den Traum eingeholt. Nun aber, da Humboldt eine Möglichkeit zu unmittelbarer politischer Wirkung gegeben ist, weisen seine bedeutendsten Vorschläge weit über alles hinaus, was unter den gegebenen Umständen realisierbar sein konnte; sie lassen die geschichtliche Determination des Menschen hinter sich. Eben dieses ist auch aus ihm abzuleiten, nicht nur aus der erregten Bewegung, die ihn umgab und der er sich letztlich selbst dann reflektiert gegenüber verhielt, wenn sie ihn in ihren Bann zog. Der verlorene und der wiedergefundene Mensch sind nun dicht beieinander, die lange Frist des Geschlechtes aber, Mühsal und Vergeblichkeit seiner Arbeit auf endlosem Wege, scheinen versunken, sie sind Inbegriff der »unendlichen Täuschungen, denen man unterlag, wenn aus einem reineren Dasein ein Rückblick möglich ist«. Es sei jedoch angezeigt, daß es unter den bedeutenden Arbeiten, die das Ergebnis des staatlichen Dienstes sind, eine Ausnahme gibt, für die das Gesagte nicht gilt. Im Schatten der Karlsbader Beschlüsse wird die Abhandlung »Über Einrichtung landständischer Verfassungen in den Preußischen Staaten« geschrieben; sie stellt einen letzten Versuch dar, unter Anpassung an einmal gegebene Verhältnisse doch noch eine demokratische Evolution zu retten, die, wäre sie gelungen, für unser Land von unabsehbarer Konsequenz hätte sein können. Sie gelang nicht; Humboldt mußte der Reaktion weichen. Aus seinen eigenen Zeugnissen wissen wir, daß er den politischen Dienst als seine Pflicht angenommen hatte, ohne sich jemals mit ihm zu identifizieren; als man ihn hinauswarf, kehrte er schweigend in sein eigenes Leben zurück. Vielmehr wird ein spätes Glück spürbar, sich wiedergewonnen zu haben; früher schon hatte er den Staatsdienst zweimal freiwillig quittiert. Stets war es seine Auffassung, daß der Mensch Herr dem Staate gegenüber ist, auch wenn er ihm dient. Gewiß wird man hier geltend machen, daß er zeitweise nicht ohne Ehrgeiz war, ein unüberbrückbarer Gegensatz zwischen ihm und Hardenberg immer spürbarer wurde, in dem er schließlich unterlag, daß er Geld hatte und somit frei sein konnte. Doch war der ganze Stand, dem er angehörte, in diesem Sinne frei, ohne daß er von dieser Freiheit in gleicher Weise Gebrauch gemacht hätte; zudem wird durch Besitz die Interdependenz eher größer und die Folgen eines gesellschaftswidrigen Handelns wer-

den unabsehbar. Seine Freiheit lag in ihm selbst; er war hier selbst schon, was die Menschheit erst einmal sein sollte, nach abgeworfenen Banden. So lebte er sich, ein Grandseigneur, Stoiker auch, wie es die beste Tradition gebot. Tegel, wohin er sich zurückzog, wurde zu einer »Oase in der Wüste«, wie eine Freundin, nicht lange vor seinem Tode, schrieb; er war, nach den Jahren des Handelns und der erregenden Zeitläufte, wieder ganz in sich selbst genommen, als ob nichts geschehen wäre, mit den Arbeiten an seiner Sprachphilosophie beschäftigt, neues, tiefes Glück durch das Studium der indischen Philosophie erfahrend. In ungezählten Briefen teilte er sich, Frauen vor allem, mit.
Die Schulpläne, zu denen auch die Arbeiten für die Errichtung der Berliner Universität gehören, sowie der »Entwurf zu einer neuen Konstitution für die Juden« aus dem Jahre 1809, enthalten die bedeutendsten Ergebnisse aus der Zeit des Staatsdienstes. Auf sie wird kurz einzugehen sein; zunächst unter Gesichtspunkten, die ein mehr unmittelbares Interesse erheischt, dann aber auch, weil hier bereits, am Bilde eines befreiten Menschen, die Endgültigkeit seiner Bestimmung antizipiert wird. Die Bildungspläne weisen sich zunächst durch ihre innere Geschlossenheit aus; bedingt auch der Reichtum der Individualitäten den Reichtum des Lebens, so wird doch mit absoluter Entschiedenheit erkennbar, daß dieser Gedanke nicht auf der Grundlage einer Klassengesellschaft beruht, sondern vielmehr ihre Aufhebung intendiert. Wenn von der sozialen Bedingtheit des Menschen die Rede ist, dann nur mit dem Ausdruck des Mitleids für die, denen das Joch um den Hals gelegt ist. Das Bildungssystem ist auf keine Bedingtheit dieser Art angelegt; im »Litauischen Schulplan« heißt es: »Die Organisation der Schulen bekümmert sich daher um keine Kaste«, und, »Dieser gesamte Unterricht kennt daher auch nur ein und dasselbe Fundament. Denn der gemeinste Tagelöhner, und der am feinsten Ausgebildete muß in seinem Gemüt ursprünglich gleich gestimmt werden, wenn jener nicht unter der Menschenwürde roh, und dieser nicht unter der Menschenkraft sentimental, chimärisch, und verschroben werden soll«. Die schlüssige Organisation des Schulwesens bietet daher nur eine Schule für alle an, wenn auch mit

verschiedenen Stufen und unterschiedlichen Graden der geistigen Entfaltung. Niemand kann jedoch in eine neue Stufe eintreten, ohne die alte mit andern durchlaufen zu haben, niemand wird abgesondert, weil er ein Besonderer sei. Die Humboldtsche Schule ist eine Einheitsschule. Elementarunterricht, Schulunterricht und Universitätsunterricht bilden ein Ganzes, obgleich jede Stufe ihre Eigenart hat, die sie relativ abschließt. Der revolutionäre Charakter der Organisation wird jedoch erst durch ihre Inhaltlichkeit aufgeschlossen. Im »Königsberger Schulplan« stehen die entscheidenden Sätze: »Die Übung der Kräfte auf jeder Gattung von Schulen allemal vollständig und ohne irgend einen Mangel vorzunehmen, alle Kenntnisse aber, die sie überhaupt wenig oder zu einseitig befördern, wie notwendig sie auch sein mögen, vom Schulunterricht auszuschließen, und dem Leben die speziellen Schulen vorzubehalten«. Menschenbildung umfaßt den Menschen; es gibt keine volkstümliche und keine höhere Bildung, die getrennt nebeneinander stehen, es wird ein Bildungsprinzip für alle behauptet. Die inhaltliche Erfassung der Menschenbildung ist das entscheidende Element, aus dem sich die Organisation erst ableitet; sie ist die Form, die sich durch ihren Inhalt bedingt. Das postulierte Bildungsprinzip rührt nun an die Substanz der Gesellschaft; es enthält den Versuch, den Menschen über seine Bildung als Totum aufzudecken. Gegenüber der Partikularität der Herrschaft und der Bedürfnisse, die die Gesellschaft wechselnd aus sich erzeugt, wird die Frage nach dem Verbleib des Menschen gestellt. Damit erst wird der Gedanke zum Agens, zu einer Kraft, die der Gesellschaft nicht nur unterliegt, sondern sie zugleich weitertreibt. Er wird in seine dialektische Möglichkeit gesetzt: Die Gesellschaft erzeugt und vernichtet die Fähigkeiten ihrer historischen Bedingtheit gemäß, sie bedarf nur des speziellen, des fragmentarischen Menschen; Bildung aber fragt nach dem Menschen selbst, nach der Möglichkeit seiner Sichtbarwerdung. Die vollständige Übung aller Kräfte meint nichts anderes als Hebung des universellen Menschen an das Licht, in das volle und ungebrochene Leben. Bildung wird damit in den Widerspruch zu ihrer konkreten Bedingung gesetzt, um sie auf den Menschen hin zu überwinden. Da dieser Gedanke für alle gefaßt ist, wird mit der Gleichheit radikaler Ernst gemacht. Was der einzelne Mensch ist, erfährt man erst, wenn seine Voraussetzung egalisiert wird, nicht früher. Der Aristokrat, der nichts zu kompensieren hatte, entwickelte keine Elitetheorie; er gab das Leben verschwenderisch fort. Seine Freiheit war ungewöhnlich, die Selbstverständlichkeit im Umschließen der Welt, trotz der Ummauerung des eigenen Ich. Distanz, wie sie ihm zu eigen war, schließt Humanität nicht aus; sie ist ihr unendlich näher als das Gemeinmachen mit der Gemeinheit. Für eine mobile Gesellschaft, deren wesentliches sozialpsychologisches Charakteristikum ein allgemeiner, Aggression und Brutalität nur mühsam verdeckender Minderwertigkeitskomplex ist, muß dieser Humboldtsche Charakter in weite Ferne gerückt sein.

Ist die Humboldtsche Schule eine Einheitsschule, so sagt dieser Begriff eben nichts, wenn seine innere Bestimmtheit nicht erfaßt ist. Schon mit der Elementarbildung tritt der formale Bildungsaspekt in den beherrschenden Vordergrund, das Allgemeine hat gegenüber dem Zufälligen Prävalenz; für die weiterführende Bildung gilt dies in noch entschiedenerem Maße. Von den Elementen wird zur Entfaltung des schöpferischen Bewußtseins fortgeschritten. Wie der Mensch zum Menschen gebildet werden soll und die Zufälligkeit seiner Umstände bedeutungslos bleibt, so ist dieser Bildungsprozeß auch nur über einen Stoff vollziehbar, an dem er sich selbst als konstitutive Vernunft begreift. Der Mensch soll sich als Totum erfahren und von daher sein Verhältnis zur Partikularität gewinnen. Der Aneignungsprozeß stellt sich zugleich als »Lernen des Lernens« dar, ein Begriff, dessen bildungstheoretische Dimension bis heute unausgeschöpft ist. Aus den aufgewiesenen Gründen wird es verständlich, daß Humboldt der Mathematik einen Rang im Bildungsprozeß gibt, den sie zuvor nie besessen hat; dies ist der Vergessenheit fast ganz anheimgefallen. Während die realen Bildungselemente nun weithin aus der Schule herausgesetzt werden, gewinnen die alten Sprachen eine beherrschende Bedeutung. Dies erscheint konservativ und lebensfremd, einer wirklichkeitsnahen Bildung entgegengesetzt. Das Problem beginnt jedoch erst, wenn wir die gängigen

Begriffe ihrer Selbstverständlichkeit entkleiden; »Lebensnähe« ist ein durchaus ideologisierter Begriff, zudem unbegrenzt manipulierbar, nur in seinem Kontext kann er eine menschliche Qualität gewinnen. Die Gründe, die Humboldt dazu veranlassen, den alten Sprachen, denen ein fakultativ angebotenes, jedoch dringlich empfohlenes Hebräisch zur Seite gestellt wird, eine hervorragende Stelle anzuweisen, sind nun durchaus die gleichen, die für die besondere Stellung der Mathematik gelten. Sie haben mit der persönlichen Verehrung Humboldts für die Welt der Griechen nur wenig zu tun. Vielmehr wird in den Schulplänen darauf hingewiesen, daß die alten Sprachen nicht als Medium für die Überlieferung literarischer Inhalte betrachtet werden dürften; ihre Bedeutung für die formale Bildung des Geistes ist es, die in den Mittelpunkt gerückt wird, die sie durch ihre Struktur und ihre Fremdheit besitzen. Das unmittelbare Interesse soll aus dem Bildungsprozeß herausgesetzt werden, weil es Verhaftung an anderes einschließt, Auslieferung an die Fremdbestimmung; der Mensch muß sich selbst zum Gegenstand werden. Ziel dieses einzigartigen Konzentrationsprozesses ist die Freilegung der schöpferischen Kraft des Menschen, die Entwicklung seiner Fähigkeit, die ihm eigene, menschliche Welt zu erzeugen. Um dieser Allgemeinbildung willen, deren Begriff nichts anderes aussagt, als daß er auf den sich selber freilegenden, ganzen Menschen zielt, fordert Humboldt die Beseitigung der Kadettenschulen und rührt damit an eine der Grundfesten des preußischen Staates. Die Herausnahme der speziellen, einer vorgegebenen Lebenspraxis dienenden Inhalte soll zugleich die soziale Determination des heranwachsenden Menschen ausschließen; er soll vor dem frühen Raub seines Lebens durch die Gesellschaft geschützt werden. So wird der Mensch zugerüstet für eine eigene Substantialität, mit der er dem Wirklichen gegenübertreten kann, um es nicht unverändert zu lassen; aus diesem Grunde werden Schule und Universität eine besondere Stellung in der Gesellschaftlichkeit zuerkannt. Um nichts anderes geht es, als um die Fähigkeit zum Widerstand.

Es ist Humboldt und einigen seiner Zeitgenossen vorgeworfen worden, daß sie den Versuch gemacht hätten, Politik durch Bildung zu ersetzen, um die gesellschaftspolitischen Probleme des Landes über den Bildungsprozeß zu unterlaufen und sie auf diese Weise zur Lösung zu bringen. So berechtigt diese Kritik prinzipiell ist, muß sie doch die Tatsache mit hineinnehmen, daß eine politische Lösung der gesellschaftlichen Probleme offenbar aussichtslos war, wie die anschließende Geschichte zudem beweist. Der Bildungsbegriff bot jedoch eine Möglichkeit des geistigen Widerstandes an; er vermittelte eine Aussicht, den Menschen aus seiner direkten Bedrückung herauszunehmen und für seine Zukunft auszurüsten. Dies geschieht über die Art und Weise, in der der Bildungsbegriff gefaßt und gegen seine Auflösung in bestehende Herrschaftsverhältnisse abgesichert wird. Was zeitlos und jenseitig erscheint, ist nichts anderes als ein Sicherungsraum des Menschen, innerhalb dessen er die Kraft gewinnt, einen erneuten Vorstoß in die ihn umgebende Wirklichkeit zu wagen, den Ausbruch aus der belagerten Festung. Dazu war es notwendig, die Bildungsinhalte der Elite zum Bildungsinhalt des ganzen Volkes zu machen, über die alten Sprachen eine Substantialität zu sichern, die sich schwer einvernehmen läßt, den Widerspruch über das Bewußtsein zu erfahren, ein Instrumentarium für die Selbstverteidigung zu vermitteln. Der Mensch sollte nicht untergehen und ausgeliefert werden, sondern inmitten einer Welt, in der »er erst sein Dasein gleichsam vernichten muß«, um er selbst sein zu können, das Gedächtnis an seine Heilung festhalten.

Bildung wird zur Antithese des Wirklichen; sie entläßt den Menschen in den furchtbaren Kampf um sich selbst. Es ist die vorhandene Welt, mit ihren Machtstrukturen und ökonomischen Zwängen, mit der unendlichen Kraft ihrer Determination, die unvollendete menschliche Welt, die sich als ewig verhängen will. Diese Welt auf den Menschen hin zu verändern ist Aufgabe der Bildung, aber sie kann erst verändert werden, nachdem sie zum Objekt geworden ist, wenn sie ihrer Selbstverständlichkeit entkleidet wird. Ihre determinierende Kraft liegt eben in dieser Selbstverständlichkeit, mit der sie da ist und die Überlebensfähigkeit des Menschen von sich abhängig macht. Wo auch immer ausschließlich auf diese Welt hin gebildet wird, erhält die

Bildung nicht nur den Charakter frühzeitiger sozialer Determination, sondern der Mensch wird über den Prozeß seiner Anpassung intellektuell paralysiert. Die technologische Gesellschaft erfordert partielle, stets wechselnde rationale Anpassungsprozesse, sie ist Ausdruck vollendeter Partikularität, während das übrigbleibende Vakuum, der Mensch in seinem Verlangen, doch Mensch zu sein, von Irrationalismen besetzt wird. Der überkommene Begriff der Bildung erfährt dabei seine Auflösung; die Frage nach der Produktionseffizienz, nach der Integration des Menschen in den Funktionsprozeß der Gesellschaft, nach seiner maximalen Ausbeutung tritt allein in den Mittelpunkt. Damit wird auch die Widerstandskraft, die dem Bildungsbegriff innewohnt, gelöscht, die ihm innewohnende Frage nach der Totalität des Bewußtseins und seiner Befreiung; der Aufstand des Menschen wird blind, kannibalisch, gerät in seine eigene Perversion. Der industrielle Positivismus, der heute die Bildungsinstitutionen funktionalisieren will, ist die reaktionäre Philosophie par excellence: Er verlangt das Gegebene als unveränderlich hinzunehmen, sich ihm zu unterwerfen, Mittel zu sein, das als Hoffnung erfahrene Leiden des Menschen auszulöschen. Dies ist nur möglich durch die Zerstörung des Bildungsinhalts der alten Eliten, statt diesen Inhalt für alle freizusetzen und gesellschaftlich zu reaktualisieren über die Trennung des Menschen von seiner partikularen Erscheinung. Die Rebellion vieler unserer Studenten ist nichts anderes als die Rebellion des Menschen gegen die Anpassungsmechanismen einer zutiefst inhumanen Gesellschaft. Den Menschen jedoch zum Bewußtsein seiner eigenen Demoralisation zu bringen, um ihn über dieses Bewußtsein auf sich selbst zurückzuverweisen, ist eine entscheidende Aufgabe der Bildung; ihre Aufgabe ist es, das Funktionieren der Gesellschaft in Frage zu stellen, das verstümmelte Gesicht des Menschen in ihr zu entdecken. Dies bedingt, daß Menschsein einmal erfahren werden kann, und sei es als Traum, daß diese Erfahrung nie wieder aus der Erinnerung weicht und zum Zeichen einer zukünftigen Möglichkeit wird, einer schmerzbefreiteren. Humboldt wußte um die Determination des Menschen, um seine Unterwerfung unter kommende Mechanismen. Deswegen wird Bildung zur Antithese der gesellschaftlichen Prädestination; indem sie den Menschen seiner selbst bewußt macht, bricht sie den Bann. Der fremde und unvertraute Stoff ist es daher, dem die größte Bedeutung zukommt; nicht nur damit der Geist in Ruhe zur Reife gelangt. Der Mensch soll über das Fremde vielmehr erst befähigt werden, die Spannung zwischen Subjekt und Objekt bewußt auszuhalten, sich selbst als Subjekt und nicht nur als fremdbestimmt zu erfahren, die Welt für ihre Vermenschlichung offen zu halten, indem er sie von ihrem Verhängtsein befreit. Der Gedanke ist konservativ, er weiß darum, daß der Mensch sein überkommenes geistiges Erbe nur um den Preis der Verdorrung fortwerfen darf; er ist revolutionär, denn er reißt das Gegenwärtige um der Zukunft willen nieder. Für das Selbstverständnis der Bildung in unserer Zeit ist dies von ungewöhnlicher Aktualität. Der perfekte industrielle Funktionalismus, das zu Ende gebrachte Produktionsidiotentum löscht die Vergangenheit des menschlichen Geistes aus; es löscht seine Zukunft. Kultur und Subkultur werden hoffnungslos auseinandertreten. Um die notwendige Anpassung des Menschen braucht sich heute niemand Sorge zu machen, die umfassende Manipulation des Bewußtseins ist intendiert, der ganze Charakter der technologischen Gesellschaft ist zudem darauf angelegt, ihr immanentes Gesetz. Die Sorge gilt vielmehr der Sicherung eines Bezirks, in dem der Mensch fähig gemacht wird, um seiner selbst willen Widerstand zu leisten, über den er die Möglichkeit erhält, bewußt in seine eigene Geschichte einzugreifen.

In allem hat Humboldt zugleich ein Bild des Menschen gegeben, der seine widerspruchsvolle Geschichte hinter sich hat. Kultur, so heißt es in »Hermann und Dorothea«, als »Werk des abgesondert wirkenden Verstandes«, als vom Menschen abstrahierte Rationalität, »ist nichts Selbständiges, eine bloße unbestimmte Tauglichkeit zu allem Möglichen«. Sie geht darauf aus, »Selbständigkeit, Kraft und Leben überall zu töten, wo sie es findet. In dem Augenblick also, da der Mensch Kultur sucht, muß er ihr auch entgegenarbeiten, in dem Augenblick, da er, das Gebiet der bloßen Natur verlassend, in ihr Gebiet hinübertritt, beginnt für ihn ein Kampf, der nicht eher geendigt ist, als bis er sie mit der

Natur in Übereinstimmung gebracht hat«. Hat sich die ursprüngliche, natürliche Kraft des Menschen durch Kultur bereichert, so muß er »ihrer unbestimmten Tauglichkeit ein bestimmtes Ziel geben und das Tote nach und nach in Leben verwandeln«. Bildung wird zur höheren Verbindung einer ursprünglich sinnlichen, vorrationalen Natur des Menschen mit seiner emanzipierten Rationalität; »wir werden nun wieder zu eben dem, was wir waren, ehe wir ausgingen, aber wir selbst und die Welt sind uns nun verständlich und klar«. Ein bedingender Gedanke der deutschen Klassik findet hier seine höchst eigentümliche Prägung. Im »Litauischen Schulplan« wird nun das Bild dieses erwarteten Menschen entworfen: »Griechisch gelernt zu haben könnte auf diese Weise dem Tischler ebenso wenig unnütz sein, als Tische zu machen dem Gelehrten«; Bildung hat »ziemliche Gleichheit« zum Resultat. Fast verspielt heißt es dann: »Auch können die grellen Kontraste immer vermieden werden, und es braucht nie dahin zu kommen, daß ein Handwerker Griechisch, kaum Lateinisch gelernt habe.« Der an sein Ziel gelangte Mensch hat den Widerspruch von körperlicher und geistiger Arbeit hinter sich gelassen, mit ihm die Gesellschaft, die diesen Widerspruch als Herrschaft durch sich erzeugt; er hat die Geschichte als Determination hinter sich. Geist und Sinnlichkeit haben einander im universellen Menschen wiedergefunden. Die kritischen Erklärungen, die in diesem Gedächtnisjahr zur Humboldtschen Bildungstheorie abgegeben worden sind, unterstellen dagegen fast alle einen Elitegedanken, den er bekämpft hat; sie zeugen von einer kaum faßbaren Unkenntnis unserer eigenen, humanen Geschichte. Sie sind Ausdruck eines nationalen Tiefstands. Das Bild des wiedergewonnenen Menschen wird nun schließlich in wahrhaft großartiger Weise in der »Konstitution für die Juden«, einem singulären historischen Dokument, dargelegt. In ihm wendet sich Humboldt gegen die vorherrschende Auffassung, daß den Juden nur auf dem Wege der Evolution ihre Gleichberechtigung zuteil werden soll; apodiktisch fordert er ihre bedingungslose Gleichstellung. Im Gegensatz zu dem aufkommenden kleinbürgerlichen Antisemitismus, dem sich schon anzeigenden Minderwertigkeitskomplex, der gebrochenen Haltung, die die meisten Führer der liberalen Bewegung in dieser Frage annehmen, findet sich keine Andeutung eines Vorurteils; der verächtliche Gedanke steht außer Betracht. Aber die Konstitution bleibt auch frei von jeder philosemitischen Emotion, jeder besonderen Rolle, die dem jüdischen Volke zugewiesen würde; wäre doch dieses möglich gewesen, auf Grund eines tiefen Einflusses, den Jüdinnen auf ihn ausgeübt haben. Der freigewordene Mensch läßt den Antagonismus der bisherigen Geschichte nicht mehr zu. Der Staat soll nicht gerade die Juden achten lehren, heißt es zunächst, er soll die unhumane und vorurteilsvolle Denkungsart aufheben, die einen Menschen nicht nach seinen eigentümlichen Eigenschaften, sondern nach seiner Abstammung und seiner Religion beurteilt; ihn gegen jeden wahren Begriff der Menschenwürde nicht wie ein Individuum, sondern wie zu einer Rasse gehörig ansieht. Dies kann er nur, wenn er laut und deutlich erklärt, daß er keinen Unterschied zwischen Juden und Christen mehr anerkennt. Zugleich aber wird ausgesprochen, wozu das jüdische Problem nur den Anlaß bot. »Wenn ein widernatürlicher Zustand in einen naturgemäßen übergeht, so ist kein Sprung, wenigstens gewiß kein bedenklicher vorhanden; diesen kann man nur da finden, wo ein widernatürlicher mit wirklicher Überspringung des natürlichen in einen widernatürlichen entgegengesetzter Art überginge. Wer vom Knecht zum Herrn wird, der macht einen Sprung; denn Herren und Knechte sind ungewöhnliche Erscheinungen. Aber wem man bloß die Hände losbindet, die erst gefesselt waren, der kommt nur dahin, wo alle Menschen von selbst sind«. Herr zu sein gründet ein unmenschliches Verhältnis, vom Knecht zum Herren zu werden gründet ein unmenschliches Verhältnis; dorthin zu kommen, wo alle Menschen von selber sind: was anderes soll dies heißen, als daß die befreite Wirklichkeit des Menschen keine Herren und keine Knechte mehr kennt.

Dies ist gewiß auf die Zukunft gerichtet; die Gegenwart des Menschen reflektiert den historischen Widerspruch, dem sie verhaftet ist. Aber die Aufgabe wird angezeigt; sie wird vielmehr offen und provozierend politisch formuliert. Es ist kein Zweifel: Man kann Humboldt heute nur mit wachsender Erregung lesen, bei anhebender positivistischer Entmündigung des Menschen, das Studium kommt einer Neuentdeckung gleich. Der große Autor beweist sich durch seine Kommunikationsfähigkeit über die Geschichte. So kann schließlich die Frage beantwortet werden, die anfangs gestellt war, ob uns Humboldt helfen kann zu leben; nein, nicht zu leben, denn der Mensch ist kein Tier, sondern unsere geistige Existenz zu behaupten und freizukämpfen. Der Pragmatismus der Herrschaft, mit dem die industrielle Gesellschaft den Menschen in ihr Kalkül nimmt, ohne nach seinem Menschentum zu fragen, bildet den Ausgangspunkt einer fortschreitenden Erniedrigung. Dies wird immer deutlicher werden, je mehr die Zeit hingeht, auch der Zerfall der toten Gebilde einer spätbürgerlichen Kultur. War es ihre ideologische Funktion, die Quantifizierung des Menschen zu verschleiern, so wird es darauf ankommen, sie unerbittlich bloßzulegen. Humboldt gibt Hinweise auf das, was wir selber zu tun haben; ihre unausgehobene Bedeutung gibt sich erst heute zu erkennen. In dem Versuch, die verstümmelte Welt wieder in den Menschen zurückzunehmen, wird zugleich das höchste Ergebnis der bürgerlichen Entwicklung, das verinnerlichte Subjekt, mit auf den Weg genommen, dessen Würde und originäre Freiheit Teil eines befreiten Geschlechtes sind. Mitten in seiner Determination, in der er »sich immer in eine Maschine verwandeln« muß, hat der Mensch zu seiner Befreiung anzusetzen, sein Aufstieg beginnt aus dem Untergang; kaum daß sein Gesicht noch erkennbar wäre.

Friedrich Nietzsche hatte die Situation der Deutschen erkannt, die Bodenlosigkeit ihrer Existenz; noch einmal soll eine Aussage herangezogen werden, in der von Humboldt die Rede ist. »Als die Deutschen den andern Völkern Europas anfingen interessant zu werden, geschah es vermöge einer Bildung, die sie jetzt nicht mehr besitzen, ja die sie mit einem blinden Eifer abgeschüttelt haben, wie als ob sie eine Krankheit gewesen sei: und doch wußten sie nichts Besseres dagegen einzutauschen als den politischen und nationalen Wahnsinn. Inzwischen ist nicht zu leugnen, daß jene deutsche Bildung die Europäer genarrt hat... Man sehe sich heute einmal nach Schiller, Wilhelm von Humboldt, Schleiermacher um. Es ist ein weicher, gutartiger

Idealismus, welcher vor Allem edel verstellte Gebärden und edel verstellte Stimmen haben will, ein Ding, ebenso anmaßlich als harmlos, beseelt vom herzlichsten Widerwillen gegen die Anatomie, gegen jede Art philosophischer Enthaltsamkeit und Skepsis. Es war jener matte Glanz, jenes rätselhafte Milchstraßen-Licht, welches um diese Bildung leuchtete. Sollten die Deutschen in aller Stille eine Ecke des Himmels entdeckt und sich dort niedergelassen haben? Man muß suchen, den Deutschen näher zu kommen. Und man kam ihnen näher: während kaum viel später dieselben Deutschen sich zu bemühen anfingen, den Milchstraßen-Glanz von sich abzustreifen; sie wußten zu gut, daß sie nicht im Himmel gewesen waren, – sondern in einer Wolke«. Die unheimlichen Sätze verraten früh, daß Kannibalismus und Milchstraßenglanz der Bildung keine Widersprüche sind; wir wissen es heute. Die Analyse trifft den neuralgischen Punkt. Deswegen sollte der wirkliche Humboldt in die Realität genommen werden, sein Beitrag für eine tatsächliche Befreiung des Menschen; die in die Luft geblasenen Idole mögen zerfallen wie die Gesellschaft, die sie gezeugt hat und deren Unmenschlichkeit offenbar wurde. Humboldts moderner Charakter sollte gezeigt werden, sein Wissen um die Verkrüppelung des Menschen, der Versuch, ihn aus der Garrotte zu lösen, die seinen Hals umklammert, um ihm die Möglichkeit der Veränderung zu erhalten. Dies ist in Humboldts Werk, stark und unübersehbar: Griechentum als ästhetische Antizipation der Fülle, reale Einholung der Menschheit durch den Menschen, ein bewußtes Ich, das sich zu seiner Stunde aushält.

III Heinz-Joachim Heydorn
Bildungstheorie Hegels

In die Bildungstheorie Hegels einzuführen heißt, in das Gesamtwerk einzuführen. Hierin besteht die besondere Schwierigkeit, die nur über einen Bezugspunkt aufgelöst werden kann. Dieser Bezugspunkt ist das gegenwärtige Interesse. Damit entfällt eine Theorie der Bildungsgüter, deren ständischer Hintergrund unverkennbar ist; sie entfällt schon deshalb, weil der fortschreitende Industrialismus die Stände vernichtet, in seinem Schmelztigel umgesetzt hat. Die Relikte der ständischen Bildung werden vom Kapitalismus selber dementiert; ihr Funktionsbezug ist untergegangen. Im Hegelschen Bildungsdenken ist die ständische Komponente noch mächtig, wenn auch gewiß nicht allein. Das romantische Moment, das vom Frühwerk bis zum Abschluß eine konstituierende Bedeutung bewahrt, erscheint rückblikkend als Ausdruck irrationaler Ängste, mit denen das Bürgertum den Eintritt in seine wirkliche Geschichte begleitet, der es zugleich entrinnen möchte. Die Selektion ist daher nicht ohne Gewalttätigkeit, sie richtet sich nur auf das Präsens, sie wird Hegel nur soweit gerecht, als er über sich hinausweist. Die genuine, wissenschaftliche Erfassung des Gegenstandes unterliegt zusätzlichen Gesichtspunkten, mit denen die Einbettung des Gesamtwerks in seinen umfassenden Kontext erst möglich wird. Die didaktische Behandlung dagegen erlaubt eine Vorherrschaft des Gegenwärtigen und seiner Bedürfnisse, falls diese nicht schmal gefaßt sind, sondern die Erkenntnis ihrer wahrhaften Dimension einschließen.

Ansatz ist das Bewußtsein von Geschichte. Es ist auch dies, gerade im Zusammenhang des Hegelschen Denkens, ein konservatives Element, obgleich es seine Grenzen sprengt. Geschichtsbewußtsein beraubt uns der Spontaneität, einer

Spontaneität, die mit dem wachsenden Geschichtsverlust der Gegenwart eine erneute, virulente Bedeutung gewinnt. Kein Augenblick vermag absolut zu sein. Er trägt die Last und die Aussicht aller vorhergegangenen Zeit. Jede nur denkbare Zukunft muß die gesamte Geschichte mitnehmen, wenn auch in qualitativer Verwandlung, muß sie »aufheben«, um Hegels Terminologie gerecht zu werden. Sucht man die entscheidende Bedeutung, die das Werk unter diesem Gesichtspunkt besitzt, so wird Geschichte erst mit Hegel in ihre ganze Dimension versetzt. Geschichtsbewußtsein im gegenwärtigen Verständnis entsteht spät, verselbständigt sich erst langsam aus heilsgeschichtlicher Erwartung; die Aufklärung noch, als klassische Periode des aufsteigenden Bürgertums, erscheint vornehmlich als geschichtslose Gegenwartszuwendung, obwohl unter der Sprache der Sentimentalität längst eine Spur gesucht wird, die in das Vergangene zurückführt. Als Inbegriff von Zukunft verhält sich die Aufklärung eben deshalb der Geschichte gegenüber insgesamt mißtrauisch, ist diese doch voller Verstecke, Tagträume, Fluchtburgen. Nimmt man Geschichte als Stimulans von Zukunft, dann heißt dies nichts anderes, als daß alle Zukunft nur beenden kann, was begonnen wurde, daß das kommende Reich des Menschen das Reich seiner verwirklichten Zivilisation und Arbeit ist. Anfang ex nihilo ist nur möglich, wenn er alles, was vorher war, mit verwandelt.

Das Geschichtsbewußtsein, das sich vor Hegel, besonders in dem fortgeschrittensten europäischen Lande, in England, bildet, bei Gibbon, bei Hume, weist auf die Distanz, die das Bewußtsein der Unmittelbarkeit gegenüber gewinnt. Es entzieht sich seiner Verhaftung wie es seiner Zwiespältigkeit zugleich gewisser wird; es entsteht ein fremdes Auge, das sich dem Zugriff entrückt. Es sind diese Voraussetzungen, die es der englischen Ökonomie des beginnenden Industrialismus, die es Smith oder Ricardo erlauben, den Begriff der Klasse als eine spezifisch historische Kategorie zu fassen. Nicht zufällig wird das England des 18. Jahrhunderts auch zur Geburtsstätte des europäischen Romans, mit dem die gesellschaftliche Analyse in ein erstes, reifes Stadium tritt. Zugleich setzt Geschichtsbewußtsein, wenn man es nicht als

Folge sinnlicher Bilder begreift, eine jahrhundertelange Übung der Abstraktion voraus. Es ist Inbegriff einer Erfahrung, die nicht mehr unmittelbar gegeben, sondern weit von uns abgerückt ist; die Imagination, die verlangt wird, ist selber ein Abstraktum, die gewonnenen Kategorien sind entsinnlicht, eher von einer künstlichen Vorstellung begleitet. Erst mit Hegel jedoch, und dies ist zugleich auch sein Anschluß an die klassische deutsche Philosophie, an Kants: »Idee zu einer allgemeinen Geschichte in weltbürgerlicher Absicht«, wird Geschichtsbewußtsein in einen großen, ungebrochenen Zusammenhang von Entdunkelung gerückt, den die gesellschaftskritische Spitze der französischen Aufklärung auf gleiche Weise nicht zu erfassen vermochte, obwohl sie der Geschichte erst ihren revolutionären Inhalt verlieh. Was Hegels einzigartige Stellung bezeichnet, ist, daß Geschichte mit ihm ihre umfassendste Dimension gewinnt, innerhalb derer die Geschichte des Bewußtseins nur eine Teilstrecke bezeichnet, die indes Voraussetzung für alle Erfüllung ist. Die Geschichte der Natur, das Anderssein des Geistes, wird notwendige Bedingung dieser Geschichte des Bewußtseins, wird zum ersten Schritt aus dem Dunklen in das Helle, mit dem sich der Begriff schließlich in seinem Inhalt faßt, sich selbst gewinnen kann, indem er sich erkennt. Damit erkennt er den ganzen Weg, der nun hinter ihm liegt; er begreift ihn als Notwendigkeit. In dem gewaltigen Entwurf von Geschichte, der alles Gewordene und noch Ungewordene faßt, ist auch narzissushaftes Verliebtsein des Begriffs in sich selber, eine Selbstsuche, mit der die Zerrissenheit der Geschichte als Hinweis auf endgültigen Genuß erfahren wird. Der gespaltene Begriff erfährt seinen Schmerz als Wollust, die zukünftige Einigung vorwegnimmt. Gottes Weg über seine eigene Schöpfung als Entfremdung seiner selbst und als Ziel seiner Wiederfindung, wie es Jakob Böhme darlegt, ist darin zu finden. Doch sind dies nur Lichter; entscheidend ist, daß die gesamte Geschichte als Befreiungsentwurf durch Erkenntnis verstanden wird; mit der wachsenden Erkenntnis wird schließlich die Dichotomie überwunden. Darin sind zwei Bewegungen enthalten, die aufeinander zugehen.

Wissenschaft, und dies ist auch für Hegel unbestritten und

grenzt den spekulativen Charakter seines Denkens ein, fußt auf der Natur; ohne die Ausbildung der Erfahrungswissenschaften hätte die Philosophie nicht weiter kommen können »als bei den Alten«. Die realen Inhalte werden nicht abgemindert oder verflüchtigt, schon die Fülle des verarbeiteten Materials zeigt dies an. In der Darlegung der Geschichte erhält die Genese der modernen Naturwissenschaft einen hervorragenden Akzent. Muß alle Geschichte zunächst als Naturgeschichte durchlaufen werden, so bleibt dieser Ausgang stets gewärtig. Die Feststellung der Enzyklopädie ist jedoch entscheidend, daß das Sinnliche für den Empirismus ein Gegebenes bleibe; er sei eine Lehre der Unfreiheit. »Auf diesem Standpunkt sind Vernunft und Unvernunft nur subjektiv, das heißt, wir haben uns das Gegebene gefallen zu lassen so wie es ist, und wir haben kein Recht, danach zu fragen ob und inwiefern dasselbe in sich vernünftig ist«. Die Ausbildung der Erfahrungswissenschaft gewinnt ihren Inhalt erst über den Begriff, der sie faßt und ihr forttreibendes Wesen enthüllt; alles nur Sinnliche verbleibt unter der Determination.

Die Methode ist deduktiv, es wird darauf noch verwiesen; das Empirische wird über den Begriff vermittelt, der an ihm seinen Inhalt gewinnt. Eine unterliegende Bewegung ist indes unverkennbar. Indem sich das Sinnliche zum Abstrakten bewegt, bewegt sich die Abstraktion zum Sinnlichen, die Wirklichkeit findet ihren Begriff und erlöst ihn damit von seiner Transzendenz, nimmt ihn in sich hinein. Erst mit diesem Prozeß, der in Wahrheit den Prozeß der Geschichte meint, ihrer fortschreitenden Entfaltung, werden Theorie und Praxis ineinander verschlungen, Diesseits und Jenseits aufeinander zugewiesen, um ihren Widerspruch hinter sich zu lassen. Die durchleuchtende Totalität der Immanenz, in der sich Begriff und Sinnlichkeit versöhnen, wird zuerst von der Theologiekritik der Hegelschen Linken erkannt und radikal zu Ende gebracht. Überträgt Marx die Kritik auf das reale gesellschaftliche Sein, so ist es nicht zufällig, daß auch er sich dabei, in der Auseinandersetzung des Frühwerks, der Hegelschen Methode bedient. Die deduktive Methode ist das Instrument, mit dem das Abstrakte seine eigene Aufhebung erfahren will; über diese Methode findet Marx seinen

Weg zur Praxis. Sie ist Umweg des Geistes zur Handlungsfähigkeit. Der Begriff ist die Leuchte, die schließlich zum eigenen Licht des erfüllten Seins wird, das für seine Bestimmung reif geworden ist. Engels, dies sei am Rande erwähnt, nimmt in der Entwicklung des Gedankens den entgegengesetzten Weg, materialistisch im Sinne einer unmittelbar gewonnenen Erfahrung, eher im Anschluß an das 18. Jahrhundert in Frankreich. Die »Briefe aus dem Wuppertal« machen dieses deutlich. So gilt für Hegel, daß der Fortschritt der empirischen Wissenschaft als Beleg der gesamtgesellschaftlichen Entwicklung ebenso vorausgesetzt werden muß wie eine eigene Verselbständigung der Abstraktion; beide bedingen sich und lassen Wirklichkeit und Gedanken in ihre schöpferische Beziehung treten, sich schließlich einen. Diese Beziehung aber ist nichts anderes als reife Geschichte des Bewußtseins, Geschichte der Bildung im umfassendsten Sinne als adäquate historische Dimension des Menschen.

Idealistisch ist hier Geschichte als Innewerdung des Begriffs, als seine volle inhaltliche Gewinnung gefaßt. Der Logos war am Anfang und ist am Ende. Im Ausgang der Phänomenologie gewinnt dies orphischen Charakter: »In seinem Insichgehen ist er in der Nacht seines Selbstbewußtseins versunken, sein verschwundenes Dasein aber ist in ihr aufbewahrt, und dies aufgehobene Dasein, – das vorige, aber aus dem Wissen neugeborene –, ist das neue Dasein, eine neue Welt und Geistesgestalt«. Der sich selbst wissende Geist »hat zu seinem Wege die Erinnerung der Geister, wie sie an ihnen selbst sind und die Organisation ihres Reichs vollbringen«. Die Geschichte wird entmaterialisiert, neuplatonisch-gnostische Züge sind unverkennbar, aller Prozeß ist Prozeß im Geiste, damit letztlich ohne Realität, Leid ist Erkenntnismangel, nur eine Täuschung. Der metaphysische Rationalismus enthält unter seiner Decke jedoch alle wirkliche Geschichte; die Selbsterzeugung des Geistes wird zur Selbsterzeugung des Menschen durch seine Arbeit. Dies eben ist knapp unter der Decke enthalten und läßt revolutionäre Durchbrüche bis hin zur Rechtsphilosophie erkennbar werden. Georg Lukács formuliert dies vorzüglich in seiner klassischen Untersuchung »Der junge Hegel«: »Es entsteht hier das Problem der Objektivität der Gesellschaft, ihrer Ent-

wicklung, der Gesetze dieser Entwicklung, bei voller Aufrechterhaltung des Gedankens, daß die Menschen ihre Geschichte selbst machen«. Der Hinweis auf die wirkliche Geschichte, die als zweite Dimension erscheint, verborgen unter der Schöpfermacht des Geistes, läßt Klassengeschichte schon in allen Umrissen deutlich werden; Klassengeschichte, die den Keim der Befreiung enthält. In der Entwicklung des Werks wird der real-ökonomische Zugriff eher noch härter, bei rücksichtsloser Aufdeckung des Warencharakters der Gesellschaft in den »Grundlinien der Philosophie des Rechts« und ihrer mechanischen Gesetze, unter denen sich der denaturierte Mensch nach den Bahnen Leukippscher Atome im leeren Raum seiner selbst bewegt, doch wird auch der konservative Überhang zur gleichen Zeit verstärkt. Subjektiv mag dies Erschrecken vor der eigenen Konsequenz sein, angesichts steter Devotheit gegenüber den Herrschenden. Das Herr- und Knechtverhältnis, das die Phänomenologie im Geburtsprozeß des Denkens aufweist, bleibt dennoch der entscheidende Bezug, weil er alle realen Komponenten des Befreiungsvorgangs in sich enthält. Es ist unerläßlich, den Text an dieser Stelle einer erneuten Analyse zu unterwerfen; Elemente kehren zudem im Entwurf des institutionalisierten Bildungsprozesses wieder. »Im unmittelbaren Selbstbewußtsein«, heißt es, »ist das einfache Ich der absolute Gegenstand«; die Auflösung »jener einfachen Einheit ist das Resultat der ersten Erfahrung«. Damit sei ein »reines Selbstbewußtsein« gesetzt und zugleich ein anderes, »welches nicht rein für sich, sondern für ein anderes« ist, »Bewußtsein in der Gestalt der Dingheit ist«. Die Momente sind einander entgegengesetzt, obwohl ihre Einheit in der Reflexion in Aussicht gestellt wird, sie sind entgegengesetzte Gestalten des Bewußtseins: Eine selbständige und eine unselbständige, der das Leben oder das Sein für Anderes Wesen ist. »Jenes ist der Herr, dies der Knecht«.
Die statutarische Aussage gewinnt ihre Bedeutung erst mit der Entschlüsselung. Der Herr hat die Macht über das Sein und damit über den Anderen, der dem Sein unterliegt, er bezieht sich »mittelbar durch den Knecht auf das Ding«, er erfährt seine Anerkennung durch ein fremdes Bewußtsein. Seine Wahrheit ist »Das unwesentliche Bewußtsein, und das

unwesentliche Tun desselben«. Das Bewußtsein des Herrn ist »durch ein anderes Bewußtsein mit sich vermittelt«. Für den Herrn ist das Ding nur Gegenstand der Begierde, er hat den Knecht zwischen sich und das Ding geschoben, er bezieht sich auf das Ding durch den Knecht und auf den Knecht durch das Ding. Der Begierde des Herrn fehlt »die gegenständliche Seite«, der Herr schließt sich nur »mit der Unselbständigkeit des Dinges zusammen und genießt es rein; die Seite der Selbständigkeit aber überläßt er dem Knechte, der es bearbeitet«. Das Bewußtsein des Organisators der Naturbearbeitung wird damit zur Nebensonne, zur Unwesentlichkeit, weil es sich nur mittelbar konstituiert, in Wahrheit abgeleitetes Bewußtsein ist, das von Ketten abstrahiert, die dem Knecht angelegt sind. Das Bewußtsein des Herrn besitzt keine letzte Realität, weil es sich der Realität entwunden hat; der Widerspruch der Realität kann somit von ihm nicht aufgelöst werden. »Die Wahrheit des selbständigen Bewußtseins ist demnach das knechtische Bewußtsein«; wie die Herrschaft zeigt, daß ihr Wesen das Verkehrte dessen ist, was sie sein will, »so wird auch wohl die Knechtschaft vielmehr in ihrer Vollbringung zum Gegenteile dessen werden, was sie unmittelbar ist; sie wird als in sich zurückgedrängtes Bewußtsein in sich gehen, und zur wahren Selbständigkeit sich umkehren«. Damit wird der Befreiungsprozeß allein in die Hände des Knechtes gelegt, weil er »die Seite der Selbständigkeit des Dinges bearbeitet«; dem Arbeitenden hat der Gegenstand »Selbständigkeit«, sein Bewußtsein ist mit der Dingheit »überhaupt synthesiert«. Der Knecht hebt das Ding auf.
Damit wird der Ansatz freigelegt, die Begründung im anthropologisch-historischen Prozeß; die Befreiung jedoch, die in die Hände des Knechts gelegt ist, wird zum Prozeß seiner äußersten Unterlegenheit, aus der er schließlich als Mensch hervorgeht. Sein Bewußtsein erscheint zunächst »außer sich und nicht als die Wahrheit des Selbstbewußtseins«, es ist das »dienende Bewußtsein«, in Furcht und Zittern. Es hat nicht um Dieses oder Jenes, noch für diesen oder jenen Augenblick Angst gehabt, »sondern um sein ganzes Wesen; denn es hat die Furcht des Todes, des absoluten Herrn, empfunden«. Es ist darin innerlich aufgelöst worden,

»hat durchaus in sich selbst erzittert, und alles Fixe hat in ihm gebebt«. Es ist in Todesangst, daß sich der Mensch erhebt, in der »das absolute Flüssigwerden alles Bestehens« erfahren wird; die »absolute Negativität« ist an diesem Bewußtsein, Fremdheit im Gegenüber zur Natur, absolutes Unterworfensein. Aber »dies gegenständliche Negative ist gerade das fremde Wesen, vor welchem es gezittert hat«. Nun aber »zerstört es dies fremde Negative, setzt sich als ein Solches in das Element des Bleibens«. Es ist ferner »nicht nur diese allgemeine Auflösung überhaupt, sondern im Dienen vollbringt es sie wirklich; es hebt darin in allen einzelnen Momenten seine Anhänglichkeit an natürliches Dasein auf, und arbeitet dasselbe hinweg«.

Damit wird das Ende des Naturprozesses in Aussicht gestellt; der Schritt in die Freiheit wird durch den Knecht getan. Nur wer in Ketten ist, kann sie zerreißen. Durch die Arbeit kommt das Bewußtsein »zu sich selbst«. Sie ist »gehemmte Begierde, aufgehaltenes Verschwinden, oder sie bildet«. In dem Bilden »wird das Fürsichsein als sein eignes für es, und es kommt zum Bewußtsein, daß es selbst an und für sich ist«. Arbeit und Bildung werden damit zur untrennbaren Gestaltungseinheit, zu korrespondierenden Momenten; das Movens der endgültigen Bewältigung ist angezeigt. Das arbeitende Bewußtsein »kommt also hierdurch zur Anschauung des selbständigen Seins, als seiner Selbst«, was nichts anderes bedeutet, als daß es seine Entfremdung aufhebt.

Mit seiner Arbeit überwindet der Mensch die Angst, der er als Knecht unterliegt, er überwindet sein Gegenüber, die unerkannte Natur; dies bleibt von Tortur gezeichnet. Bildung heißt, daß der Knecht seine Angst aussprechen lernt und dadurch ihrer habhaft wird, Sprache und realer Bewältigungsprozeß greifen ineinander. Erst die Totalität von Angst öffnet den Weg ins Freie. »Ohne die Zucht des Dienstes und Gehorsams bleibt die Furcht beim Formellen stehen und verbreitet sich nicht über die bewußte Wirklichkeit des Daseins. Ohne das Bilden bleibt die Furcht innerlich und stumm, und das Bewußtsein wird nicht für es selbst«. Denn: »Hat es nicht die absolute Furcht, sondern nur einige Angst ausgestanden, so ist das negative Wesen ihm ein Äußerliches geblieben, seine Substanz ist von ihm nicht durch und durch angesteckt«. Arbeit als Entäußerung und Erfahrung existentieller Ängste, Bildung als Sprachwerdung eines Stummen, sind als zusammenhängende Bedingung gesetzt, über die der Knecht hinwegschreiten muß, um sich aus seiner Verhaftung an die Dingheit zu lösen, die Pein und Verheißung ist. Mit der überwundenen Natur entfällt auch der Herr; der entdinglichte Mensch rückt in die Nähe. Der Erkenntnisprozeß, der die Sprachlosigkeit überwindet, entreißt die Natur ihrem Dunkel; das Bewußtsein muß aus ihr herausgebrochen werden. Die extreme Härte des Vorgangs, die das Überleben in Frage stellt, verweist auf die puritanische Fassung des Proletariatbegriffs bei Marx; dieses kann seiner historischen Aufgabe nur deshalb gerecht werden, weil es die grausamste Züchtigung an sich erfahren hat, für die Solidarität hart geschlagen wurde. Ein autoritäres Moment wird erkennbar, aber im Leibe der Unterworfenheit bildet sich die Frucht einer kollektiven Freiheit, einer Gattungsfreiheit, die der Prädominanz des Begriffs entspricht. Die zentrale Stellung der Bewußtseinsbildung bei Hegel, die jede emotionale Zufälligkeit ausschließt, wird deutlich; in Wahrheit ist alle Geschichte Bildungsgeschichte als sie Habhaftwerdung des Menschen durch den Menschen ist, sie ist die Geschichte eines Bewußtseins, das sich unter Hammerschlägen erfährt. Die Menschheit erzeugt sich selbst durch die Abarbeitung des Knechtes, der dem Werkzeug der Naturbearbeitung ebenso unterliegt wie seinem Herrn, durch beide determiniert ist und damit schließlich beide hinter sich lassen, verwandeln kann, indem er sie in sich nimmt, zu seinem befreiten Eigentum macht. Der Schritt vom Bewußtsein zum Selbstbewußtsein wird möglich. Der Herr, als Inbegriff eines Selbstgenusses, der seines wirklichen Inhalts entbehrt, gewinnt seine Zukunft nur über den Knecht; dieser löscht ihn nicht aus, als er selber zu einer verwandelten Herrschaft bestimmt ist, er nimmt ihn in seine Zukunft ebenso mit wie er Natur mit sich nimmt, die nun, als Dingheit überwunden, ihren Widerspruch aufgibt. Das Verinnerlichte hebt an zu neuer, versöhnender Gestalt. »Es wird also durch dies Wiederfinden seiner durch sich selbst eigner Sinn, gerade in der Arbeit, worin es nur fremder Sinn zu sein schien«. In der wirklich vollbrachten Aufopferung hat an sich, »wie das Bewußtsein das Tun als das seinige aufgehoben hat, auch sein Unglück von ihm abgelassen«. Für sich selbst bleibt das Tun »ein ärmliches, und sein Genuß der Schmerz, und das Aufgehobensein derselben in der positiven Bedeutung ein Jenseits. Aber in diesem Gegenstande, worin ihm sein Tun und Sein, als dieses einzelnen Bewußtseins Sein und Tun an sich ist, ist ihm die Vorstellung der Vernunft geworden«. Das entzweite Bewußtsein sieht seiner Heilung entgegen. »Die Wirklichkeit, gegen welche sich die Begierde und die Arbeit wendet, ist diesem Bewußtsein nicht mehr ein an sich Nichtiges, von ihm nur Aufzuhebendes und zu Verzehrendes, sondern ein solches, wie es selbst ist, eine entzwei gebrochene Wirklichkeit, welche nur einerseits an sich nichtig, andererseits aber auch eine geheiligte Welt ist«.

Die Methode nun, mit der die Geschichte als ein gesetzlicher Zusammenhang tief widersprüchlichen Charakters begriffen wird, leitet sich aus dem produktiven Bewußtsein selber ab, sie ist die Methode seiner Selbstfindung. Erst als entzweites Bewußtsein vermag es sich zu finden; erst über das Durchlaufen ihrer immanenten Widersprüche gelangt die Geschichte an ihr Ziel. Der reine Verstand vermag eben dieses nicht nachzuvollziehen; er bleibt nach Hegel bei der festen Bestimmtheit stehen und dem Unterschied derselben gegen andere; das beschränkt Abstrakte gilt ihm als für sich bestehend. Für den Verstand gilt das Gesetz des formalen Widerspruchs und des ausgeschlossenen Dritten. Zugleich jedoch ist die formale Logik die Voraussetzung der metaphysischen; für die philosophische Propädeutik des Gymnasiums bleibt Hegel bei der formalen Logik stehen, weil mit ihr erst die Sicherheit der Ausgangsposition gewonnen wird. Mutatis mutandis gilt dies auch für die Dialektik. Sie beruht auf dem Gespräch, das Platon den Sokrates zur Meisterschaft bringen läßt; Hegels Zeitgenosse Schleiermacher gibt dieser Form der Dialektik eine von hieraus weitergeführte neue, bildungstheoretisch höchst bedeutsame Wendung. Die Hegelsche Dialektik setzt diese ursprüngliche Form voraus, hebt sie auf, läßt sie eben nicht verlorengehen. Die logische Bewegung des Denkens im Gespräch bleibt erkennbar, der Fortgang der Begriffe in ihrem Widerspruch. In der Enzyklopädie finden sich einige knappe Bestimmungen. Dialektik sei die wissenschaftliche Anwendung der in der Natur des Denkens liegenden Gesetzmäßigkeit; die Dialektik sei die eigne, wahrhafte Natur der Verstandesbestimmungen, der Dinge und des Endlichen überhaupt; schließlich: »Das dialektische Moment ist das eigene Sich Aufheben solcher Bestimmungen und ihr Übergehen in ihre entgegengesetzten«. In dem Schema These, Antithese, Synthese ist jedoch eine Vielschichtigkeit von Problemen enthalten. Der Vorgang selbst wird am Besten durch den Eingang der Logik exemplifiziert. »Das Sein ist das unbestimmte Unmittelbare; es ist frei von der Bestimmtheit gegen das Wesen«. Es ist reflexionslos, qualitätsloses Sein, nur sich selber gleich. Es ist »die reine Unbestimmtheit und Leere«. Es ist nichts in ihm anzuschauen und nichts in ihm zu denken. Es ist leeres Denken und leeres Anschauen. Es ist das Nichts. »Nichts ist somit dieselbe Bestimmung oder vielmehr Bestimmungslosigkeit, und damit überhaupt dasselbe, was das reine Sein ist«. Das reine Sein und das reine Nichts sind somit identisch. »Was die Wahrheit ist, ist weder das Sein, noch das Nichts, sondern daß das Sein in Nichts, und das Nichts in Sein, – nicht übergeht –, sondern übergegangen ist. Aber ebenso sehr ist die Wahrheit nicht ihre Ununterschiedenheit, sondern daß sie nicht dasselbe, daß sie absolut unterschieden, aber ebenso ungetrennt und untrennbar sind, und unmittelbar jedes in seinem Gegenteil verschwindet. Ihre Wahrheit ist also diese Bewegung des unmittelbaren Verschwindens des Einen in dem Anderen; das Werden; eine Bewegung, worin beide unterschieden sind, aber durch einen Unterschied, der sich ebenso unmittelbar aufgelöst hat«. Die Fassung, mit der die entscheidende Kategorie der Bewegung dargelegt wird, gibt ein Beispiel außerordentlicher Abstraktion; eben hier jedoch gilt es anzumerken, daß die stärksten revolutionären Impulse gerade von der »Logik« ausgehen. Ihr Vortrag an der Berliner Universität zeitigt tiefgreifende, unmittelbare Wirkungen; Augenzeugenberichte machen deutlich, daß vornehmlich die russischen Hörer Hegels Tage und Nächte über sie diskutierten, mit ihren Kategorien vollzieht sich ein Bruch in der Geschichte des gesellschaftlichen Bewußtseins; bis zu Lenin wird die

Logik zum zentralen Anstoß. Die Abstraktion, die sich zunächst von der Wirklichkeit bis zu ihrem äußersten Punkte entfernt, ist ihre Entfremdung selbst; sie sammelt in dieser Entfernung die ihr eigene Kraft, Wirklichkeit zu verändern, sich auf sie, mit einer neuen Gewalt, zurückzubewegen. Dies ist ein langer Weg, dem nicht auszuweichen ist; mit der geschichtlichen Entzweiung trennen sich Theorie und Praxis bis zur Unerkennbarkeit ihres Zusammenhanges, um schließlich erneut aufeinander hingeführt zu werden. Die Abstraktion ist die zweite Dimension des Wirklichen, die es zu seiner Wegführung entwickelt. Zugleich ist der Ausgang der Logik nicht ohne historische Wurzeln; er weist auf die Theologia negativa des Mittelalters zurück, auf eine Mystik, die gerade den brüderlichen Bewegungen zu eigen war, im Neuplatonismus gründet, und nun ihre rationelle Gestalt im System der Geschichte erhält. In der Bildlosigkeit dieser Mystik, dem Grad ihrer Entsinnlichung, ist die kommende Vernunft schon angezeigt, die mit der Auflösung des Mittelalters aus ihr hervorgeht. Identität und Scheidung, unio mystica als stets gegenwärtiges Totum und Entfremdung als Inbegriff des Geschichtsprozesses sind somit im Ausgang der Logik bereits enthalten, Unwandelbarkeit und Werden. Alle entscheidenden Momente der Dialektik künden sich an. Sie ist Werden, indem sie alles zurückläßt, aber Werden des Ganzen, das ihr unterliegt; in ihr ist der äußerste Widerspruch, aber als Widerspruch eines ewig Gleichen. Übersetzt heißt dies, daß sie Werden der Menschheit ist, daß die ganze Menschheit bereits in ihr enthalten ist. Für den Charakter des Bildungsbegriffs ist dies von besonderer Bedeutung.

Das Verhältnis ist schwierig. Dialektik verweist auf die Geschichte des entzweiten Bewußtseins, damit auf eine Geschichte der Zerrissenheit, in der Subjekt und Objekt einander verloren sind, und doch auf eine Geschichte, deren Kontinuität verbürgt ist, in der ein Ganzes werden will, das von Anbeginn war. Für die Bildung heißt dies, daß sie diese gesamte Geschichte im Individuum noch einmal wiederholen muß, um es auf den Stand seiner Gegenwart zu bringen, von dem aus geschichtsmächtiges Handeln möglich wird. Der einzelne muß dem Inhalte nach »die Bildungsstufen des allgemeinen Geistes durchlaufen, aber als vom Geiste schon abgelegte Gestalten, als Stufen eines Weges, der ausgearbeitet und geebnet ist«. Was in früheren Zeiten den reifen Geist der Männer beschäftigte, ist zu Kenntnissen, Übungen, selbst Spielen des Knabenalters herabgesunken; wir werden »in dem pädagogischen Fortschreiten die wie im Schattenrisse nachgezeichnete Geschichte der Bildung der Welt erkennen«. Dies schließt ein, daß Bildung, wovon noch die Rede sein wird, über weite Strecken aus der unmittelbaren Wirklichkeit herausgenommen sein will, daß ihr der Charakter der Wiederholung zu eigen ist, daß sie als Arbeit einer mühsamen Identitätsfindung verstanden wird. Nur so wird sie in das Vermögen gesetzt, die in der Phänomenologie formulierte Voraussetzung zu erfüllen, mit der die Wahrheitsfrage überhaupt erst gestellt werden kann: »Die Vernunft geht darauf, die Wahrheit zu wissen; was für das Meinen und Wahrnehmen ein Ding ist, als Begriff zu finden, d. h. in der Dingheit nur das Bewußtsein ihrer selbst zu haben. Die Vernunft hat daher jetzt ein allgemeines Interesse an der Welt, weil sie die Gewißheit ist, Gegenwart in ihr zu haben, oder daß die Gegenwart vernünftig ist. Sie sucht ihr Anderes, indem sie weiß, daran nichts Anderes als sich selbst zu besitzen; sie sucht nur ihre eigne Unendlichkeit«.

Erst an ihrer historischen Gestaltwerdung vermag sich die Vernunft zu erfahren, wird ihr am Gegenüber der eigene Inhalt offenbar. Hier wird das Empirische unter die Zucht des Begriffs gebracht und der Begriff empirisch gefüllt. Der inhaltliche Charakter der Dialektik entfaltet sich. Die Philosophie zeigt die Notwendigkeit der Dinge »in dem Meere der empirischen Einzelheiten«, das Gesetz in der scheinbaren Unordnung, der unendlichen Menge des Zufälligen, sie nimmt ihren Inhalt »aus der präsenten Natur, wie aus dem präsenten Geiste«. Geschichte ist die vor uns gestellte Dialektik der Vernunft. Die Hegelschen »Vorlesungen über die Philosophie der Geschichte«, formuliert Eduard Gans in seiner Vorrede zu ihrer ersten Ausgabe, »machen Anspruch darauf, den Logos der Geschichte darzustellen«. Dies wird von Hegel in der Einleitung selber dargelegt. »Der einzige Gedanke, den die Philosophie mitbringt, ist aber der einfache Gedanke der Vernunft, daß die Vernunft die Welt beherrsche, daß es also auch in der Weltgeschichte vernünftig zugegangen sei«. Als wachsende Freiheit bewegt sich die Geschichte ihrer Erfüllung zu. »Mit dem, was ich im Allgemeinen über den Unterschied des Wissens von der Freiheit gesagt habe, und zwar zunächst in der Form, daß die Orientalen nur gewußt haben, daß Einer frei, die griechische und römische Welt aber, daß Einige frei sind, daß wir aber wissen, alle Menschen an sich, das heißt der Mensch als Mensch sei frei, ist auch zugleich die Einteilung der Weltgeschichte, und die Art, in der wir sie abhandeln werden, angegeben«. Erscheint zunächst ein Kontinuum, ein fortgesetzter Hinweg zum Zielpunkt, so enthüllt sich Geschichte jedoch erst mit ihren Widersprüchen; die Frage nach der Rechtfertigung des Leidens ist an sie geknüpft, da sich das Handeln widerspruchshaft bestimmt. Indem wir »die Geschichte als diese Schlachtbank betrachten, auf welcher das Glück der Völker, die Weisheit der Staaten, und die Tugend der Individuen zum Opfer gebracht worden, so entsteht dem Gedanken notwendig auch die Frage, wem, welchem Endzwecke diese ungeheursten Opfer gebracht worden sind«. Erst mit der Beantwortung dieser Frage wird der Widerspruch rückwärtig aufgelöst, der sonst heillos verbleiben müßte. Es ist nicht zufällig, daß Hegel die Dialektik auch am Bilde der Trinität darzustellen versucht: Jenseitigkeit des Geistes als Schöpfer, seine hilflose Mencheneinigung auf Golgatha, schließlich Ausgießung des Geistes über die Welt. Die Dialektik der Geschichte wird zur Dialektik ihrer Massengräber, über die sich die Vernunft vorwärts bewegt, Geschichte zum Gegenstand ihrer Strategie machen kann. »Die Weltgeschichte ist nicht der Boden des Glücks. Die Perioden des Glücks sind leere Blätter in ihr; denn sie sind die Perioden der Zusammenstimmung, des fehlenden Gegensatzes«; Perioden der kurzen Windstille, in denen eine Erscheinung ihren flüchtigen Höhepunkt gewinnt. Größe in dieser Geschichte ist es allein, das Notwendige zu tun; »es sind große Menschen, eben weil sie ein Großes, und zwar nicht ein Eingebildetes, Vermeintes, sondern ein Richtiges und Notwendiges gewollt und vollbracht haben«, und: »Sie sterben früh wie Alexander, sie werden wie Cäsar ermordet, wie Napoleon nach St. Helena transportiert«. Die Dialektik vernichtet den Einzelnen im unerbittlichen Widerspruch, mit dem Zukunft erst eingeholt wird, erst dieser Widerspruch macht das geschichtliche Verhältnis aus. »Hier ist es gerade, wo die großen Collisionen zwischen den bestehenden, anerkannten Pflichten, Gesetzen und Rechten und zwischen Möglichkeiten entstehen, welche diesem System entgegengesetzt sind, es verletzen, ja seine Grundlage und Wirklichkeit zerstören«.

Wird die Begriffsbestimmung der Dialektik, die ihr innewohnende Entzweiung und Heilungsaussicht vor allem an der Geschichte dargetan, weil sie bildhaft ist, von Personen bevölkert, die Größe im Widerspruch dartun, über den sich die Vernunft handelnd darlegt, während sich die Massen zu ihrer Freiheit hin abarbeiten, so ist zugleich ein anderer Zugang in Betracht zu ziehen. Er verweist auch auf innere Erfahrung, besitzt introspektiven Charakter. Ist in der Geschichte Vernunft stets gegenwärtig und doch erst werdend über ihre Gespaltenheit, ist in diesem Widerspruch Aussicht und Zerstörung des Menschen festgehalten, so erfährt sich der Mensch auch selbst als Totum und als Zerrissensein zugleich, als ganzer und als gespaltener Mensch, als Herr oder Knecht und als ganze Menschheit. Auch hier tritt, wie im Geschichtsprozeß, die Individualität als Besonderheit zurück. Wie in der Geschichte Größe nicht als Zufälligkeit der Person, sondern als Gegenwart der Vernunft über sie erscheint, die sich der Leidenschaften bedient, so entspricht dem Begriff die Gattung. »Die Krankheit unserer Zeit«, heißt es im ersten Teil des »Systems der Philosophie«, »ist es, welche zu der Verzweiflung gekommen ist, daß unser Erkennen nur ein subjektives und daß dieses Subjektive das Letzte sei«. Der Mensch ist Gattung so weit wie die Geschichte Vernunft ist, er ist existierende und werdende Gattung. Zum Verhältnis von Gattung und Individualität liest man im zweiten Teil des »Systems«: »Dieser Unterschied ist ein Prozeß, dessen Resultat ist, daß die Gattung als das Allgemeine zu sich selbst kommt und die unmittelbare Einzelheit negiert wird. Dieses Untergehen ist der Tod des Individuums; die organische Natur endet damit, daß, indem der Einzelne stirbt, die Gattung zu sich selber kommt, und

so sich Gegenstand wird: was das Hervorgehen des Geistes ist«. Nachdem sich das Individuum durch Zeugung »als ein anderes reproduziert hat, stirbt es ab«. Der Tod wird als Zukunft aufgehoben und damit seines Dementis entkleidet; der Naturprozeß entspricht der Erledigung der geschichtlichen Funktion. Nur die Hülse, ein Leichnam bleibt; so war Cäsars Leichnam nur eine Hülse, weil seine Aufgabe erfüllt war. Nicht als Individuum, das zwischen Geburt und Tod gepfercht ist, erfährt sich der Mensch als Totalität, das Bewußtsein des Individuums könnte nur affirmativ bleiben; erst als Gattung umgreift der Mensch seine Geschichte und Zukunft, besitzt er Gedächtnis, um sich einzuholen, vermag er sich selber zu transzendieren. Das Individuum ist zufällig; Gattungs- und Vernunftcharakter sind ineinander geschlossen. Als Gattung ist die Vernunft gegenwärtig und werdend. Dies heißt aber, daß die reale Gattung entzweite Vernunft ist, die ihren Widerspruch aushalten muß, das reale Gattungsbewußtsein ist das gekreuzigte Bewußtsein. Bildung wendet sich damit der Gattung zu; dies ist noch bürgerlicher Aufstieg, kein Individualitätsprinzip mit Charisma und Ängsten, schließlicher Verabsolutierung des Todes. In der entzweiten Gattung liegt der Klassencharakter der Gesellschaft verborgen; er ist ihre Entzweiung. Die entzweite Vernunft ist die entzweite Gesellschaft selbst. In ihr erfahren wir uns als Mensch und als zerrissener Mensch.
Das Verhältnis von Totum und Geschichte im Hegelschen Denken hat Ernst Bloch in seiner souveränen Untersuchung »Subjekt-Objekt« zum Gegenstand gemacht. »Hegel selber hat letzthin wohl bemerkt, daß der Begriff allein nicht laufen könne. Er sah das Problem des Anstoßes zur dialektischen Bewegung und fügte einen Faktor ein, der, wenn er nicht willenshaft, so doch auch nicht rein logisch ist. Es ist der Faktor der Totalität; Hegels Werk arbeitet mit ihm auf Schritt und Tritt oder läßt ihn für sich arbeiten. Totalität ist logisch ›Einheit des Allgemeinen und des Besonderen‹, eben deshalb ist sie realphilosophisch bei Hegel konkrete Ganzheit, sodann Allheit«; ihr Gegenteil sei »das Stückwerk, das Unvollendete, das Endliche. Indem das Unvollendete aber vollendet werden will, das Endliche zugleich dieses ist, was immer wieder an seine Schranken anstößt, kommt von uner-

warteter Seite Bedürfnis in den Begriff«. Schmerz sei nach Hegel das Vorrecht der empfindenden Natur; er sei eine Negation in dem Selbst des Empfindenden, »eben weil das Empfindende das Gefühl seines Selbst hat, welches die Totalität ist, die über jene Bestimmtheit hinaus ist«. Hegel habe das Eingedenken des Totum »unablässiger als jeder andere Philosoph« eingeschärft, und: »Diese Art Totalität: die des unvorhandenen Alles, nicht des vorhandenen Ganzen, ist das zusammenhaltende Ziel der dialektischen Bewegung, genau wie das Bedürfnis ihr Antrieb und Motor ist. Nur ein intentionales, ein tendenzhaftes Element dieses Endzustands, doch so viel immerhin, ist in jede Bewegung und Bewegungsgestalt eingebettet«. Damit gäbe es hier keine Trennung zwischen Weg und Endziel; »dessen Totum befindet sich vielmehr in jedem Moment des Weges, sofern es überhaupt einer ist«.

Erst über den Widerspruch wird Bildung zur Welt des sich entfremdenden Geistes, der Entfremdung aufs äußerste ausgeliefert, weil sie selber verdoppelte Welt ist; sie wird zum Inbegriff der Empörung. An ihr exemplifiziert sich die Dialektik. »Die Welt dieses Geistes«, liest man in der Phänomenologie, »zerfällt in die gedoppelte; die erste ist die Welt der Wirklichkeit oder seiner Entfremdung selbst; die andere aber die, welche er, über die erste sich erhebend, im Aether des reinen Bewußtseins sich erbaut. Diese, jener Entfremdung entgegengesetzt, ist eben darum nicht frei davon, sondern vielmehr nur die andere Form der Entfremdung, welche eben darin besteht, in zweierlei Welten das Bewußtsein zu haben, und beide umfaßt«. Der Zusammenhang wird voll entfaltet. »Wodurch also das Individuum hier Gelten und Wirklichkeit hat, ist die Bildung. Seine wahre ursprüngliche Natur und Substanz ist der Geist der Entfremdung des natürlichen Seins«. Was in Beziehung auf das einzelne Individuum als seine Bildung erscheint, »ist das wesentliche Moment der Substanz selbst«, die Bewegung der sich bildenden Individualität »ist daher unmittelbar das Werden derselben, als des allgemeinen gegenständlichen Wesens, d. h. das Werden der wirklichen Welt«. Der entscheidende Charakter der Bildung konnte nicht schärfer gefaßt werden. In dem Kapitel der Phänomenologie »Der sich entfremdete

Geist, die Bildung und ihr Reich« wird Bildung nun vollends als aufklärerische Macht unter ihre reale Bedingung gerückt, so sehr dies auch stets überhöht bleibt. Bildung ist zerrissenes Bewußtsein, Bewußtsein, das um seine Totalität ebenso weiß wie um sein Zerschlagensein, heillos gefährdetes Bewußtsein. »Indem das reine Ich selbst sich außer sich und zerrissen anschaut, ist in dieser Zerrissenheit zugleich alles, was Kontinuität und Allgemeinheit hat, was Gesetz, Gut und Recht heißt, aus einander und zu Grunde gegangen«, und: »das reine Ich selbst ist absolut zersetzt«.
Der unmittelbare Widerspruch, schreibt Hegel, sei im reinen Ich selbst gesetzt; dieses Bewußtsein sei »mit dieser absoluten Zerrissenheit verknüpft«. Die Sprache der Zerrissenheit aber »ist die vollkommne Sprache und der wahre existierende Geist dieser ganzen Welt der Bildung. Dies Selbstbewußtsein, dem die seine Verworfenheit verwerfende Empörung zukommt, ist unmittelbar die absolute Sichselbstgleichheit in der absoluten Zerrissenheit, die reine Vermittlung des reinen Selbstbewußtseins mit sich selbst. Es ist die Gleichheit des identischen Urteils, worin eine und dieselbe Persönlichkeit sowohl Subjekt als Prädikat ist. Aber dies identische Urteil ist zugleich das unendliche; denn diese Persönlichkeit ist absolut entzweit, und Subjekt und Prädikat schlechthin gleichgültige Seiende, die einander nichts angehen, ohne notwendige Einheit, sogar daß jedes die Macht einer eignen Persönlichkeit ist«. Die Formulierung weist unmittelbar auf das Marxsche Frühwerk. Das Fürsichsein hat sein Fürsichsein zum Gegenstand –, »als ein schlechthin Anderes« –, und zugleich »ebenso unmittelbar als sich selbst«. Es ist also hier »der seiner in seiner Wahrheit und seines Begriffes bewußte Geist dieser realen Welt der Bildung vorhanden«.
Im Zugang ist der Charakter der absoluten Auflösung enthalten. Reine Bildung ist »absolute und allgemeine Verkehrung und Entfremdung der Wirklichkeit und des Gedankens«. Alle Momente der erfahrenen Welt verkehren sich »eins im Andern, und jedes ist das Gegenteil seiner selbst«. Das identische Subjekt-Objekt, das gefunden werden soll, ist am weitesten entrückt. Aber dieses preisgegebene Wesen »ist vielmehr die Rückkehr des Wesens in sich selbst«. In der

Auflösung aller Bestände schlägt die Verworfenheit »zum Adel der gebildetsten Freiheit des Selbstbewußtseins« um. Was vorhanden sei, sei also dies, »daß alle Momente eine allgemeine Gerechtigkeit gegen einander ausüben, jedes eben so sehr an sich selbst entfremdet, als es sich in sein Gegenteil einbildet und es auf diese Weise verkehrt«. Das zerrissene Bewußtsein als Bewußtsein »der absoluten Verkehrung« ist das Bewußtsein von absoluter Entfremdung, das hier als Bildung gefaßt wird; es ist dieses Bewußtsein, das über seinen eigenen Widerspruch hinausweist, dessen Martyrium zum Boden der Auferstehung wird.

Bildung wird somit zum notwendigen Durchgangspunkt; sie ist äußerste Entfremdung und Beginn ihrer Aufhebung. Sie ist das gekreuzigte Bewußtsein, das, an den Augenblick seiner Qual genagelt, Totalität in ihm erfährt, als endgültige Widerrufung und Heiligung. In das ruhige Bewußtsein fällt keine besondere Einsicht über die Welt der Bildung; »diese hat vielmehr selbst das schmerzlichste Gefühl und die wahrste Einsicht über sich selbst, – das Gefühl, die Auflösung alles sich Befestigenden, durch alle Momente ihres Daseins hindurch gerädert, und an allen Knochen zerschlagen zu sein«. Eben dies ist ihre geschichtliche Aussicht, Bildung wird zum Hebel der Veränderung, indem sie ihren Preis zahlt. »Es ist die sich selbst zerreißende Natur aller Verhältnisse und das bewußte Zerreißen derselben; nur als empörtes Selbstbewußtsein aber weiß es seine eigene Zerrissenheit, und in diesem Wissen derselben hat es sich unmittelbar darüber erhoben«. Die Auflösung der verkehrten Welt kann nicht durch das einfache Bewußtsein erfolgen, zu dem kein Weg zurückführt; der Widerspruch will bis zum Ende durchlaufen sein. »An die allgemeine Individualität aber gerichtet kann die Forderung dieser Entfernung nicht die Bedeutung haben, daß die Vernunft das geistige gebildete Bewußtsein, zu dem sie gekommen ist, wieder aufgebe, den ausgebreiteten Reichtum ihrer Momente in die Einfachheit des natürlichen Herzens zurückversenke, und in die Wildnis und Nähe des tierischen Bewußtseins, welche Natur auch Unschuld genannt wird, zurückfalle; sondern die Forderung dieser Auflösung kann nur an den Geist der Bildung selber gehen,

daß er aus seiner Verirrung als Geist zu sich zurückkehre, und ein noch höheres Bewußtsein gewinne«.
Bildung erscheint somit schließlich als spezifisches Produkt der bürgerlichen Gesellschaft und ihrer Arbeit; sie ist Ausdruck ihrer Dichotomie. Sie ist Entfremdung als Reflexion; der Widerspruch wird bewußt. Die Gesellschaft hat ihr Dunkel verlassen ohne Licht zu haben; am Rande des Zwielichts angelangt, wird ihr beschädigtes Selbst nun erst erfahren und in die Möglichkeit seiner Aufhebung gerückt. In der äußersten Entfernung von Subjekt und Objekt ist Bildung bewußt erfahrener Schmerz, der sich über sich selbst erheben und damit zurücklassen kann. Als Instrumentarium einer absoluten Destruktion legt die Bildung das höhere Bewußtsein als Möglichkeit frei, verweist sie auf die Überwindung einer tatsächlichen Zerrissenheit. Der Widerspruch, den die Bildung an sich erfährt, ist Gattungswiderspruch, Widerspruch einer unvollendeten Gattung, den diese über sich selber austragen muß. Sie trägt ihn aus, indem sie die Geschichte ihrer eigenen Arbeit vollendet, als Vollendung der Geschichte des Knechts. Das bürgerliche Individuum kann seine Bildung nur durch den eigenen Untergang als Zukunft setzen. Die Dialektik der bürgerlichen Bildung ist die Dialektik ihrer eigenen Auflösung; mit ihr verweist sie auf Heilung. Geschichte wird damit, unter jedem nur möglichen Aspekt, zur Bildungsgeschichte, zur Geschichte der Reflexion, die den Riß erfährt und ihn damit erst in das Bewußtsein, in ein eigenes Leiden nehmen kann, womit bewußte Geschichte möglich wird, Ende von Naturauslieferung. Auch für die Bildung gilt, daß es spät werden muß, bevor die Eule der Minerva zu ihrem Flug ansetzen kann. Subjekt und Prädikat sind nun einander vollkommen gleichgültig geworden; die Wirklichkeit öffnet den Boden für die bewußte Gestalt, für den Beginn einer Freiheit, die Erkenntnis ist. Nichts anderes ist gemeint, wenn Angelus Silesius im Cherubinischen Wandersmann aussagt: »Der ungewordne Gott wird mitten in der Zeit / Was er nie ist gewest in aller Ewigkeit«, und: »Der Mensch hat eher nicht vollkommne Seligkeit / Bis daß die Einheit hat verschluckt die Anderheit«.
In der historischen Wirkung wird die Dialektik dort aufge-

nommen, wo der gesellschaftliche Bruch unmittelbar erfahrbar ist; zunächst in Rußland, dann in den Ländern der dritten Welt. Der angelsächsische Industrialismus bleibt von ihr fast unberührt; in England vor allem verschleiert die Expansion des Kapitals die tatsächlichen Widersprüche. Mit dem entscheidenden Gegenbegriff der Evolution wird ein fortschreitender Prozeß der Humanisierung in den Mittelpunkt gerückt, die Ideologie der Londoner City, mit der sie sich selbst verklärt. Nur dort, wo die Widersprüche den höchsten Grad von Anachronismus besitzen, werden These und Antithese ganz augenfällig. Der reife Kapitalismus verdeckt seine Widersprüche, läßt sie durch die Hintertür wirksam werden als psychische Verkrüppelung.
Die Folgen lassen sich hier nur andeuten. Unter der Decke des objektiven Geistes, des Staates, der preußisch-konservativen Stornierung des Systems beginnt ein Prozeß der Verselbständigung der Elemente, der bis heute unabgeschlossen ist. Er geht in den Werdeprozeß der Geschichte ein und umfaßt, vom Stalinismus bis zum Faschismus, ein unübersehbares Spektrum. Dies ist ganz ungewöhnlich, und, in einem anderen Bereich, nur der Stellung Richard Wagners in der modernen Musik vergleichbar. Die Freilegung des Gedankens ist an der Nahtstelle des historischen Progreß zugleich Destruktion des Systems, Auflösung seines Bestands. Die entscheidenden Ansätze erfolgen sofort. Mit Marx wird der reale geschichtliche Inhalt des Begriffs vom Proletariat zu Ende gebracht, es ist anhebende Universalität. Im Verhältnis von Individuum und Begriff macht Stirner die Person zur Gattung, der Begriff wird zum Gespenst. Das bürgerliche Individuum, an der Grenze des Nichts, erhebt sich damit zur universellen Zukunft. Entfremdung ist in beiden Fällen der Ausgangspunkt; ihre Aufhebung wird zur Totalität schöpferischer Gegenwart.
Franz Rosenzweig, einer der profundesten Kenner Hegels, hat das System im »Stern der Erlösung« auf eine knappe Formulierung gebracht. »Die wißbare Welt wird wißbar durch das gleiche Denkgesetz, das auf der Höhe des Systems als oberstes Seinsgesetz wiederkehrt«. An diesem Punkte verweist Rosenzweig auf den einzigen wirklichen Gegner Hegels in seiner Zeit: Kierkegaard. »Der Punkt war das

eigene, Sören Kierkegaardsche, oder sonst irgendwie mit Vor- und Zunamen gezeichnete«, und: » – die Behaftetheit mit Vor- und Zunamen, das Eigene im strengsten und engsten Sinn des Worts blieb übrig«. In der Tat ist der Name entscheidend, – »ich habe Dich bei Deinem Namen gerufen« –, die Welt fällt auf die Schultern des Einzelnen zurück. Der Satz, daß die Subjektivität die Wahrheit sei, gewinnt von daher eine metaphysische Dimension. Auch bei Kierkegaard tritt das bürgerliche Subjekt in seiner ganzen Zerrissenheit zu Tage, als Neurose und an der Grenze der Selbstauslöschung; in der Vermittlung mit dem Allgemeinen wird das Individuum jedoch auf unerhörte Weise befestigt; sein Schmerz wird durch niemanden abgegolten. Auch dies vollzieht sich über die Auseinandersetzung mit Hegel; die Analyse des »unglücklichen Bewußtseins« in »Entweder-Oder« zeigt die entscheidende Geburtsstätte an. Dem Umweg des Geistes über die Massengräber der Geschichte, einer Dialektik, die Alles und Jedes rechtfertigen kann, Geschichte nur mehr zum Inbegriff von Strategie und Taktik macht, steht der Mensch nun im Wege. Der Augenblick gewinnt unwiderrufbare Geltung, ist verwundender Pfeil, transzendente Gegenwärtigkeit. Die absolute Gegenposition erscheint retrospektiv als stets wieder neu zu lösender Widerspruch, im Gegensatz zu Lukács, der Kierkegaard nur als Erscheinung des bürgerlichen Vernunftzerfalls wertet.
Erst mit der Reflexion erhebt sich der Mensch nach Hegel zum bewußten Gestalter der Welt, erst mit der erfahrenen Gebrochenheit kann er sie überwinden. So heißt es in den »Vorlesungen über die Philosophie der Geschichte«: »Liegt nicht eine tiefe Wahrheit darin, daß der einzelne Mensch erst dann zu sich selber kommt, wenn er in den Bruch mit sich selbst getreten ist, wenn Unglück seine Unmittelbarkeit vernichtet?« Das reflexionslose Glück ist dahin; mit der Erhebung zur Reflexion wird die tiefste Zäsur erfahren. Was für das Individuum gilt, gilt für die Weltgeschichte. Erst wenn vom »bittern Trank« getrunken ist, wird die Differenz des empirischen Daseins mit der Idee empfunden. Der Geist, der aus dem Untergange alter Formen entsteht, aus dem zu Tode verurteilten Leben, tritt gegen sich selber auf, »verzehrt sein Dasein, aber indem er es verzehrt, verarbei-

tet er dasselbe, und was seine Bildung ist, wird zum Material, an dem seine Arbeit ihn zu neuer Bildung erhebt«. Die Philosophie fängt an mit dem Untergange eines reellen Daseins. Frische der Jugend und der Lebendigkeit sind schon dahin mit der Abstraktion, und: Versöhnung ist »eine Versöhnung nicht in der Wirklichkeit, sondern in der ideellen Welt«. Eine andere ist zugleich angezeigt. In den »Vorlesungen über die Ästhetik« lesen wir: »In dieser Rücksicht wäre zwar die höchste Handlung des Geistes die Weltgeschichte selber, und man könnte diese universelle Tat auf dem Schlachtfelde des allgemeinen Geistes zu dem absoluten Epos verarbeiten wollen, dessen Held der Menschengeist, der Humanus sein würde, der sich aus der Dumpfheit des Bewußtseins zur Weltgeschichte erzieht und erhebt«. Nur die Realisation als Kunst setze dieser Aussage Grenzen.

2.

Institutionalisierte Bildung im umfassenderen Sinne entsteht nach Hegel erst mit dem reif gewordenen Bedürfniszusammenhang der Gesellschaft, einem erreichten Grad ihrer Rationalität; sie wird im Sinne eines ausgebreiteten Obligatoriums zudem erst möglich, wenn dem Staat seine Rolle als rationaler Organisator der Gesellschaft zufällt. Erst mit dem Beginn der Neuzeit, der Rolle des aufklärerischen Staates sind diese Bedingungen erfüllt, nach Marx erst mit dem Entstehen der Großindustrie. Die Vielzahl der mittelalterlichen Träger entfällt. Als Institution macht die Schule bereits ein abstraktes Verhältnis offenbar; sie ist Heraustreten aus einem ursprünglicheren, ist Verhältnis von Distanz, sie macht das Allgemeine zum Gegenstand. Sie ist eine entfremdete Welt, Ausdruck von Verdoppelung und Entzweiung.

Das praktische Bildungsverhältnis, das sich aus dem Hegelschen Werk ergibt, ist loyalistisch und subversiv zugleich. Es muß der Versuch gemacht werden, dieses Verhältnis auf seinen eigentümlichen Ausgangspunkt zu beziehen. Der Gesamtzusammenhang des Systems wird auch hier offenbar.

In die Bildungstheorie geht die außerordentliche praktische Erfahrung Hegels ein. Ein unmittelbares pädagogisches Interesse legt schon der Gymnasiast an den Tag; viele Jahre der Hauslehrertätigkeit und der Wirksamkeit als Direktor des Nürnberger Ägidiengymnasiums schlagen sich vielfältig nieder. Die »Gymnasialreden« und die »Philosophische Propädeutik« gewinnen in diesem Zusammenhang ihren besonderen Wert.

Geht man vom Schulbegriff aus, so gibt die Gymnasialrede vom 2. September 1811 wichtigen Aufschluß. Das Leben in der Familie, wird statuiert, sei »ein Verhältnis der Empfindung, der Liebe, des natürlichen Glaubens und Zutrauens«. Es sei das erste notwendige Verhältnis des Individuums. Die bürgerliche Familie wird nachgezeichnet, ein Bild ihrer Intimsphäre entsteht. Für die objektive Welt dieses Bürgertums jedoch »gilt der Mensch durch das, was er leistet«. Hier wird ihm »wenig aus Liebe und um der Liebe willen; hier gilt die Sache, nicht die Empfindung«. Diese Welt mache ein vom Subjektiven unabhängiges Gemeinwesen aus; der Mensch gilt darin nach »der Brauchbarkeit für eine ihrer Sphären«. Auf diese Welt hin hat die Schule vorzubereiten; für das Individuum bedeutet sie den Bruch mit seiner Naturgeschichte, wie sie selber als Bruch der Naturgeschichte institutionshaft entstand. Die Schule führt das Individuum »aus dem Naturverhältnisse der Empfindung und Neigung in das Element der Sache«. Damit wird Schule zur Zwangsanstalt ebenso wie zu einer Institution, in der das historisch handlungsfähige Subjekt herangebildet wird. Das sinnlich unbewußte Leben tritt in die Entzweiung der verständigen Welt. Kein Weg führt daran vorbei, weil die Schule selber Produkt eines geschichtlichen Prozesses ist, den man nicht nach Belieben aufheben kann. Die Härte, mit der dies ausgesagt wird, entspricht der Härte der Wirklichkeit, in die eingetreten werden soll. Der Realismus Hegels ist ohne Zugeständnis. In der gleichen Gymnasialrede wird die kontradiktorische Inhaltlichkeit von Bildung mit angezeigt. Ist die bürgerliche Gesellschaft Kampf aller gegen alle, so ist sie zugleich Regulierung dieses Prozesses durch den frühkapitalistischen Staat, der sich als objektiver Geist über die Wahlstatt erhebt; beide Momente sind über den schulischen Bildungsvorgang umfaßt. Die Schule hat »ein Verhältnis zur wirklichen Welt, und ihr Geschäft ist, die Jugend zu derselben vorzubereiten«. Diese wirkliche Welt ist ein zusammenhängendes Ganzes »von Gesetzen und das Allgemeine bezweckenden Einrichtungen«, die Einzelnen gelten diesem Allgemeinen gemäß, Schule ist Unterwerfung. Das Dasein wird in ihr nach Zwecken und Regeln bestimmt, der individuelle Geist wird geglättet, um zum Wissen und Wollen des Allgemeinen zu gelangen. Das Allgemeine ist der Staat, er überdeckt den Konkurrenzkampf und ist zugleich seine Garantie. Der Staat ist, wie es in der Rechtsphilosophie heißt, »die Wirklichkeit der sittlichen Idee«, aber das Allgemeine als Wirklichkeit der Vernunft bleibt doch auch hier stets in einer untergründigen Differenz zum empirischen Staat; in der »Philosophischen Propädeutik«, die für den Gymnasialunterricht geschrieben wurde, heißt es im § 196 der Zweiten Abteilung: »Der Staat macht als das Allgemeine den Gegensatz zu den Individuen. Er ist umso vollkommener, je mehr das Allgemeine der Vernunft entspricht«. Ein subversives Defizit wird erkennbar. Zugleich ist die Schule Feld bürgerlicher Konkurrenz. »In dieses System der Allgemeinheit sind aber zugleich die Neigungen der Persönlichkeit, die Leidenschaften der Einzelnheit und das Treiben der materiellen Interessen verflochten; die Welt ist das Schauspiel des Kampfs beider Seiten miteinander«. Schule ist Sozialfeld des Konkurrenzkapitalismus, sie gibt Zeugnisse, selektiert, versetzt, ein jeder erhält in der Klasse seinen Platz nach Leistung. Die Schule ist damit ebenso Wettbewerbsfeld wie Staatsanstalt, sie treibt den Wettbewerb an und zwingt ihn zugleich unter die vorgegebene Form; »so haben die Arbeiten der Schule, auch ihre Urteile, ihre Auszeichnungen und Bestrafungen, eine relative Wichtigkeit, und ihre vornehmste Gültigkeit innerhalb dieser Sphäre«. Wesentlich ist, wie Grundsätze und Handlungsweisen nicht sowohl in bewußter Reflexion an den Geist gebracht werden, »als vielmehr ein substantielles Element sind, in welchem der Mensch lebt und wonach er seine geistige Organisation bequemt«.

Die Schule ist Reproduktion der wirklichen Verhältnisse, aber in einer besonderen, nur ihr adaequaten Weise. Sie ist nicht das Leben selbst, sie ist nur »eine stille, innere Vorbereitung und Vorübung zu demselben«, sie bereitet in einem eigenen, aus der Unmittelbarkeit herausgesetzten Raum den einzelnen zu. Sie ist Isolierung von der Realität, um auf sie vorbereiten zu können, ihr Nachriß im Windschatten, eine eingeschlossene Welt, die ihren Ursprung im Kloster erkennbar läßt und dem verführenden Einfluß gärender Umstände fern bleiben soll; sie ist Fremdheit. In diesem Raum, hinter seinen Mauern, soll die Subjektivität unter das Objektive geschlagen werden, vollzieht sich ein Aneignungsprozeß, dessen asketische Selbstverstümmelung und Bewußtseinsspaltung unübersehbar sind. »Es tritt hiermit nunmehr für den Menschen die zweifache Existenz ein, in welche sein Leben überhaupt zerfällt, und zwischen deren in Zukunft härteren Extremen er es zusammen zu halten hat. Die erste Totalität seiner Lebensverhältnisse verschwindet«, heißt es in der Gymnasialrede vom 2. September 1811. Der Mensch gehört jetzt zwei abgesonderten Kreisen an, seine Existenz ist zerschnitten. Da Schule jedoch stets nur Gymnasium in diesem Kontext meint, ist ausschließlich bürgerliche Jugend umfaßt; ihr langsamer Reifeprozeß mit Umwegen und zwiespältigen Träumen, die besondere Bedingung, der sie unterliegt als Aneignung und Verinnerlichung des Begriffs, der abstrakten Form von Herrschaft, mit der sie sich identifizieren soll. Die selektierte Minderheit wird auf ihre natürliche Interessenidentität hin erzogen, doch ist es bewußte Identifikation, die erstrebt wird. Indem die Bewußtseinsbildung den gesamten Prozeß bestimmt, wird das antizipierte Ergebnis zugleich seiner Gewißheit enthoben; die Differenz des Allgemeinen mit dem Vernünftigen bleibt unfestgelegt. Auch hier soll Entfremdung aufgehoben, eine kommende Totalität der Lebensverhältnisse angezeigt werden.

Schule ist gesonderte Welt, die eine ursprüngliche Einheit zerreißt. Hier, für die Kindheit, bleibt Romantisches stehen, das seiner Verlorenheit anheimfällt. Das Gymnasium, das den beherrschenden Gegenstand bildet, als Anstalt des oberen Bürgertums, hatte mit der Auslösung des Neuhumanismus eine neue Qualität gewonnen, einen veränderten, artifiziellen Charakter gegenüber der Notdurft des Lebens. Als gesellschaftliches Kunstprodukt separierte sich diese Schule deutlich von realistischen Anstalten oder den Formen gar elementarer Bildung. Umreißt man die Situation, so bleibt dem Adel institutionalisierte Bildung bis tief in das 19. Jahrhundert hinein fremd; Attitüden werden eingeübt, die als selbstverständlich vorgegeben sind, auch die Kadettenschulen sind, wie die früheren Ritterakademien, nur eine Anpassung an das Unausweichbare, an einen Wissenserwerb, den die Ausführung des kriegerischen Handwerks verlangt. Volks- und Realschulen sind zugleich noch unmittelbar auf die praktischen Bedürfnisse abgestimmt, in das Materiale eingewickelt; die Volksschule zumal erreicht nur einen geringen Abstraktionsgrad, ihr institutioneller Eigencharakter bildet sich erst mit der Industrie heraus, mit dem Zwang, veränderte Qualifikationen über vermitteltere Prozesse sicherzustellen. Erst mit diesem Zwang entsteht auch hier ein Schein autonomer Pädagogik, der sich auf eine Institution eigener, gereifter Formbestimmung innerhalb des gesellschaftlichen Gefüges stützen kann, eine Institution, die das Bedürfnis auf eigene Weise vermittelt. Noch für die Fabrikschulen der eben entstehenden Industrie gilt dieses nicht, die vorindustrielle Form der Industrie- und Arbeitsschulen sucht sich zunächst noch über den industriellen Prozeß fortzusetzen, bis ihre Funktionsunfähigkeit offenbar wird. Diesen gesamten Bereich, der sich durch die Postulate des Neuhumanismus nur wenig verändert, schließt Hegel aus, vielmehr streift er ihn nur am Rande. Er ist für die bewußtlose Praxis geschaffen, das Allgemeine erscheint nur in der Form des Glaubens. So lesen wir in der Gymnasialrede vom 29. September 1809, daß wir »uns des weisen Verhältnisses zu freuen haben«, das unsere »allerhöchste Regierung hierin festgesetzt hat«. Dieses Verhältnis bestehe vornehmlich in der »Vervollkommnung der deutschen Volksschulen«; es werden dadurch allen die Mittel verschafft, »das ihnen als Menschen Wesentliche und für ihren Stand Nützliche zu erlernen«. Damit werde das Gymnasium zugleich von ungeeigneten Elementen befreit; es wird »durch zweckmäßigere Kenntnisse und Fertigkeiten ersetzt«. Als vorübergehende Bemerkung liest man in der Rede vom 2. September 1811, daß sich im Fortrücken durch die Klassen der Bestand reinigt, »durch das Übergehen zum Gewerbe oder in andere Anstalten«. Der Bereich unmittelbarer Nützlichkeit bleibt unterhalb der entscheidenden Bildungsschwelle; er verbleibt der Massenbildung bis in das gewerbliche Bürgertum hinein, die Frau vornehmlich besitzt nur insoweit Bildungsanspruch, als sie im Produktionsprozeß tätig wird, als Angehörige unterprivilegierter Klassen. Als arbeitsloses Statussymbol wird sie indes Gegenstand der Bewußtseinsspaltung, die Bestimmung der Frau liege nicht nur im Verhältnis der Ehe, sie sei vielmehr eine unterirdische Macht, ihr Wesen liege nicht am »Tage des Bewußtseins«, sei dem der Wirklichkeit enthobenen Göttlichen nahe als »innerliches Gefühl«. Die Ambivalenz des Verhältnisses wird sofort deutlich, wenn es in der Vorrede der Phänomenologie heißt, daß das Widermenschliche, das Tierische darin bestünde, »im Gefühle stehen zu bleiben und nur durch dieses sich mitteilen zu können«. Den Zusammenbruch der von Stephani, einem sehr bedeutenden Pädagogen, ins Leben gerufenen Nürnberger höheren Töchterschule bejubelt Hegel; das Geld sei zum Fenster hinausgeworfen worden. Wie in Manchem, so bleibt Hegel auch hier weit hinter der Position zurück, die von den hervorragendsten Vertretern der neuhumanistischen Bewegung bereits erreicht worden war, aber auch von Kant, Fichte und Schleiermacher; reaktionärste Romantik ist im Spiel. Für das Schulwesen jedoch ist zunächst die Erkenntnis entscheidend, daß sich die Aufarbeitung des Bildungsprozesses auf eine schmale Selektion begrenzt, auf die Söhne der bürgerlichen Crème. Sie treten in eine Schule ein, die in die weiteste Distanz gerückt ist, in ihr werden sie den Widersprüchen auf die mittelbarste Weise unterworfen, sollen sie sich an ihnen abarbeiten, an einem kunstvoll in das Abstrakte gerückten Leben, das sie zugleich züchtigt und hoffnungsvoll macht. Hier wird die Anstrengung des Begriffs erbracht, Wirklichkeit entsinnlicht, die Grundlage eines Verhältnisses von Theorie und Praxis geschaffen, das sich in äußersten Spannungen bewegt. Die subversive Dimension wird nur für eine Elite erfahrbar, deren Interessenidentität sichergestellt erscheint; für sie trägt der erfahrene Widerspruch Aussicht auf Aufhebung in sich, eingehüllt in legitimistisches Ritual. In der durchleuchtenden Fragestellung jedoch werden die Umrisse einer allgemeineren Bedeutung erkennbar; schulischer Bildungsprozeß und dialektischer Gesamtzusammenhang des Denkens verweisen aufeinander.

Es ist das neuhumanistische Gymnasium, auf das sich die Bildungstheorie im engeren Sinne bezieht. Der bürgerlichen Oberklasse wird ihre Bildung nicht leicht gemacht; der Rückbezug auf die humanistische Überlieferung ist von großer Strenge, permissive Tendenzen kommen an keiner Stelle auf. Die Selbständigkeit, die erreicht werden soll, besteht in dem Einssein von Individualität und Allgemeinheit, das Allgemeine soll durch die Einzelheit konkrete Gestalt gewinnen, die Subjektivität wird über ihre Erhebung zum Allgemeinen ihrer Zufälligkeit entkleidet. Dabei bleibt im Hintergrund, daß die Zöglinge dieses Allgemeine als Staat repräsentieren werden. Die grundlegende Position wird vielfach wiederholt: Im Begriff der Bildung wird das Allgemeine mächtig, Bildung hat den Begriff zum Gegenstand, nicht das empirisch Zufällige. Die Individualität ist nur, indem sich das Allgemeine denkend in ihr entfaltet. Insofern ist der Mensch, was er sein soll, erst durch Bildung, Vernunft wird durch Erziehung verwirklicht, im Kinde ist nur ihre innere Möglichkeit. Die Pädagogik betrachtet den Menschen als natürlich, aber sie zeigt den Weg, »ihn wiederzugebären«, seine erste Natur zu einer zweiten, geistigen umzuwandeln, so daß diese in ihm zur Gewohnheit wird. Der gebildete Mensch kennt schließlich an den Gegenständen ihre verschiedenen Seiten, er kann ihre Bewegung nachvollziehen, er ist dialektisch gebildet. »Was in Beziehung auf das einzelne Individuum als seine Bildung erscheint, ist das wesentliche Moment der Substanz selbst, nämlich das unmittelbare Übergehen ihrer gedachten Allgemeinheit in die Wirklichkeit«, heißt es in der Phänomenologie. Der Geist ist auch hier die absolute Gattung. Bildung ist Denken, mit dem sich der Mensch sammelt, mit dem er von seinen Begierden und Neigungen abstrahiert. Vorzüglich auch die Formulierung der Gymnasialreden: In der Bildung werden wir unser nach »dem wahrhaften, allgemeinen Wesen des Geistes gewärtig«.

In den einzelnen Stadien ihres Prozesses wird Bildung zu

einem Vorgang der Unterwerfung, der schließliche Herrschaft des Menschen verbürgen soll, produktive Selbstentfaltung. Dies wird jedoch, in der reinen Bewußtseinspädagogik, nur mittelbar auf die Aneignung des Standes der Produktivkräfte bezogen, Arbeitsteilung ist erkennbar, das Bewußtsein ist Sache der Herrschenden, bewußtlose Arbeit Sache der Massen. Mit dem Eintritt in die Schule wird die schmerzlichste Zäsur erfahren, die noch unbewußte, sinnliche Welt des Kindes wird zerstört; die Feststellung findet deswegen ihre Wiederholung, weil sie die Voraussetzung für einen dialektischen Prozeß bildet, der mit dieser Zerstörung anhebt und die einzelnen Bildungsstufen kennzeichnet. Die zerstörte Welt wird schließlich aufgehoben, erscheint in ihrer Verwandlung. Sprache wird zum entscheidenden Instrumentarium, sie ist Qualität des Menschlichen schlechthin; sie erscheint als Herrschaftssprache, als Sprache des Begriffs, doch nur eine sozialistische Folklore kann diese Sprache aus dem Geschichtsprozeß eliminieren. Erst der Prozeß von Bewußtwerdung, der sich an der Sprache vollzieht, macht Welt zum Gegenüber, zeugt die Ausgangsposition im Subjekt-Objekt Verhältnis. Der Charakter, mit dem Sprache zum Bildungsmittel wird, ist entfremdeter, sinnlich entleerter Charakter, er ist abstrakt, da das Abstrakte allein seine Aufhebung in sich birgt. Sinnlich verhaftete Sprache wird durch das Leben eingebracht und erneuert sich täglich im Umgang; Sprachübung der Schule ist Inbegriff leerer Abstraktion, einer zunächst mechanischen, der erfahrenen Vielfalt entrückten Welt; der Gegenstand der Übung verbirgt seinen wahren Inhalt. Sprache wird entfremdet, zum mechanischen Objekt, das sich über uns verhängt, sie ist Leere und Gewalt des Begriffs, zu dem die Mechanik hinführt. Hegel ist sich durchaus bewußt, daß dieses Verfahren, dessen dialektischer Bruch offenbar ist, im Widerspruch zur induktiven Methode steht, die mit Comenius ihren bedeutsamsten Anfang nimmt. »Es ist gesagt worden«, heißt es in der Gymnasialrede vom 29. 9. 1809, »daß die Geistestätigkeit an jedem Stoffe geübt werden könne, und als zweckmäßigster Stoff erschienen Teils äußerlich nützliche, Teils die sinnlichen Gegenstände, die dem jugendlichen oder kindlichen Alter am angemessensten seien, indem sie dem

Kreise und der Art des Vorstellens angehören, welche dies Alter schon an und für sich selber habe«. Doch sei gerade an diesem Punkte der Sprung in eine veränderte Qualität unabweisbar, mit dem die Vermittlung eines neuen Sachverhalts beginnt; die über ihren Begriff verdoppelte, gesellschaftliche Welt wird zum Gegenstand. Die Durchführung des Prinzips ist ebenso abstrakt wie rigide, doch keineswegs zufällig oder gar schulmeisterlich. »Denn das Mechanische ist das dem Geiste Fremde, für den es Interesse hat, das in ihn hineingelegte Unverdaute zu verdauen, das in ihm noch Leblose zu verständigen und zu seinem Eigentume zu machen«. In der Gymnasialrede vom 30. August 1815 schlüsselt sich das zunächst schwer Verständliche noch besser auf. »Man mag in die Erlernung der Elementar-Kenntnisse noch so vielen Geist hineinbringen wollen, der Anfang muß doch immer auf eine mechanische Art geschehen; so weit nun haben wir es dermalen noch nicht darin gebracht, wie das in Maschinen so erfindungsreiche England, wo von Einem Lehrer in einer Schule 1000 Kinder besorgt werden, welche in Abteilungen von Schülern selbst Unterricht erhalten, und die, wie eine Anzahl Reihen von Ruderbänken, in regelmäßigen Takt-Schlägen Alle zugleich lernen«. Der Beziehungsreichtum dieser Stelle ist außerordentlich. Ist es ohnehin Grundsatz der wissenschaftlichen Bildung, daß sie den Geist »von sich selbst« trennt, um ihn aus seinem unmittelbaren, natürlichen Dasein, aus der unfreien Sphäre des Gefühls und des Triebs herauszuheben, so wird dieser Sachverhalt hier in direkte Analogie zur beginnenden industriellen Revolution gebracht. Die nicht eben neue Methode des Lernens wird in einen Kontext gesetzt, der ebenso geschichtlich real wie als notwendiges Durchgangsstadium eines Befreiungsprozesses begriffen wird. Die notwendige Entfremdung, die dem Bildungsvorgang innewohnt, die Trennung des Geistes von sich selbst, die Erzeugung eines zunächst noch mechanischen, inhaltslosen Gegenüber, an dem er sich abarbeiten muß, ist nichts anderes als Reproduktion wirklicher Arbeitsentfremdung, wirklicher Arbeit im naturwissenschaftlich gesteuerten Prozeß der bürgerlichen Gesellschaft, der in der Genese des heranwachsenden Menschen wiederholt wird. In Wahrheit ist der Realismus dieser

Theorie ungeheuer; Bildung gibt nicht vor, eigenes Reich von Freiheit und Glück zu sein, sie reproduziert Unterwerfung und Aussicht des Menschen, wie sie geschichtlich gegenwärtig sind.

Für den Vorgang gibt eine Bemerkung im Dritten Teil des »Systems der Philosophie« zusätzlich Aufschluß. Zur Bildung wird vermerkt: Die »Vereinzelung des Inhalts durch Abstraktion gibt die Teilung der Arbeit«. Dies mache formelle Bildung aus, Entfremdung. So wird eine mechanische Aneignung vorgezogen; Reihen fremdbleibender Namen erscheinen, vom Menschen entrückte Zeichen, einer unverstandenen Wirklichkeit vergleichbar. Ist alles Lernen Unterwerfung der äußeren Welt durch die Form des Denkens, so geht dieser Unterwerfung die eigene voraus. Mit dem Namen fügt das Bewußtsein der Wirklichkeit eine zweite hinzu. Das Gedächtnis muß die Namen für Vorstellungen behalten, die durch die Erfahrung bereits in den Bildungsprozeß eingebracht worden sind, aber verworren oder erratisch, »hinter dem Rücken des Subjekts«, im Gedächtnis müssen sich diese Namen verselbständigen, eine eigene, geordnete Welt bilden, die eine ihr gemäße Mächtigkeit sucht. Es sei in Namen, »daß wir denken«. Damit wird alles Bildhafte ausgeschlossen, das Behalten muß »von innen heraus, aus dem tiefen Schachte des Ich hervorgebracht und hergesagt werden«. Indem das Bewußtsein den Namen hinzufügt, gewinnt es die Voraussetzung eigener Produktivität. Lernen ist diese Bewegung, daß nicht ein Fremdes in den Geist kommt, sondern »daß nur sein eigenes Wesen für ihn wird oder daß er zum Bewußtsein desselben kommt«; die Bewegung ist Rückkehr des Geistes in sich selbst. Im Vorgang wird dies Anamnesis, Wiedererinnern, das Sinnliche wird zerstört, seinem Dunkel überliefert und über den Begriff rekonstruiert, in die Macht des Menschen gegeben. Das Kind wird von seinem Leben in konkreten Anschauungen abgezogen, »daß es die Bahn zu der Herrschaft über die Dinge betritt, die in der Erkenntnis liegt«. Hier kommt es zu entscheidenden Aussagen; mit der frühen Entwicklung des Menschen werden die Weichen gestellt. »Denn wenn die Verstandesbestimmungen«, lesen wir in der Gymnasialrede vom 29. September 1809, »weil wir verständige Wesen sind, in uns sind, und wir dieselben unmittelbar verstehen: so besteht die erste Bildung darin, sie zu haben; d. h. sie zum Gegenstande des Bewußtseins gemacht zu haben, und sie durch Merkmale unterscheiden zu können«. Die bestimmenden Begriffe müssen früh vermittelt sein, wenn sie das ganze Leben weiterwirken sollen; »unser ganzes Leben ist nichts weiter, als ihre Bedeutung und Umfang immer tiefer verstehen zu lernen«, wird in der Rede vom 2. September 1811 bemerkt, und: »In der Tat, wenn man, um den Menschen damit bekannt zu machen, warten wollte, bis er die sittlichen Begriffe in ihrer ganzen Wahrheit zu fassen völlig fähig wäre, so würden Wenige, und diese Wenigen kaum vor dem Ende ihres Lebens diese Fähigkeit besitzen. Der Mangel an sittlicher Reflexion wäre es selbst, der die Bildung dieser Fassungskraft, wie des sittlichen Gefühles verzögerte. Es ist damit derselbe Fall wie mit anderen Vorstellungen und Begriffen, deren Verstehen gleichfalls mit einer unverstandenen Kenntnis anfängt, und es wäre die nämliche Forderung, daß nur ein Feldherr das Wort Schlacht kennen sollte, weil nur er wahrhaft wisse, was eine solche sei«.

Der betonte Charakter dieser formellen Bildung verbindet sich nun auf das Engste dem Studium der Grammatik, mit dem die entscheidende Propädeutik für den Bewältigungsprozeß einsetzt. Logik und Naturhaftigkeit des Seins werden über diesen Bereich transparent, mit dem es uns entgegentritt. Indem Sprache als objektives Gebilde der Vernunft erscheint, ist sie zugleich ihr Werden und ihre Antizipation. In der Abgeschlossenheit des Erkenntnisprozesses vollzieht sich dies als stets wiederholte Übung, bis die Klaviatur selbstverständlich geworden ist. »Mit diesem mechanischen Momente der Spracherlernung verbindet sich ohnehin sogleich das grammatische Studium, dessen Wert nicht hoch genug angeschlagen werden kann, denn es macht den Anfang der logischen Bildung aus«; und: »Die Grammatik hat nämlich die Kategorien, die eigentümlichen Erzeugnisse und Bestimmungen des Verstandes zu ihrem Inhalte; in ihr fängt also der Verstand selbst an, gelernt zu werden«. Da sich der Prozeß des Selbstinnewerdens der Vernunft an der Sprache vollzieht, als Gegenüber, das seine einzelnen Stufen nacheinander aufschließt, als formale und schließlich als metaphysische Logik, gewinnen die alten Sprachen eine zentrale Stellung. Sie sind am weitesten entrückt, ihre Struktur liegt der Konzentration offener als das Wort, das uns direkt anrührt. Es ist ihre grammatische Terminologie, durch die wir uns »in Abstraktionen bewegen lernen«; dies ist die elementarische Philosophie. »Die Scheidewand aber, wodurch diese Trennung für die Bildung, wovon hier die Rede ist, bewerkstelligt wird, ist die Welt und Sprache der Alten; aber sie, die uns von uns trennt, enthält zugleich alle Anfangspunkte und Fäden der Rückkehr zu uns selbst, der Befreundung mit ihr, und des Wiederfindens unsrer selbst, aber unsrer nach dem wahrhaften allgemeinen Wesen des Geistes«. Die Innigkeit, mit welcher die eigene Sprache uns angehöre, fehle der fremden.

So wird auf den Schritt vorbereitet, mit dem eigener Inhalt zum Gegenstand wird, die reine Abstraktion wird verlassen, weil sie zur Anwendung reif geworden ist. Aber auch hier wird Bewältigung zunächst am fremden Objekt dargelegt, damit wir des Mächtigwerdens gewiß sein dürfen. Distanz erhält die gleiche Funktion wie im Brechtschen Theater. »Es ist eine notwendige Täuschung, das Tiefe zuerst in der Gestalt der Entfernung suchen zu müssen; aber die Tiefe und Kraft, die wir erlangen, kann nur durch die Weite gemessen werden, in die wir von dem Mittelpunkte hinwegflohen, in welchen wir uns zuerst versenkt befanden, und dem wir wieder zustreben«. Erst unter dieser Voraussetzung gewinnt das Altertum seine exemplarische Bedeutung; es ist notwendig, daß wir uns diese Welt des Altertums erwerben »so sehr, um sie zu besitzen, als noch mehr, um etwas zu haben, das wir verarbeiten. – Um aber zum Gegenstande zu werden, muß die Substanz der Natur und des Geistes uns gegenüber getreten sein, sie muß die Gestalt von etwas Fremdartigem erhalten haben. – Unglücklich der, dem seine unmittelbare Welt der Gefühle entfremdet wird; denn dies heißt nichts anders, als daß die individuellen Bande, die das Gemüt und den Gedanken heilig mit dem Leben befreunden, Glauben, Liebe und Vertrauen, ihm zerrissen wird! – Für die Entfremdung, welche Bedingung der theoretischen Bildung ist, fordert diese nicht diesen sittlichen Schmerz, nicht das Leiden des Herzens, sondern den leichtern Schmerz und Anstrengung der Vorstellung, sich mit einem Nicht-Unmittelbaren, einem Fremdartigen, mit etwas der Erinnerung, dem Gedächtnisse und dem Denken Angehörigen zu beschäftigen«. Damit wird der Schritt zur Selbständigkeit des Geistes auf langem Wege getan, weil Erziehung aus dem richtigen Gesichtspunkte betrachtet werden soll, – so am 2. 9. 1811 –, »daß sie wesentlich mehr Unterstützung als Niederdrückung des erwachenden Selbstgefühls, eine Bildung zur Selbständigkeit sein müsse«.

Der Umriß ist gefaßt. Erfahrung, als unmittelbar Gegebenes, Gedächtnis und Denken sind die dialektischen Stadien des Bildungsprozesses, Sinnlichkeit, Abstraktion, schließlich Aufhebung der Momente. Herrschaft des Menschen wird in der Isolierung gewärtig, am entrückten Objekt. Aus der Unterwerfung setzt die Bewegung an, in die nichts Fremdes hineinfällt, in der das eigene Wesen des Geistes zum Bewußtsein seiner selbst gelangt. Die Vorhänge der Zelle bleiben geschlossen, in der sich der Mensch auf seine Geschichte bereitet. Reflexion bricht das Wesen, läßt Schmerz erfahren, der durch Askese unter die Vernunft gerückt wird. Alle Elemente der Sozialisation sind mitgedacht. Als bewußtes Wollen des Allgemeinen wird der Staat gesetzt, aber die Bewußtheit läßt Setzung nicht unangefochten; die Omnipotenz ist schon gebrochen, der Prozeß erträgt keine Grenze. Unter dem letzten Jenseits als Staat kommt das Diesseits hervor, Inhalt und Abstraktion wollen versöhnt, in die lebendige Bewegung genommen sein. Das Subjekt geht mit dem Bildungsprozeß seiner Naturhaftigkeit verloren; es ist dies ein Abschied für immer, aber ohne endgültige Trauer; eine neue, menschliche Natur winkt. Auch in der Bildungstheorie sucht Hegel sich selbst zu blokkieren; dialektisches Denken wird auf die Universität verwiesen, die Schule wird eingeengt, ihr subversiver Charakter wird so gering als möglich gehalten. In der Bildung durchläuft das Subjekt den Befreiungsprozeß der Geschichte, aber die Bildungstheorie läßt dieses Durchlaufen nur bis zu dem Punkte zu, den die reale Herrschaftsgegenwart setzt; das Subjekt bleibt außer sich. In seinem Denken entzweit tritt es in eine Wirklichkeit, die der Geschichte der

Freiheit vorausgeht, aber sie in ihrem Leibe trägt; in dieser Wirklichkeit wird das Subjekt an der Grenze zu sich selbst aufgehalten. Die Prozesse werden storniert, geschichtlich real als bürgerlicher Staat, bildungstheoretisch als aufgehaltenes Denken. Zugleich ist die Überwindung der Grenzen voll angelegt. Die Bildungsdialektik ist subversiver Prozeß, den keine Nomenklatur aufhalten kann. Ihre ergänzende Entsprechung macht jedoch einen Exkurs notwendig, nach dem erst bewertet werden kann. Erst die korrespondierende Gesellschaftsanalyse gibt den endgültigen Hinweis.

Auch hier bleibt der konservative Verschluß, gegen Pöbel und individuelles Gewissen unter Zurschautragung von Verachtung, abgesichert; doch ist dies nur eine Seite. Die Schöpfung der bürgerlichen Gesellschaft, so heißt es, in der Rechtsphilosophie gehöre »der modernen Welt an«; wenn der Staat als eine Einheit, die nur Gemeinsamkeit ist, vorgestellt wird, »so ist damit nur die Bestimmung der bürgerlichen Gesellschaft gemeint«. In der bürgerlichen Gesellschaft »ist jeder sich Zweck, alles Andere ist ihm Nichts«. Ohne Beziehung auf Andere kann der Einzelne seinen Zweck jedoch nicht erreichen, »diese Andern sind daher Mittel zum Zweck des Besonderen«. Der besondere Zweck gibt sich durch die Beziehung auf Andere »die Form der Allgemeinheit«. Der Begriff des Allgemeinen, der zunächst für sich selbst erschien, als jenseitige Decke, wird auf die bürgerliche Gesellschaft zurückbezogen. Sie begründet ein System »allseitiger Abhängigkeit«. Das Allgemeine ist nur die notwendige Form ihres Bestehens innerhalb der Entzweiung, die sie selber ist. »Die Besonderheit für sich ist das Ausschweifende und Maßlose, und die Formen dieser Ausschweifung selbst sind maßlos. Der Mensch erweitert durch seine Vorstellungen und Reflexionen seine Begierden, die kein beschlossener Kreis, wie der Instinkt des Tieres sind, und führt sie in das schlecht Unendliche. Ebenso ist aber auf der anderen Seite die Entbehrung und Not ein Maßloses, und die Verworrenheit dieses Zustandes kann nur zu seiner Harmonie durch den ihn gewältigenden Staat kommen«. Das Allgemeine wird somit durch das »System der Bedürfnisse in der Bewegung« produziert, als das sich die Bürgerliche Gesellschaft erweist. »Dadurch, daß ich mich nach dem

Anderen richten muß, kommt hier die Form der Allgemeinheit herein. Ich erwerbe von Anderen die Mittel der Befriedigung und muß demnach ihre Meinung annehmen. Zugleich aber bin ich genötigt, Mittel für die Befriedigung Anderer hervorzubringen. Das Eine also spielt in das Andere und hängt damit zusammen: alles Partikulare wird insofern ein Gesellschaftliches«. Die Form der Bedürfnisbefriedigung ist abstrakt, das Allgemeine der Arbeit liegt in der »Abstraktion«, mit der die Spezifizierung der Mittel und der Bedürfnisse bewirkt wird, in einer Arbeitsteilung, mit der die Abhängigkeit der Menschen voneinander zur »gänzlichen Notwendigkeit« wird. Erscheint der Staat somit als Regulativ des Konkurrenzmechanismus, um ihn seinen Widersprüchen nicht anheimfallen zu lassen, als notwendige Abstraktion, so trägt der Bedürfniszusammenhang in sich selbst eine neue Qualität. Er setzt sich selbst als das Allgemeine, mit dem das Partikulare hinweggearbeitet wird; es ist seine Abstraktheit, die diese neue Qualität möglich werden läßt. Der Mensch kann, da die mechanische Produktion abstrakt ist, am Ende »davon wegtreten und an seine Stelle die Maschine eintreten lassen«.

Die Momente sind zu entfalten. In der Bürgerlichen Gesellschaft, und damit bleibt der Anschluß an Smith und Ricardo gewahrt, schlägt die subjektive Selbstsucht in den Beitrag zur Befriedigung der Bedürfnisse aller Anderen um, – »in die Vermittelung des Besondern durch das Allgemeine als dialektische Bewegung«. Die Teilnahme am gesellschaftlichen Prozeß, der sich als allseitige Verschlingung dartut, wird durch das Vermögen begründet, die Form, mit der sich die natürliche Ungleichheit der Menschen als bürgerliche Gesellschaft kundtut; »die Forderung der Gleichheit« gehört dem »leeren Verstande an«, sie ist ein Abstraktum. In der sich unendlich verschränkenden Bewegung, als Tauschsystem, sammelt die bürgerliche Gesellschaft die »ihrem Inhalte inwohnende Allgemeinheit und unterscheidet sich in allgemeinen Massen«; sie ist System der Bedürfnisbefriedigung als Klassengesellschaft. Mit ihrem Bewegungscharakter läßt sie zugleich eine neue Bildung entstehen. Die theoretische Bildung erfordert nicht nur »eine Mannigfaltigkeit von Vorstellungen und Kenntnissen«, sondern auch »eine

Beweglichkeit und Schnelligkeit des Vorstellens und des Übergehens von einer Vorstellung zur andern, das Fassen verwickelter und allgemeiner Beziehungen«. Eine Disponibilität wird erkennbar, die universelle Züge annimmt; sie wird, wie bei Marx, am Bilde der Handelsklasse entwickelt. Arbeitsteilung bleibt auch in der Bildung bestehen. Die praktische Bildung durch die Arbeit »besteht in dem sich erzeugenden Bedürfnis und der Gewohnheit der Beschäftigung überhaupt«, dann der Beschränkung des Tuns »Teils nach der Natur des Materials, Teils aber vornehmlich nach der Willkühr Anderer, und einer durch diese Zucht sich erwerbenden Gewohnheit objektiver Tätigkeit und allgemeingültiger Geschicklichkeiten«. Der Disponibilität des Unternehmers steht die Bildung des Industrieproletariats gegenüber, das mit ihr die Voraussetzung für seinen eigenen Auftrag gewinnt. Beide Komponenten der Marxschen Polytechnik sind bereits deutlich, wenn auch noch voneinander getrennt; dennoch weist auch hier das Getrennte auf Allgemeines hin; das Partikulare wird auch hier im Ansatz hinweggearbeitet. Die Bildung verliert ihre Jenseitigkeit; im Prozeß des Diesseits sind ihre Momente noch auseinandergerissen, aber in der Bewegung. Im System der Bedürfnisbefriedigung aller, als dessen Teil die Bildung erscheint, bleibt die Wirklichkeit »des darin enthaltenen Allgemeinen der Freiheit« noch Eigentum, außer sich sein des Menschen. Auch Bildung erscheint noch als außer sich sein, als unüberwundener Eigentumsbegriff. Der grenzüberschreitende Hinweis ist dennoch ganz unverkennbar. So heißt es im Dritten Teil des Systems der Philosophie: »die in sich entwickelte Totalität dieses Zusammenhangs ist der Staat als bürgerliche Gesellschaft«, die Substanz »wird auf diese Weise nur zu einem allgemeinen, vermittelnden Zusammenhange von selbständigen Extremen und von deren besondern Interessen«.

Es ist die Staatsökonomie, die Ökonomie des frühkapitalistischen Staates, die das Notwendige im Zerstreuten festhält. Die bürgerliche Gesellschaft an sich ist »das System der Atomistik«, wie gleichfalls im Dritten Teil des Systems der Philosophie vermerkt wird. In der Vereinzelung des Subjekts bleibt die Freiheit abstrakt. Im § 208 der Rechtsphilosophie lesen wir: »Das Prinzip dieses Systems der Bedürfnisse hat als die eigene Besonderheit des Wissens und des Wollens die an und für sich seiende Allgemeinheit, die Allgemeinheit der Freiheit nur abstrakt, somit als Recht des Eigentums in sich«. Freiheit ist nur abstrakte Subjektivität als Person, die des Eigentums fähig ist, nur diese abstrakte Bestimmung macht Gleichheit aus. Von daher allein gilt der Mensch »weil er Mensch ist«, nicht weil er Jude, Katholik oder Protestant ist, Deutscher oder Italiener. Rechtschaffen ist, wer Geld hat, kauft, »wenn auch für überflüssige Bedürfnisse«, statt dieses Geld an Faulenzer oder Bettler zu verschenken; der Rechtschaffene gibt sein Geld an Menschen, die gearbeitet haben. Die bürgerliche Gesellschaft ist die Gesellschaft einer fortschreitenden Industrie und der fortschreitenden Anhäufung von Reichtümern »auf der einen Seite, wie auf der andern Seite die Vereinzelung und Beschränktheit der besonderen Arbeit und damit die Abhängigkeit und Not der an diese Arbeit gebundenen Klasse, womit die Unfähigkeit der Empfindung und des Genusses der weiteren Freiheiten und besonders der geistigen Vorteile der bürgerlichen Gesellschaft zusammenhängt«. Das Herabsinken einer großen Masse »unter das Maß einer gewissen Subsistenzweise« erzeugt den Pöbel. Die »innere Empörung« des Pöbels entsteht, weil er »die Ehre nicht hat, seine Subsistenz durch seine Arbeit zu finden, und doch seine Subsistenz zu finden als sein Recht anspricht. Gegen die Natur kann kein Mensch ein Recht behaupten, aber im Zustande der Gesellschaft gewinnt der Mangel sogleich die Form eines Unrechts, was dieser oder jener Klasse angetan wird«. Der Pöbel empört sich, weil ihm seine Qualität als Mensch negiert wird. Die bürgerliche Gesellschaft muß ihre Extreme dialektisch entwickeln, ihren eigenen Widerspruch großziehen, als Klassen- und Bildungswiderspruch. Sie setzt sich über ihre eigenen Grenzen fort, wuchert, setzt ihren Widerspruch als Widerspruch der gesamten Menschheit. Im § 246 der Rechtsphilosophie wird vermerkt: »Durch diese ihre Dialektik wird die bürgerliche Gesellschaft über sich hinausgetrieben, zunächst diese bestimmte Gesellschaft, um außer ihr in anderen Völkern, die ihr an den Mitteln, woran sie Überfluß hat, oder überhaupt an Kunstfleiß u. s. f. nachstehen, Konsumenten und damit die nötigen Subsistenzmittel zu suchen«. Das Wesen des Imperialismus ist aufgedeckt. Die Definitionen sind hellsichtig, binden Gier und totale Vereinzelung des bürgerlichen Individuums, das atomistische System an die gleichzeitige Erzeugung einer abstrakten Freiheit, die sich das Wesen des Allgemeinen zuspricht; faktisch wird dieses Allgemeine als Staat zum Sicherungsmechanismus einer Gesellschaft, die ihre eigene Auflösung aus sich heraustreibt. Die letzte Form, in der das Allgemeine als Abstraktion erscheint, läßt sein wirkliches Wesen hervorkommen. Die notwendige Fortsetzung von 1789 wird angezeigt. »Die Abstraktion, die eine Qualität der Bedürfnisse und der Mittel wird, wird auch eine Bestimmung der gegenseitigen Beziehung der Individuen auf einander; diese Allgemeinheit als Anerkanntsein ist das Moment, welches sie in ihrer Vereinzelung und Abstraktion zu konkreten als gesellschaftlichen Bedürfnissen, Mitteln und Weisen der Befriedigung macht«. Dieses Moment enthält »unmittelbar die Forderung der Gleichheit mit den Anderen«.

Auf Befreiung ist somit formell verwiesen; dies ist zugleich Ausdruck des erreichten Standes an Reflexion, den das System enthält und der seine Gebrochenheit deutlich macht. Entkommen aus dem Naturzwang wird damit möglich. »Indem im gesellschaftlichen Bedürfnisse, als der Verknüpfung vom unmittelbaren oder natürlichen und vom geistigen Bedürfnisse der Vorstellung, das Letztere sich als das Allgemeine zum Überwiegenden macht, so liegt in diesem gesellschaftlichen Momente die Seite der Befreiung, daß die strenge Naturnotwendigkeit des Bedürfnisses versteckt wird, und der Mensch sich zu seiner, und zwar einer allgemeinen Meinung und einer nur selbstgemachten Notwendigkeit, statt nur zu äußerlicher, zu innerer Zufälligkeit, zur Willkür verhält«. Totalität von Befreiung ist endgültige Überwindung des Naturzustandes. Dies ist Zukunft, die den Weg zu ihr hin unvermeidlich macht; es gibt keinen Weg »ohne Rücksicht des Momentes der Befreiung, die in der Arbeit liegt«. Die Vorstellung, daß der Mensch im Naturzustande sich selbst gewinnt, sei unwahre Meinung; »weil das Naturbedürfnis als solches und dessen unmittelbare Befriedigung nur der Zustand der in die Natur versenkten Geistigkeit und damit der Roheit und Unfreiheit wäre, und die Freiheit allein in der Reflexion des Geistigen in sich, seiner Unterscheidung von dem Natürlichen und seinem Reflexe auf dieses, liegt«. So ist es gemeint, als dialektischer Schritt, wenn die bürgerliche Klasse als Stand des Gewerbes, dem die Formierung der Naturprodukte obliegt, in ihrer Subsistenz an die Reflexion gebunden wird, wenn sie als Handelsstand nur noch das Geld, »in welchem der abstrakte Wert aller Waren wirklich ist«, zu ihrem Gegenstand hat. Die aus ihrem Boden gerissene Gesellschaft, die, der Natur verlustig, in die vollendete Entzweiung entlassen ist, zerstört alle bisherigen Verfassungen, setzt die reine Abstraktion an ihre Stelle. Sie ist das Allgemeine, das sich in einen letzten Widerspruch zu sich selber setzt. Die bürgerliche Gesellschaft ist als Vorstellung Entzweiung in der Reflexion, als Realität Entzweiung der Gattung als Klassengesellschaft; beide Momente bringt sie zu abschließender Geltung. Bleibt ihre Befreiung formell, »indem die Besonderheit der Zwecke der zu Grunde liegende Inhalt bleibt«, so überwindet sie das Formelle, indem sie ihren Widerspruch bis zu Ende austrägt. Die Richtung des gesellschaftlichen Zustandes geht »auf die unbestimmte Vervielfältigung und Spezifizierung der Bedürfnisse, Mittel und Genüsse, welche, so wie der Unterschied zwischen natürlichem und ungebildetem Bedürfnisse, keine Grenzen hat, – der Luxis ist eine ebenso unendliche Vermehrung der Abhängigkeit und Not«. Aber, dies wird im § 186 der Rechtsphilosophie bemerkt, das Prinzip der Besonderheit »geht eben damit, daß es sich für sich zur Totalität entwickelt, in die Allgemeinheit über, und hat allein in dieser seine Wahrheit und das Recht seiner positiven Wirklichkeit«. In der formellen Freiheit ist ihre Transzendierung mitgegeben. Die Individuen sind als Bürger Privatpersonen, sie haben ihr eigenes Interesse zum Zweck. »Da dieser durch das Allgemeine vermittelt ist, das ihnen somit als Mittel erscheint, so kann er von ihnen nur erreicht werden, insofern sie selbst ihr Willen, Wollen und Tun auf allgemeine Weise bestimmen«; das Interesse der Idee liegt nicht im Bewußtsein der einzelnen Glieder der bürgerlichen Gesellschaft, es »ist der Prozeß«.

Bildung, und in ihrem Begriff schürzt sich das Verhältnis zusammen, hat den Zustand der Unschuld verlassen, ist durch sich selbst Abarbeitung der Partikularität und Selbstzeugung der Gattung; sie ist Zweck der Vernunft. Im realen gesellschaftlichen Prozeß gewinnt sie die Form der Universalität; unter gebildeten Menschen kann man »zunächst solche verstehen, die Alles machen können, was Andere tun«. Indem Bildung verwirklichte Vernunft ist, wird sie über den Weg der Vernunft erreicht. »Der Geist hat seine Wirklichkeit nur dadurch, daß er sich in sich selbst entzweit, in den Naturbedürfnissen und in dem Zusammenhange dieser äußeren Notwendigkeit sich diese Schranke und Endlichkeit gibt, und eben damit, daß er sich in sie hinein bildet, sie überwindet und darin sein objektives Dasein gewinnt«. Vernunftzweck als Bildung besteht darin, daß »Unmittelbarkeit und Einzelheit, in die der Geist versenkt ist, weggearbeitet werde und zunächst diese seine Äußerlichkeit die Vernünftigkeit, der sie fähig ist, erhalte«. Das Allgemeine erscheint nun als »Verständigkeit«, als Entfremdung seiner selbst, aber seine Entfremdung kann damit erkannt werden. Der Vernunftzweck wird in diesem »seiner Bestimmung zur Freiheit an sich fremden Elemente für sich, hat es nur mit solchem zu tun, dem sein Siegel aufgedrückt und von ihm produziert ist«. Die Unmittelbarkeit der Begierde ist entäußert. »Durch diese Arbeit der Bildung ist es aber, daß der subjektive Wille selbst in sich die Objektivität gewinnt«, zu der sich die Besonderheit »verarbeitet und herauf gebildet hat«, daß sie »der Allgemeinheit den erfüllenden Inhalt und ihre unendliche Selbstbestimmung gibt«. Dies sei der Standpunkt, »der die Bildung als immanentes Moment des Absoluten, und ihren unendlichen Wert erweist«. Eine unendliche Inhaltlichkeit wird berührt, rückt schon in die Nähe, die wahrhafte Immanenz des Allgemeinen. Die abstrakte Vermittlung des Besonderen mit dem Allgemeinen wird aufgehoben, Subjekt und Objekt finden sich wieder.

Bildung begreift sich bei Hegel als gesamte Geschichte, in der der Mensch zu sich selbst kommt; sie versteht sich zugleich als Verfahren, das ihren individuellen Prozeß systematisiert. Beide Gesichtspunkte sind streng interdependent. Als Geschichte ist Bildung vor allem bürgerliche

Geschichte, Geschichte der Entzweiung als Reflexion. In der Zersetzung bildet sich die kommende Gattung. Die Produktion der Gesellschaft verschlingt die Bedürfnisse, arbeitet das Partikulare hinweg, ihre Abstraktion ist zugleich Einsamkeit, Atomistik, die den Menschen spaltet. Objektiv und psychologisch wird die Negation der Negation vorbereitet; die verlorene menschliche Qualität erkennt sich als das, was sie ist. In der naturwissenschaftlich gesteuerten Gesellschaft hat der Mensch sein Objekt als Verstand, die Dunkelheit der Natur hellt sich auf. Das Abstrakte kann sich nicht durch sich selbst auflösen oder seines Widerspruches Herr werden, aber an der naturwissenschaftlichen Notwendigkeit wird menschliche Notwendigkeit erkennbar, am Gesetz der Inhalt. Die Maschine läßt schließlich den Menschen wegtreten; er tritt in sein eigenes Reich. Das Bewußtsein gewinnt nunmehr erst seine zentrale Stellung, je mehr es der Zwangsverhaftung durch die Natur entledigt wird, Natur verwandelt hat. Die Geschichte setzt vom individuellen zum gesellschaftlichen Zweck über, der nicht mehr formell ist, sondern Totalität neuer Schöpfung.

Die entscheidenden Gesichtspunkte finden sich im institutionalisierten Bildungsprozeß wieder, obzwar er nur für eine Minderheit gedacht ist. Auf dem Hintergrund einer sich ankündigenden Auflösung der Familie, auf die Hegel verweist, ist Schule vollendete Zerstörung ursprünglicher Totalität. Die Begegnung des Subjektiven mit dem Objektiven macht Naturverlust unumgänglich; der Mensch arbeitet sich ab. Aneignung und Befreiung, Unterwerfung und Selbstgewinnung sind unauflösbar verbunden. Erst mit der Abarbeitung wird auch hier Aufhebung des Naturprozesses in Aussicht gestellt. Diese Arbeit wird dem Prozeß der bürgerlichen Gesellschaft, dem Prozeß ihrer Produktion verbunden, zugleich wird die Vermittlung den besonderen Bedingungen des Gymnasiums angeglichen, der gesellschaftlichen Bestimmung, die seinen Schülern zukommt; sie verbleibt innerhalb der Arbeitsteilung. Dennoch wird über den Bildungsprozeß, der die körperliche Arbeit noch isoliert, die gesamte Bedingung der Sache nach vorgeführt. Die Welt wird entsinnlicht, zur vollkommenen Abstraktion, mit der die Entfremdung ihren äußersten Punkt erreicht, an dem sie sich erst zu erkennen vermag. Das Individualitätsprinzip, das der bürgerlichen Pädagogik des 19. Jahrhunderts zur Rechtfertigung der Klassenherrschaft dient, fehlt. Hinter dem dialektischen Prozeß der Vernunftwerdung erscheint die gesamte Gesellschaft im Umriß. Sie durchläuft den gleichen Prozeß, den das Subjekt zu durchlaufen hat, Unterwerfung der Begierde, Entfremdung, Aussicht auf produktives Mächtigwerden. Indem die Schule der Unmittelbarkeit entrückt wird, gewinnt sie in diesem Prozeß eine eigene Bedeutung; sie ist Ort, an dem sich das Bewußtsein verselbständigen kann. Hegels pädagogisches Gewicht wird gerade daran erkennbar; er weiß um die eigenen Bedingungen der schulischen Vermittlung, setzt sie nicht reflexionslos dem Leben gleich, um ihr damit die Möglichkeit zu nehmen. Dies wird nicht zuletzt an jenem didaktischen Prinzip von Distanz erkennbar; in der schmerzloseren Entfremdung überwindet der Mensch seine unmittelbare Verhaftung, die sein Ausgeliefertsein ist; in der Fremde erkennt er sich wieder, nun aber als eigene Bestimmung, die des Verhängtseins mächtig werden kann. Es bleibt dies ein kontrapunktisches Prinzip aller Bildung, wenn sie sich nicht im gegenwärtigen Stoff orientierungslos auflösen will. Auch in seiner Bildungstheorie täuscht Hegel über den wirklichen Prozeß; er storniert ihn, sucht die dialektische Bewegung an einem Punkte festzumachen. Der Prozeß selber sprengt diesen Versuch. Er ist werdende Revolutionierung, an der auch hier nur teilnehmen darf, dem die Ketten angelegt wurden, auf daß er sie zerreiße.

Im unbewußten Bestimmungsgefüge der bürgerlichen Gesellschaft bereitet sich die Gattung; nur über ihren Begriff wird sie Gegenstand des bewußten Handelns. Es bedarf der schmerzloseren Entfremdung des Denkens, um die schmerzhafteste aufzuheben. Der Mensch, der sich im Besitz als Freiheit gegenständlich ist, wird sich als Mensch gegenständlich, wird für den Menschen. Er tritt als universelles Subjekt hervor. Es gilt: »Die Bildung ist daher in ihrer absoluten Bestimmung die Befreiung und die Arbeit der höheren Befreiung, nämlich der absolute Durchgangspunkt«.

3.

Gustav Thaulow, dessen »Hegel's Ansichten über Erziehung und Unterricht« hiermit zum ersten Male wieder vorgelegt werden, war väterlicherseits norwegischer Herkunft; eine Beziehung zu diesem Lande blieb stets bestehen. Ein Bruder ging nach Norwegen zurück und war in Christiania (Oslo) als angesehener Naturwissenschaftler tätig. Er selbst wurde am 6. Juli 1817 zu Schleswig geboren, besuchte dort die Domschule, und begann im Jahre 1837 in Kiel zu studieren. Sein Studium führte ihn auch nach Berlin. Er studierte Philosophie und Theologie in der damalig klassischen Verbindung. Wie viele bedeutende Gelehrte seiner Zeit war er als Hauslehrer tätig, um sich die notwendigen Mittel für seinen Lebensunterhalt zu erwerben. 1842 promovierte er; 1843 habilitierte er sich in Kiel für Philosophie und Pädagogik. Als Repräsentant bester Überlieferungen des liberalen Bürgertums begann er sehr bald eine vielseitige wissenschaftliche und politische Tätigkeit zu entfalten, die sich vor allem der Volksbildung zuwandte. 1848 wächst Thaulow über seine Grenzen hinaus; zugleich läßt er jede provinzielle Enge hinter sich: »Zuerst erließ ich einen ›Aufruf an den gesamten Lehrerstand Schleswig-Holsteins‹, der eine Vereinigung aller Lehrerklassen bezwecken sollte. Darauf gab ich die ›Verhandlungen der allgemeinen schleswig-holsteinischen Lehrerversammlung vom 2ten u. 3ten Oktober‹ heraus. Darauf ›Michel Lepelletier's Plan einer Nationalerziehung vom 13ten Juli 1793‹, darauf einen eigenen ›Plan einer Nationalerziehung‹. Darauf gründete ich im Herbst 1848 eine ›Universitäts- und Schulzeitung für die Herzogtümer Schleswig, Holstein und Lauenburg‹«. Thaulow bemerkt dazu noch: »Aber was die Grundgedanken in diesen Schriften betrifft, da glaube ich nicht, daß sie verkehrt sind«. Für Deutschland suchte er den Anschluß bei dem entschiedensten Bildungsprojekt der Jakobiner; in dieser Hinsicht gebührt ihm eine historische Stellung.

Die Entwicklung einer pädagogischen Wissenschaft, die sich auf das Erbe der klassischen Philosophie stützen konnte, stand für Thaulow im Mittelpunkt, ein Erbe, das er als Fortsetzung begriff; zugleich war er unermüdlich tätig, die praktischen Bedingungen des Unterrichts, vor allem in der Volksschule, zu verbessern. Seine didaktische Begabung, sein Wille, Menschenbildung auf praktische Bewältigung hin zu richten, ließen den theoretischen Ansatz niemals isoliert. In dieser Hinsicht fühlte er sich dem fortgeschrittensten bürgerlichen Lande verbunden, »da ich den Stab breche über das gegenwärtige nur auf Theorie hinzielende deutsche unglückselige Erziehungs- und Unterrichtswesen und als ein enthusiastischer Verehrer der praktischen englischen Nation auftrete«.

Thaulows Interessen waren ungewöhnlich vielfältig, seine Arbeiten umfassen die Gebiete der Philosophie und der Pädagogik ebenso wie Probleme der Politik, Theologie, Jurisprudenz und der Ästhetik; er schrieb eine Einleitung in das Studium der Kunst. Nicht zuletzt auf diesem Gebiet gewann er hohes Ansehen. Er war ein bekannter Kunstsammler, die Gründung des Kieler Thaulow Museums ist seinen Stiftungen zu danken. Nach 1870, darin mag man einen Zug der Resignation entdecken, war er vor allem in kirchlichen Liebeswerken tätig, er war einer der führenden Vertreter des Gustav Adolf Vereins, der für Protestanten in der Diaspora wirksam wurde. Für die Hilfe, die er mittellosen Studenten und Künstlern angedeihen ließ, war er besonders geachtet; für eine soziale Verantwortung der Universität ist er bis zuletzt eingetreten. Er starb am 11. März 1883.

»Hegel's Ansichten über Erziehung und Unterricht« bilden auch heute eine unentbehrliche Voraussetzung für das Studium der Hegelschen Bildungstheorie. Dies gilt um so mehr, als die spezifisch pädagogischen Aspekte des Hegelschen Werks kaum Bearbeiter gefunden haben; angesichts einer bedeutenden Hegelrenaissance wird auch daran die intellektuelle Schwäche der Erziehungswissenschaften erkennbar. Die Bände enthalten in sich geschlossene Auszüge aus dem Gesamtwerk, daneben aber eine bedeutsame Kommentierung Thaulows. Einleitungen und Kommentare geben zugleich einen vorzüglichen Einblick in Theorie und Praxis der wissenschaftlichen Pädagogik während der ersten Hälfte des 19. Jahrhunderts.

Thaulows eigener Standort wird in diesem Werk überaus deutlich. Sein Humanismus geht auf Lessing zurück und findet dort seine Wurzeln; es ist dies eine bürgerliche Repräsentanz, die schon zur Zeit seines Lebens immer seltener wird. »Denn die Philosophie soll ihrer innersten Aufgabe nach in das Gesamtleben eingreifen, so gut wie Alles auf der Welt nur Einem Zwecke dient, nämlich der Vervollkommnung des Menschengeschlechtes«. Eben dieses, meint Thaulow, sei nicht erreichbar ohne geschichtliches Bewußtsein der Pädagogen. Es sei ein Irrtum, »man könne zu irgend einem sicheren Resultate über die Frage nach der Erziehung des heutigen Menschen gelangen, ohne Kenntnis der Geschichte der Erziehung«. Dies bleibt richtig. Nur so, fährt Thaulow fort, könne es gelingen, die Idee der Menschheit als des höheren Ganzen in das Bewußtsein zu heben. Der Glaube an die absolute Macht von Erziehung und Unterricht im gewöhnlichen Sinne müsse zu Grunde gehen; sie seien nur Momente eines historischen Prozesses. Erst innerhalb dieses Prozesses gewännen sie ihre Bedeutung, könnten sie ihre eigene Möglichkeit ergreifen. Es wird erkennbar, welche entscheidende Bedeutung Hegel zugemessen wird.

IV Heinz-Joachim Heydorn: Vom Hegelschen Staat zur permanenten Revolution Eine Einleitung zur Neuherausgabe der »Hallischen« und »Deutschen Jahrbücher« 1838–1843

Mit dem auslaufenden 18. Jahrhundert wird Deutschland für einige Jahrzehnte zum Mittelpunkt der kritischen Philosophie. Hier wird der gesellschaftliche Widerspruch in der Spekulation ausgetragen, Zukunft auf einzigartige Weise antizipiert, da sich dem Wirklichen nichts vermitteln läßt, die Realität auf unerträgliche Weise dürr bleibt. Der deutsche Geist vollzieht seine Konsequenz im Niemandsland, aber der Begriff des Menschen, der dem geschichtlichen Prozeß nun verbunden und als sein Ziel bestimmt wird, zeugt das Bewußtsein aller kommenden Revolutionen. Er verbindet sich dem realen Bedürfnis und zerstört eine alte Welt. So formuliert Warnkönig schon im ersten Bande der »Jahrbücher«: »Die Stellung des gelehrten Deutschlands dem gebildeten Europa gegenüber hat einen so entschiedenen Charakter von Universalität, daß die wissenschaftlichen Bestrebungen und Bewegungen des gesamten Auslandes für unser Vaterland von stets zu beachtender Wichtigkeit sind. In Deutschland als der Mitte unseres Weltteils strömen alle Ergießungen fremder Wissenschaft wie in ihrem natürlichen Bassin zusammen, um ihre Probe zu bestehen.« Die politisch zurückgebliebenste Gesellschaft des zivilisierten Europa trägt den Gedanken der Revolution in ihrem Leibe bis in die letzte Konsequenz aus.

Die Darlegung wird sich in der Sache auf diesen einen Gesichtspunkt beschränken, da ihm die übergreifende historische Bedeutung zukommt. Der Inhalt der Jahrbücher wird damit nicht umrissen, noch wird es möglich sein, die oftmals wesentlichen ideologischen Differenzen zwischen den Wortführern selbst genügend zu charakterisieren; dennoch bietet sich ein gewaltiger Zusammenhang von unbedingter Stringenz an.

Hegel gibt den Anstoß; alle Folgerungen werden über ihn entwickelt. »Die Hegelsche Methode hat die Fichtisch-Schellingsche Genialität, diesen Proteus der unbewußten Dialektik eingefangen und gebunden«, schreibt Echtermeyer zu Beginn. Mit der Restauration, wie sie nach den Karlsbader Beschlüssen machtvoll einsetzt, legt sich der Winter über das Land. Im Jahre 1820 muß Karl Follen, um dem Tod zu entgehen, ins Ausland fliehen; ein revolutionäres Genie ohne historische Bedingung. Der ideologische Charakter der Restauration wird nicht zuletzt durch die Hegelsche Philosophie selber bedingt; die Ambivalenz des Werks, die in ihm wuchernden Widersprüche, werden zum ersten Mal in einer historischen Auswirkung erkennbar; seine romantische Komponente vornehmlich wird der restaurativen Staatsidee verbunden. Hatte doch Hegel selber den preußischen Staat als die Verwirklichung der historischen Vernunft angesehen, dessen aufklärerische Überlieferung nun wachsend verdunkelt wird. Die Auseinandersetzung mit Hegel umschreibt den gesamten Gedankenprozeß, aus dem die Theorie der Zukunft hervorgeht, die einzelnen Momente des Werks werden voneinander geschieden, sein revolutionärer Inhalt herausgearbeitet. »So bildete sich nächst einem vermittelnden Zentrum der vorigen rechten Seite gegenüber die linke Bewegungsseite der Hegelschen Philosophie.« Die Einteilung, die von David Friedrich Strauss vorgenommen wird, erhält eine bleibende Bedeutung. Es ist die elende Bedingung selbst, die zur Bedingung der revolutionären Aneignung wird. »Die Modernen – auch die Individuen – müssen erst durch die Schule der Entfremdung von sich selbst hindurch, um, wenn sie sich das außer ihnen schon Gebildete angeeignet haben, mit desto größerer Energie in die eigene Tiefe zurückzukehren«, liest man im ersten Bande zu Hegels Vorlesungen über die Geschichte. Das produktive Bewußtsein ist das Erzeugnis der wirklichen Not.

Die Anfänge sind tastend. Das verinnerlichte preußische Staatsbewußtsein, wie es vornehmlich Arnold Ruge charakterisiert, bestimmt die Operationsmöglichkeit. Die Versöhnung von Subjekt und Objekt wird als Ziel angezeigt, doch heißt es zugleich: »Auf dem Begriffe der absoluten Vermittlung beruht die Dialektik; sie ist die Durchführung, die allseitige Realisierung dieses Begriffs«, wobei die Vermittlung den Charakter einer idealistischen Schimäre annimmt. Vertreter der vermittelnden Richtung wie Schaller und Vatke gehören zu den hervorragenden Autoren des Beginns. Der »Weltgeist« wird die Menschheit zu ihren Zielen führen. »Die Menschheit, der Weltgeist, ist kein Sisyphus, der den zurückrollenden Stein fruchtlos immer von neuem wälzt«, Hegel gibt uns die beste Propädeutik für eine Zukunftsperspektive; »indem er zeigt, daß das Wesen des Geistes, Vernunft und Freiheit, bisher immer in fortschreitender Entwicklung begriffen gewesen, können wir uns auch von dem Inhalt der Zukunft keinen andern Begriff machen«. In der Kritik des Werkes von H. M. Chalybäus »Entwickelung der spekulativen Philosophie von Kant bis Hegel« wird dieser Arbeit ein bezeichnendes Zitat entnommen. »Ob und wann diese Entwickelung dereinst zu einer Blüte, die zugleich ihr Beschluß wäre, führen werde, ist eine für uns dermalen noch ganz transzendente Frage. Mit einer solchen wirklichen Vollendung des Bewußtseins würde das menschliche Geschlecht auch zugleich das Ziel seiner möglichen Entwickelung erreicht, der Erdball selbst, wenigstens in seiner jetzigen Gestalt, für die allgemeine Ökonomie der Geister ausgedient haben.« Verwirklichung gewinnt einen metaphysischen Charakter. Obwohl der aufklärerische Ausgangspunkt von Anfang an festgehalten ist, wird doch die erste Phase durch relativ enge Grenzen bestimmt, die prinzipielle Identität mit dem empirischen Staat vor allem wird nicht in Zweifel gezogen. Vielmehr wird die Hegelsche Philosophie offen gegen den Verdacht der Subversion in Schutz genommen, die Thesen der reaktionären Berliner »Evangelischen Kirchenzeitung« etwa, mit denen die Hegelsche Philosophie zur Philosophie der Revolution gestempelt wird, werden als »dummdreiste Redensarten« bezeichnet; in der Tat erkennt eine Gruppe intellektueller Reaktionäre sehr viel schneller den revolutionären Gehalt der Hegelschen Philosophie als die Verfasser der Jahrbücher selbst. »Zur Zeit des Wartburgfestes wurde es vornehmlich dem Einflusse Hegel's zugeschrieben, daß sich auf der Universität Berlin ein loyaler Sinn unter der aufgeregten Jugend mehr und mehr befestigte, und diese Gesinnung ist auch später von den Schülern Hegel's bewährt worden«, bemerkt F. Förster in der 49. Nummer der Jahrbücher. In den ersten Auseinandersetzungen mit David Friedrich Strauss wird der restriktive Charakter der Aufklärung zugleich betont; sie wird zum Besitz der happy few im Sinne der Bolingbroke und Voltaire, schon wegen der lateinischen und griechischen Ingredienzien ihrer Sprache. Das Denken, das Hegel für »göttlich« erklärt, ist »das spekulative Wissen, das Wissen, das über alle Gegenstände hinausführt, das reine Wissen der Wahrheit, das reine Denken, das Denken und Wissen Gottes selbst«. Hegel ist kein Staatsfeind, die Vollendung hat, wie Vatke feststellt, »ihre Wahrheit in der Idee der Menschheit überhaupt und ihre Wirklichkeit in der organischen Entwicklung der einzelnen Momente«, der Charakter der absoluten Vollendung ist »keinem empirisch gegebenen Momente« zu eigen, sondern dem »in der Menschheit wirkenden göttlichen Geiste«. Sorgfältig wird der Prozeß auf die reine Gedankenarbeit beschränkt. Derjenige würde sich sehr irren, liest man, »welcher Krisen nur in großen politischen Umwälzungen und Kriegen suchen wollte, indem gerade unsere Zeit weit mehr eine sich im Gedanken selbst auskämpfende ist, und eben dadurch die Größe und Tiefe ihrer Gährung, die Freiheit ihrer Entwickelung offenbart«. Doch wird schon zu Anfang, bei aller Selbsttäuschung über den eigenen Standort und stets wiederholter Loyalitätserklärung, eine radikale Konsequenz unübersehbar. »Dieses freie Denken hat nun erst alle Fesseln abgeworfen und den ungeheuersten Kampf mit aller Unmittelbarkeit begonnen. Der konkrete Gedanke, somit der Alles zersetzende und Alles vermittelnde, ist die Macht der Welt geworden.« Die Erkenntnis »wird die absolute Befreiung der Menschheit sein«. Erst die absolute Philosophie »ist das totale Auflösen aller Vorstellungen und das völlige Abstreifen alles Mythologischen, ist die ideale Rekonstruktion des Universums«. In der Kritik zu Hothos Hegelscher Ästhetik heißt es: »Der Begriff der Methode in diesem Sinne, der Denkbewegung durch immanente Negativität ist nach unserm Dafürhalten der eigentlich wesentliche Fortschritt, welchen die Philosophie Hegels gemacht hat.« Dies allein sei ihre bleibende Entdeckung, auch wenn einmal von ihr »kein Stein auf dem andern bleiben sollte«. So formuliert auch Echtermeyer: »Das negative Moment ist nichts anderes als das Bewegende selbst«, und: »Niemand projektiert, niemand macht und niemand hindert eine wirkliche Revolution; sie wird nicht gemacht, sie macht sich.« Das Nichtanerkennen der welthistorischen Revolutionen sei das Verkennen der welthistorischen Dialektik. »Gott hat die Revolutionen und ihre Greuel nicht aus Schwäche zugelassen und er hat den Teufel nicht als Gegenkaiser sich gegenüber, sondern das ist die Schöpfung selbst, das ist die Qual der Kreatur, die ihr nicht erspart werden kann.« Die Arbeit, die es zu tun gilt, wird von Ruge präzis definiert; von Anfang an ist er der entscheidende Kopf der Jahrbücher, von hervorragender Begabung, gleichermaßen versiert auf den Gebieten der Philosophie, der schönen Literatur und der praktischen Politik, von ungewöhnlichem historischen Bewußtsein: »Die Wissenschaft, die freie Wissenschaft, die Gegensätze des freibewegten Geistes, die Straussische Kritik und die Hegelsche Kritik der Straussischen Kritik, die Hegelsche Schule, die Savignysche, die Schleiermachersche, der Kantianismus, der Rationalismus, der Pietismus, alles was ein Prinzip hat und herausarbeitet – das Alles hat scharf, schroff vielleicht, sich auszuarbeiten, seinen Gegner zu suchen und durch die ganze Bewegung die Arbeit des Zeitgeistes zu leisten.« Es geht um die gesamte Aufarbeitung des kritischen Prozesses, wie er in Deutschland mit Kant begonnen hat, in der Konsequenz um die Aufarbeitung der gesamten Aufklärung. Sie wird nicht möglich sein, ohne den Idealismus in ihr selbst untergehen zu lassen. »Die Aufgabe der Wissenschaft ist es, den Geist, also auch Religion und Staat zu erkennen, wie er ist und geworden ist, nicht wie er sein wird oder sein soll«; die »Kategorie des Sollens«, fügt Ruge hinzu, »ist nicht unsere«. Damit werde es zwar nicht Aufgabe der Wissenschaft, für die Zukunft zu sorgen, aber: »Das ist unser Recht und unser Amt, das ist die freie und wirkliche Wissenschaftlichkeit, daß wir überall das vom Geiste herausgearbeitete, das Wirkliche, den bestehenden Staat, die bestehende Religion, die bestehende Wissenschaft erkennen und solche Erkenntnis zu Tage fördern.« Obwohl die empirische Gesellschaft noch keineswegs voll umfaßt ist, wird doch das wirkliche Prinzip der Zukunft bereits in aller Deutlichkeit angezeigt, als ein Prinzip, das die Gegenwart in sich selber verbirgt. Bleibt auch hier für Ruge die Identität mit dem bestehenden Staate erhalten – Preußen sei Träger und Gestalt des »freiesten Geistes« –, so muß doch die wirkliche Folgerung beachtet werden. Sie wird in der Auseinandersetzung mit Hengstenberg, dem Vertreter der protestantisch-orthodoxen Reaktion in Preußen, unmißverständlich dargelegt. Hengstenberg hatte darauf hingewiesen, daß von der »junghegelschen Rotte« eine Revolution zu erwarten sei; der ehemalige Burschenschafter und Revolutionär mußte es wissen. Hegel zerstöre, jedoch »ohne es zu wissen«; auch sei glücklicherweise seine Sprache »gleich großen Quadersteinen so unhandlich und so unverständlich, daß sie keinen Schaden anrichte und nur höchst selten Einer die Mühe übernähme, dahinter zu kommen«. Die Junghegelianer aber redeten »das in Hegel Verborgene mit gemein verständlichen Worten gerade heraus«, sie übersetzten den Professor im Schlafrock in die Sprache der Revolte. Ruge nimmt die Herausforderung an. Die Reaktionäre behaupten: »Wie die Verbreiter der Lehren Montesquieus, Rousseaus, Voltaires, die in Flug- und Zeitschriften an die Masse des Volkes gelangten, Ursache der Revolution Frankreichs waren, so werden die ›junghegelschen Journalisten und Schriftsteller‹ Ursache der Revolution in Preußen werden.« Die Revolutionen sind jedoch die Gerichte Gottes. »Die ungeheure Weltbewegung, der Orkan der französischen Revolution, der durch die Flammen Moskaus, durch die Schneegefilde Rußlands, durch die Wüsten Ägyptens, durch die Gauen des deutschen Vaterlandes zerstörend und bildend umherfuhr«, dieses Ungeheure, »wer hat es gemacht?« Die Reaktionäre sagen: »Die dummen Jungen haben es getan mit Rousseaus Pudelmütze und Voltaires Allongenperücke, mit den mißverstandenen Gedanken sich selbst mißverstehender Verirrter, die sie wie Perückenstaub der Schafherde der Franzosen in die Augen geklopft.« Doch wird damit der wirkliche Prozeß der Geschichte in sein Gegenteil verkehrt. »Revolutionen werden von Einzelnen weder gemacht, noch gehindert, und gerade am wenigsten von den Beteiligten vorausgesehen.« Das weltverzehrende Feuer wäre vermutlich nicht ausgebrochen, »wenn die Ergriffenen gewußt hätten, wo es glimmt, das aber die am wenigsten merken, deren Kleider die Funken verschleppen«. Die Revolution der Zukunft kommt aus einer »verderbten Gegenwart«. Mit einem Griff wird der welthistorische Standpunkt in der Auseinandersetzung mit Görres umrissen: »Das Bleibenwollen des Endlichen gegen den ewigen Geist, dieses ist das Böse.« Beiläufig, aber doch ungemein realistisch wird angezeigt, daß es die zeitgenössische Gesellschaft selber ist, in der sich die Revolution gebiert. So liest man in der Kritik von Reinholds »Die neueste Belletristik und der Roman Seraphine«: »Die sozialen Zustände und Bedürfnisse sind in einer solchen Krisis, daß jeder mit Ernst unternommene Ausspruch derselben seinen Boden nicht verfehlen kann. Zugleich ist das moderne Leben so sehr in abstrakte Betrachtung, in ein Netz von dialektischen Gegensätzen hineingearbeitet worden.« Die Formulierung ist souverän und läßt die aufkommende Industriegesellschaft ganz sichtbar werden. Schließlich heißt es: »Denn das Erscheinen der revolutionierenden Negation zeigt immer an, daß eine Periode abgeschlossen sei.« Der gesellschaftliche Übergang jedoch, der mit höchstem Bewußtsein registriert ist, zeigt auch die Wege einer Passion an, die von der Menschheit mit unerbittlicher Notwendigkeit durchlaufen werden muß. In der Besprechung des Fröbelschen »Sonntagsblatts« weist Bayrhoffer darauf hin: »Es ist gewiß, mit der anwachsenden Erkenntnis und dem Befreiungsstreben der Zeit, die mit immer erneuten Ansätzen der Mechanik sowohl als des geistigen Abklärungsprozesses aus den Fesseln der Naturgebundenheit sich losreißt, mit diesem Riß ist des Lebens unschuldige Harmonie tausendfach gebrochen, entzweit und zerrüttet. Die Zeit ist eine Zeit des Bösen und zugleich seiner bewußten Überwindung.« Die naturwüchsige Gesellschaft geht ihrem Ende zu, sie soll durch die bewußte Gestalt des Menschen abgelöst werden, durch seine eigene Schöpfung. Dieser Prozeß geht mitten durch die Zerrissenheit hindurch, das Leiden, das aufgehoben werden soll, muß noch einmal, in seiner äußersten Verdichtung, durchlaufen werden. Es muß die Periode seiner Bewußtheit durchlaufen.

Der Maulwurf gräbt seinen Gang durch die Erde. Im

geistigen Klärungsprozeß wird spät und nun bereits unter allen Anzeichen einer fortgeschrittenen Kritik Spinoza noch einmal wieder aufgenommen und damit auf ein auslösendes Motiv der klassischen deutschen Philosophie zurückverwiesen. Aber der Gott, der der Natur gleichgesetzt wird, deus sive natura, führt zum naturwissenschaftlichen Monismus oder zum Pantheismus des absoluten Gefühls, er birgt keinen Verwirklichungsprozeß der Geschichte. Er ist Alles in Allem, zu viel und doch eben zu wenig, er wird zum Reservat einer Romantik, die sich den wirklichen Widersprüchen entzieht. Julius Schaller erkennt dies mit großer Schärfe in seiner Schleiermacherkritik. »Allerdings war in Spinoza's Begriffe der Substanz der Gegensatz aufgehoben, welchen die kritische Philosophie hervorrief und unaufgelöst festhielt, also gerade der Gegensatz, um dessen Lösung es der intellektuellen Anschauung vor allem zu tun war, dessen Negation geradezu als der Begriff der intellektuellen Anschauung und somit der spekulativen Philosophie von Schelling gefaßt wurde. Jedoch so wenig das Denken vor Spinoza den Gegensatz des Subjekts und Objekts in der Weise, wie die Kantische und Fichtische Philosophie produziert und mit solcher Strenge entwickelt und auf seine Spitze getrieben hatte, eben so wenig ist auch Spinoza's Begriff des Absoluten die ausdrückliche, als solche gesetzte Lösung dieses Gegensatzes.« Der entscheidende Gesichtspunkt wird formuliert: Spinozas Gott bleibt ohne Dialektik. Die Auseinandersetzung, die mit der Sichtung der klassischen deutschen Philosophie bis auf Spinoza zurückgreift, verbindet die neue geschichtliche Dimension mit dem strengen Erbe der Aufklärung; sie sichtet jenes Element, über das die bewußtlose Zurücknahme des Wirklichen, eine fiktive Leidbefreiung ermöglicht werden soll. Überaus deutlich wird dies an der Auseinandersetzung mit Schelling, dessen Berufung auf den Berliner Lehrstuhl zu einer Zäsur wird und mit dem die Spekulation schließlich dem Mythos anheimfällt; exemplarisch wird das Thema stets wieder in der Auseinandersetzung mit dem Begriff der Romantik abgehandelt. Die Aufsatzfolge von Echtermeyer und Ruge: »Der Protestantismus und die Romantik« stellt einen absoluten Höhepunkt der deutschen Kritik dar.

Die entscheidende Selbstverständigung wird am Gegenüber vollzogen. Es geht um den unüberwundenen Dualismus, der mit seiner Cartesianischen Formel in die Neuzeit eintritt, um den Konflikt »zwischen Natur und Geist, Subjekt und Objekt, Sein und Denken«. Hier wird »am entschiedensten der Punkt bezeichnet, von dem aus die schwebenden Probleme der Zeit zu lösen und der Zwiespalt und die Gegensätze unserer inneren und äußeren Zustände zu versöhnen sind«. Die Romantiker, so wird 1842 ausgesagt, »finden gerade darin die Tiefe und den Reiz des Geistes, daß er sich selbst unzugänglich und unerforschlich ist«. Die poetische Vorbildung ist die romantische Befriedigung der historischen Sehnsucht; die Erkämpfung der Zukunft »ist die prosaische Arbeit«. Die Romantik verhält sich zu ihr »wie die Stumme von Portici zur Julirevolution«. Sie ist die Drohnennatur der impotenten Genialität, die Weltverachtung des blasierten Ich. Der Charakter der romantischen Agonie wird im Detail freigelegt. »Das einseitige theoretische Verhalten führt zur Ironie, zur zwecklosen Absorption der Welt in den Abgrund des widerstandslosen Ich, das sich damit zur affektlosen Camera obscura der Objektivität herabsetzt.« Die Romantik ist die Verzweiflung am Geist, Krankheit zum Tode, ein »Weltuntergangstrieb«; das ironische Subjekt denkt nur sich selbst, wie das egoistische nur sich selber will. Am Beispiel des Naturverhältnisses werden These und Antithese umrissen. Die durch den Menschen gestaltete Natur reflektiert sein Wesen, sie reflektiert ihn selbst als Bewußtsein; die romantische Natur läßt dieses Bewußtsein unterliegen. »Die Harmonie der Waldwildnis mit der Ruine wäre das Überwuchern der wüsten und verwüstenden Natur, wäre nichts als das gleichmäßige Aufheben und Zerstören des schönen Menschenwerks; und alles Ruinenwesen hat sein Interesse nicht darin, daß nur die Natur gesiegt hätte, sondern daß sie noch nicht völlig zum Siege hat durchdringen können, vielmehr die Gedanken der Vernunft, den geschichtlichen Geist auch aus der Verwüstung noch hervorragen läßt. Kommt dazu nun das Bewußtsein einer vorgeschrittenen, in Unterwerfung der Natur immer nur mächtiger gewordenen Gegenwart, so ist gerade der Verfall jenes vorzeitlichen Menschenwerks ein Triumph des Geistes selbst, dem damit auch die verwitternde Natur dient.« Das einzig Positive in der romantischen Selbstvernichtung, heißt es später, sei der »Selbstgenuß«. An der Ästhetik Jean Pauls wird der implizite Nihilismus der Romantik zunächst aufgewiesen; das Werk des Novalis bildet den beherrschenden Gegenstand der Analyse. Mit ihm wird die romantische Position an ihren äußersten Rand getrieben, in wahnsinnigem Drang und weitab noch vom Manierismus ihres sklerotischen Verfalls. »Hier haben wir Alles beieinander: die Nacht, das in sich schwelgende Gemüt, das Unaussprechliche, die Tiefe der Wollust, die Krankheit und die Wollust der Krankheit und am Ende das Sterben, welches dann wieder Nacht ist.« Wollust sei hier »in der Aufhebung des Selbstgefühls, in diesem Streit des Selbstgefühls und des Vernichtungsgefühls«. Die Romantik sei die geistige Krankheit als Wollust. »So wird das leere fremde Objekt hereingezogen in das Subjekt, und der Dualismus scheinbar aufgehoben, in der Tat aber der unaufgelöste Widerspruch nur auf seine höchste Spitze, in das Ich selbst, getrieben, in welchem die abstrakte Unendlichkeit und die schlechte Endlichkeit immer nebeneinander bestehen und sich nicht durchdringen und erfüllen können.« Rauschgift wird zum Ausweg, um der Angst zu entkommen; Novalis wird zum Opium-Esser. Ein absoluter Gegensatz zur Philosophie wird erkennbar, die sich als unerbittliches Bewußtsein definiert. Dennoch wird wirkliche Zerrissenheit, eine gesellschaftlich vermittelte Bewußtseinsspaltung in der Romantik nachweisbar. »Überall in diesem merkwürdigen Punkte der Doktrin leuchtet das Bestreben der wirklichen Rückkehr zum ruhigen Sein hindurch«, aber als imaginäre Täuschung. Die Romantik ist »Rückkehr zur Natur gegen des Geistes Natur und Wesen, das Prinzip der Genialität also in seiner Selbstvernichtung«. Friedrich Schlegel vor allem zeige dies an, die »reflektierte Rückkehr zur Unmittelbarkeit, d. h. das freche Zurückbringen der Natur in die Kultur, des Geistwidrigen in den Geist, des Unvernünftigen in die Vernunft, des Negativen ins Positive, der negierten Vorzeit in die ponierende Gegenwart«. Soziologisch sei die Romantik schließlich eine Ideologie der Privilegierten, ein Palliativmittel, welches sie »bei dem Genusse privilegierter Freuden und Leiden lassen«. Sie ist

vollendete Sinnlichkeit als Betäubung. An keiner Stelle der Zeit, – mit Ausnahme Kierkegaards, hier jedoch in verschiedenem Kontext –, wird die Analyse der Romantik auf gleiche Weise zu Ende geführt. Sie setzt sich über alle Jahrbücher fort, unterscheidet sehr wohl den ästhetischen Rang, wie an der Bewertung Shelleys oder Novalis erkennbar wird, ist unablösbarer Teil des gesamten Prozesses der Selbstfindung. Die niedergehende Romantik vor allem wird zum Medium der Wirklichkeitserkenntnis, des tatsächlichen gesellschaftlichen Befundes, den es auszuhalten und zu überwinden gilt. Angesichts des Fluchtversuches, der die Ängste der bürgerlichen Gesellschaft schon zu Beginn der industriellen Revolution kennzeichnet, ihres Ausweichens in die untergehende Gestalt aristokratischer Todesträume, wird die wirkliche Aufgabe erkannt: Die begriffene Gesellschaft auch praktisch aufzuheben.
Zwischen der sinnlich-materiellen Determination und seiner imaginären Freiheit soll der wirkliche Mensch aufgedeckt werden; der Inhalt der eigenen These wird langsam herausgearbeitet. Es ist Feuerbach, der hier zunächst die entscheidende Arbeit leistet und den Kontrapunkt zur Romantik setzt. Obwohl er das empirische Subjekt noch nicht voll zu fassen und es dem historischen Prozeß vor allem nicht zu vermitteln vermag, legt er den anthropologischen Ausgangspunkt fest; auch ist er es, der die bewußte Hegel-Kritik einleitet. »Die Hegelsche Philosophie trifft daher derselbe Vorwurf, der die ganze neuere Philosophie von Cartesius und Spinoza an trifft: der Vorwurf eines unvermittelten Bruches mit der sinnlichen Anschauung, der Vorwurf der unmittelbaren Voraussetzung der Philosophie.« In dem gleichen Beitrag des Jahres 1839 »Zur Kritik der Hegelschen Philosophie« fährt Feuerbach fort: »Hegel hat daher die Genesis des Nichts nicht untersucht; er hat das Nichts als bare Münze angenommen.« 1841 wird der Standort mit nunmehr wesentlich schärferer Pointierung dargelegt. »Der Geist folgt auf den Sinn, nicht der Sinn auf den Geist; der Geist ist das Ende, nicht der Anfang der Dinge. Der Übergang von der Empirie zur Philosophie ist Notwendigkeit, der Übergang von der Philosophie zur Empirie aber luxuriöse Willkür. Die Philosophie, die mit der Empirie

beginnt, bleibt ewig jung, die Philosophie aber, die mit der Empirie schließt, wird zuletzt altersschwach, lebenssatt, ihrer selbst überdrüssig. Denn wenn wir mit der Realität beginnen und in ihr bleiben, so ist die Philosophie uns ein immerwährendes Bedürfnis, die Empirie läßt uns bei jedem Schritte im Stich und treibt uns so stets auf das Denken zurück. Endlich ist daher die mit der Empirie schließende, unendlich die mit ihr beginnende Philosophie.« Wird damit der allgemeine philosophische Rahmen abgesteckt, so hatte Feuerbach schon im Jahre 1840 in einer wenig bekannten Rezension »Dr. Karl Bayer, Betrachtungen über den Begriff des sittlichen Geistes und über das Wesen der Tugend« auf großartige Weise die Stellung des Menschen innerhalb dieser empirischen Welt angezeigt. »Allein es ist an sich kein (wenigstens in der Natur, im Wesen begründetes) Bedürfnis, empirisch, gemein, unedel. Das Bedürfnis ist vielmehr selbst ein Ausdruck von Unbeschränktheit, von Freiheit. Je höher ein Wesen ist, desto mehr Bedürfnisse hat es. Das Tier ist unfrei, weil es beschränkt, aber beschränkt, weil ihm nur Etwas von der Welt Bedürfnis; der Mensch dagegen ist frei, weil er unbeschränkt, und unbeschränkt, weil ihm nicht Etwas, sondern Alles, die Welt, das Universum, das Unendliche Bedürfnis ist. Das Bedürfnis tritt nur dadurch in Widerspruch mit der Freiheit, daß einem niederen, unwesentlichen Bedürfnis ein höheres Bedürfnis geopfert wird, und nur dadurch in Widerspruch mit der Idee der Sittlichkeit, daß ein Wesen, ein Gegenstand, welcher seiner Natur nach Objekt eines höheren Triebes und Bedürfnisses ist, zum Objekt eines niederen Bedürfnisses degradiert wird.« Die klassische Formulierung, die dem Begriff des Bedürfnisses erst seinen menschlichen Inhalt gibt, wird 1842 durch einen Zusatz vollendet. »Die wesentliche Tendenz der philosophischen Tätigkeit kann überhaupt keine andere mehr sein, als die, den Philosophen zum Menschen, den Menschen zum Philosophen zu machen. Der wahre Philosoph ist der universelle Mensch – der Mensch, der für alles wesentlich Menschliche Sinn und Verstand, also den Sinn und Verstand der Gattung hat.« Der endgültige Bruch mit Hegel wird ausgesprochen. »Hegel ist durch und durch Widerspruch. Es gehört wesentlich zur Charakteristik seiner Philosophie, daß sich eben so gut die Orthodoxie, als die Heterodoxie auf ihn stützen kann und sich wirklich gestützt hat«, und: »Die wahre Stellung der Natur finden wir aber nur, wenn wir an die Stelle des abstrakten Spektrums des ›Weltgeistes‹ den lebendigen Menschengeist setzen.« So wahr es nun ist, daß mit Feuerbach die empirisch-anthropologische Position der Jahrbücher zu ihrer vollen Reife entwickelt wird, bleibt diese Position doch insofern isoliert, als sie sich der spekulativen Konsequenz aus der Hegelschen Dialektik, wie sie vor allem durch Bruno Bauer und schließlich durch Bakunin zu ihrer äußersten Möglichkeit gebracht wird, nicht vermitteln kann. Die empirische und die spekulative Konsequenz der Jahrbücher finden letztlich nicht zusammen, was auch über die subjektive Einstellung der einzelnen Verfasser zueinander belegbar ist; rückblickend erst werden die Elemente, die oft erratisch nebeneinander liegen, zu einem Ganzen, zu einem Ansatz insgesamt, der weit in die Zukunft weist.

Feuerbach macht den Bruch mit Hegel überaus deutlich. »Hegel ist die Aufhebung des abgelebten Alten im Alten. Wie überhaupt die philosophischen Systeme, so ist auch, und zwar insbesondere das Hegelsche System ein unerläßliches, bleibendes Zucht- und Bildungsmittel des Geistes, das keiner ungestraft ignorieren kann. Aber so notwendig die Schule, so notwendig ist die Überwindung der Schule. Nicht die Schule, sondern die Freiheit von der Schule ist der wahre Zweck derselben.« Kann man bei Feuerbach auch de facto einen totalen Bruch mit Hegel konstatieren, durch seine Rückkehr zur Aufklärung und die Weiterentwicklung ihrer klassischen Position, so bleibt doch die spekulative Tendenz der Jahrbücher zugleich an Hegel gebunden, indem sie den revolutionären Charakter der Dialektik zu Ende bringt. Erst in dieser Beziehung von Revolution und Empirie, von Aufklärung und revolutionärer Geschichtsdialektik schließen sich die Jahrbücher vollends auf. Im Fortgang des Prozesses setzt die Auflösung des Bestehenden über die Entmythologisierung der Religion ein, wobei Feuerbach eine entscheidende Markierung des Weges setzt; erst über die Auslöschung der Transzendenz wird die Revolution der Geschichte verbunden, Hegel selber in die Geschichte zurückgeholt.

Um die Bedeutung des initiierenden Prozesses zu erhellen, hilft eine Bemerkung Bruno Bauers in einer der letzten Nummern der Jahrbücher, die nun schon den Blick zurückwendet. Es ging darum, »die wahre, notwendige und für immer entscheidende Entzweiung« von Philosophie und Religion zu vollziehen, eine Entzweiung, die der wirklichen Erkenntnis einherging. Die »wirkliche Erkenntnis« jedoch »entzweit uns nicht mehr mit uns selbst, da sie vielmehr die Erkenntnis der Religion und der Beweis ist, daß die Religion die Entzweiung des Menschen mit sich selbst und die Verkehrung des Selbstbewußtseins in das Bewußtsein einer fremden Macht sei. Ist die Religion als diese Entzweiung und Verkehrung erkannt, so ist sie aufgelöst, so gibt es wenigstens keine transzendente, keine schimärische Entzweiung für uns mehr. Der erkannte Gegensatz quält uns nicht mehr, der als ein falsch gestellter erkannte Gegensatz existiert für uns nicht mehr, und mit den andern, vernünftig gestellten, geschichtlichen Gegensätzen werden wir schon fertig werden, ohne daß wir die furchtbaren Qualen zu erleiden brauchen, welche die religiöse, die transzendente Entzweiung über die Menschen bisher verhängt hat«. Enthält dies auch eine bemerkenswerte Illusion, so ist doch der Hintergrund des theologischen Entmythologisierungsprozesses vollkommen aufgedeckt. Es geht darum, dem Menschen seine eigene Identität zu vermitteln; das Vorterrain des geschichtlichen Handlungsprozesses wird gleichsam geklärt, der Schritt von der Religion zur Wirklichkeit vollzogen. Zum ersten Mal wird in dieser Auseinandersetzung das Thema der Entfremdung als beherrschendes Thema der Anthropologie erkannt und in allen seinen Varianten durchgeführt; der Erkenntnis des realen Entfremdungscharakters wird umfassend vorgearbeitet. Die Auseinandersetzung beginnt mit der Kritik von D. F. Strauss. Sein Werk wird zur Fanfare, der Hinweis, daß sich die Idee der Gottmenschheit »in der Gattung der Menschheit realisiere« nimmt die gesamte kommende Auseinandersetzung vorweg. Arnold Ruge kennzeichnet 1839 bereits den Problemhintergrund: Die Straussche Kritik schließt sich an das Vergängliche und Bleibende im Christentum auf die Weise an, »daß sie ihm den Boden bereitet durch den Versuch einer Deduktion des

Prinzips der modernen Weltanschauung, welche im Prinzip der Immanenz, des Göttlichen in der Welt, dem ursprünglich christlichen Bewußtsein der Transzendenz, der überweltlichen Göttlichkeit und des nur ausnahmsweise und wunderbar erscheinenden Göttlichen vollkommen entgegengesetzt« sei. Noch deutlicher wird der Ausgangspunkt im gleichen Jahr ausgesprochen: »Die Begnadigten und die Profanen hören auf, geschieden zu sein«, und: »Es gilt um das Himmelreich auf Erden.« Der historische Prozeß wird angezeigt. »Der Geist wandte sich gegen die Natur, die ihm bisher als ein fremdes, furchtbares Rätsel gegenübergestanden, die er in dumpfem Aberglauben angestaunt und gefürchtet hatte. Von nun an überwand er ihre Fremdheit, entriß ihr ihre Geheimnisse und erkannte die ewigen göttlichen Gesetze, nach welchen sie nicht anders, als der subjektive Geist auch, regiert wird.« Es ergibt sich die Folgerung, »alles Heil nur in der Arbeit zu finden, welche sich selbst die Wahrheit erwirbt«; hierin sei das Prinzip einer »neidlosen Ausgießung des Geistes über die ganze Gemeinde« zu finden. Die Strausssche Position, die im Pantheismus wurzelt und deren vielfältige Beziehungen zu Schelling und Jakob Böhme – dessen spezifische Dialektik jedoch unerkannt bleibt –, wiederholt aufgedeckt werden, wird mit ihrer Formulierung bereits wieder überschritten. Die Beantwortung des Problemkomplexes, den Strauss bewußt gemacht hat, ziele auf die »Ausbreitung des philosophischen Selbstbewußtseins über dies theologische und religiöse Gebiet und eine Auflösung der Theologie in Philosophie«; Strauss habe bewiesen, argumentiert Ruge, daß es nur die Idee sei, die »in Allem überhaupt allein Macht und Gewalt hat«. Abschließend heißt es im letzten Band der Jahrbücher über Strauss, dessen Position längst durch Feuerbach und Bauer obsolet geworden ist: »Diese letzte Humanisierung der Religion hat Strauss noch nicht herbeigeführt. Er hat im Gegenteil die Religion in die Erkenntnis derselben mit hinübergetragen, also ihre Erkenntnis unmöglich gemacht.« Die wahre Aufgabe sei die Zurückführung der Religion in ihren menschlichen Ursprung; die wahre Humanisierung der Theologie sei ihr Untergang. Doch ist dies retrospektiv; Strauss kennzeichnet eine wichtige Wegstrecke. Der fortschreitende Prozeß der Säkularisation wird 1840 durch Ruge ausgesprochen: Die neue Zeit beginnt »mit dem Begreifen des geistigen und des historischen Prozesses«, der »neue Glaube« ist kein anderer, »als der Glaube an die Alles durchdringende Seele des Wissens oder an die Wahrheit«. Zwar wird gerade an dieser Stelle die Strausssche Methode eben noch festgehalten, 1841 wird die Religion jedoch bereits als eine Form des Opiums bezeichnet. Die Theologie, heißt es, sei die Anthropologie. Der Übergang zu Feuerbach ist deutlich angezeigt. Im gleichen Jahr definiert Ruge den Auftrag des Philosophen: »Der Philosoph ist ein Apostel der Zukunft. Dies ist sein Begriff. Er schüttelt den Staub von seinen Füßen, und was er zurückläßt, ist das Erbe des Todes.« Feuerbach formuliert den neuen Erkenntnisstand. Die Religion erklärt sich aus der Bedürfnisstruktur des Menschen, sie ist ein vornehmlich psychologisches Phänomen. »Und die Zeit der Befriedigung ist erschienen, wo eben ein Bedürfnis nicht mehr den Charakter eines subjektiven, darum unberechtigten Wunsches hat, sondern unter der Gunst oder Mißgunst äußerer historischer Verhältnisse und Bedingungen mit der Gewalt, d.h. dem absoluten Rechte der Notwendigkeit auftritt. Das Bedürfnis ist die Höchste, die souveräne Macht – das Schicksal der Geschichte. Und noch mehr: das Bedürfnis einer Zeit ist die Religion dieser Zeit – der Gegenstand dieses Bedürfnisses ihr höchstes Wesen, ihr Gott.« Hegel setzte »das Endliche in das Unendliche«; »ich setze das Unendliche in das Endliche«; Hegel setzte das Spekulative dem Empirischen gegenüber, »ich finde, eben weil ich schon im Endlichen das Unendliche, schon im Empirischen das Spekulative finde, das Unendliche mir nichts Andres ist, als das Wesen des Endlichen, das Spekulative nichts Andres, als das Wesen des Empirischen«. Die Hegelsche Religionsphilosophie kann schon deshalb nicht festgehalten werden, weil die »untergeordnete, unnatürliche Stellung der Natur in ihr ganz der Bedeutung widerspricht, welche immer mehr im Leben und in der Wissenschaft die Natur gewinnt«. In der Religion findet sich der Mensch schließlich selber als das absolute Wesen, er nimmt sich in sein Selbstbewußtsein zurück. Er erkennt Gott als sein eigenes, tiefstes Bedürfnis, das es zu verwirklichen gilt. In der

Sache führt nun nichts mehr über Feuerbach hinweg, wohl aber in der Methode. Es ist Bruno Bauer, der die Analyse der Religion mit den Kategorien des Hegelschen Geschichtsdenkens zu Ende führt. Das Verhältnis von Bauer zu Feuerbach ist daher nicht deckungsgleich; es sind durchaus nicht die gleichen Konsequenzen, die hier aus Hegel gezogen werden. Bauer führt die Radikalisierung des Begriffs zu Ende; ihm fehlt eine vergleichbare empirische Basis, aber erst er bringt die Dimension der Geschichte in die Theologiekritik vollends ein. Der historische Fortschritt wird als werdendes Selbstbewußtsein des absoluten Geistes erfaßt, der aus seiner Verborgenheit als deus absconditus in die Menschheit heraustritt; die Dialektik des Selbstbewußtseins löst sich schließlich endgültig von ihrem transzendenten Hintergrund und begreift sich als reine, emanzipatorische Qualität. Besteht die Aufgabe zunächst noch darin, »die Reflexion, die über der Geschichte ihr besonderes Reich erbaut hat«, wieder der Reflexion zu unterwerfen, so wird sie dahingehend erweitert, neben der Form auch den Inhalt als »freie Schöpfung des Selbstbewußtseins« aufzudecken. 1841 bereits wird die endgültige These formuliert: »Es ist kein Inhalt in dem Gotte, der dem Menschen nicht bekannt ist, den er nicht in sich selbst finde.« Die gesellschaftlichen Implikationen sind evident; das subjektive Selbstbewußtsein ist die geschichtlich freizusetzende Größe. Die Umwandlung der Theologie zur Vernunftwissenschaft, heißt es 1842, wie sie erst Bruno Bauer gelungen sei, sei die Vollendung und Aufhebung des Protestantismus, und kurz vor dem Verbot der Jahrbücher schreibt Arnold Ruge: »Wir haben der Welt ihre Geheimnisse verraten und ihre eigne Macht.« Die zu Ende geführte Entmythologisierung der Religion bereitet die Entmythologisierung der Gesellschaft vor, enthält ihren gesamten Prozeß bereits in einer herausgesetzten Sphäre in sich. Über die Theologiekritik wird der Hegelsche Widerspruch überwunden, das revolutionäre Werk freigelegt, wird der Mensch zum eigenen Täter bestimmt.

Erst damit sind die Voraussetzungen eingebunden, die nunmehr zum vollen Verständnis der politischen Entwicklungslinie der Jahrbücher führen, mit denen der Theorie der Revolution auf unabsehbare Zeit vorgearbeitet wird. Auch hier ist der Ausgangspunkt umgrenzt, Loyalität unumstritten. »Preußen ist die gerechte Monarchie, Preußen ist der Arm und das Schwert des deutschen Volkes, Preußen ist der protestantische Staat und sein Prinzip ist Licht und Wissenschaft« heißt es anfangs. Deklamationen dieser Art setzen sich noch lange fort. Mit der Reformation habe der Geist mit seinem bloßen Natursein gebrochen, im preußischen Staat hätten Protestantismus und Aufklärung ihr Bündnis geschlossen, das Bewußtsein von sich selbst gewonnen. Zwar beginnt das Sehen nach der Blindheit mit dem Zweifel, vermerkt Ruge, doch kann der Zweifel nur Durchgangspunkt sein, so daß »der Endzweck dieses zersetzenden dialektischen Vorganges nicht Zerstörung, sondern nur festeres Aufbauen sein kann«. Dies ist durchaus auf den empirischen Staat gerichtet; ein preußisches Staatsbewußtsein bleibt für Ruge auch dann noch bestimmend, als dieser Staat der Restauration unterworfen wird, ein preußischer Hegelianismus tritt stets wieder hervor, mit dem sich die Idee über den Staat begreift, unter unzureichender Erkenntnis ihrer realen, empirischen Bedingung. Zunächst geht es darum, »den Rest bloßer Natur im Geiste immer mehr in Geist umzuwandeln«, doch ist der preußische Staat eben die objektive Gestalt dieses Geistes. In der Person Friedrich II. personifiziert, kommt es zu hymnischen Ausbrüchen, die den König als Praeceptor der Aufklärung feiern. Deutschland braucht keine Revolution, weil Preußen die notwendigen Reformen bereits durchgeführt hat. In der Auseinandersetzung mit Görres und Leo polemisiert Ruge: »Wissen die Herren nicht, daß die Reformation und ihr Prinzip und so auch das Prinzip Preußens, das der freien und freiwilligen Entwickelung, schon le contraire der französischen Revolution, der gewaltsamen Entwickelung im Kampfe gegen die Unterdrükkung des Reformationsprinzips ist?« Wird die Revolution daher für Frankreich ausdrücklich bejaht, so wird sie zugleich für Preußen als überflüssig erklärt. Die Widersprüche, die die Revolution produzieren, sind hier bereits aufgehoben. »Sodann muß Ein für alle Mal von Preußen dieses Gespenst abgewendet werden, weil hier alle Bedingungen fehlen, die es fürchten lassen könnten.« 1830 habe sich deutlich genug gezeigt, daß »Preußen keine Revolution zu fürchten hat«. Die herbe Notwendigkeit habe die französische Revolution gemacht, in Preußen sei »das Reich der Sittlichkeit« jedoch »zu einer bewunderungswürdigen Wirklichkeit gediehen«; der Staat sei »ein Bewußtes, ein Sittliches«. Alle Autorität habe sich zwar »als vernünftig zu rechtfertigen«, was allen gelten soll, »muß sich Allen als wesentlich allgemein bewahrheiten können«, doch hält der preußische Staat diese Prüfung aus. Bei Gervinus wird in einer anonymen Kritik hervorgehoben, daß er »nicht die geringste Sympathie mit den unruhigen hitzköpfigen Wortführern der Staatsumwälzung« gehabt habe, »welche vom ersten französischen Schusse aufgescheucht, aus dem Verstecke hervorstürzen, den kahlen Freiheitsbaum aufpflanzen und die rote Mütze schwingen«. Der Staat »fixiert den vernünftigen Gemeinwillen«, in dieser Form ist der Staat »die Gerechtigkeit selbst«, er ist das Gute in der Wirklichkeit, »die Vernünftigkeit des Diesseits«. Nach der Seite der äußeren Existenz und der Objektivierung des Geistes in der Außenwelt gibt es nichts, »was nicht in die allumfassende Sphäre des Staates fiele«. Die Auflösung der Kirche, aller geistigen Äußerungen in den Staat wird stets wieder proklamiert; der Staat ist total. Kein Zweifel, daß das Hegelsche Spätwerk einen bestimmenden Einfluß ausübt. Von den Bedingungen der Zeit her gesehen ist diese Behauptung eines bürgerlichen, aufklärerischen Staates mit umfassender Kompetenz ohne Zweifel noch immer ein Fortschritt; trotz gelegentlicher romantisch nationalistischer Abweichungen wird an der Verbindung dieses Staates zur Französischen Revolution festgehalten. So versteht sich die wiederholt vorgenommene, kritische Auseinandersetzung mit dem nationalen Pathos der Befreiungskriege, dessen irrationalistische, romantisch-reaktionäre Durchsetzung erkannt wird. Das Verhältnis von Subjekt und Objekt wird von Ruge unter dieser Voraussetzung eines aufklärerischen Staatsbegriffs gefaßt: »Die Freiheit der Aufklärung fing von vorne an und erbaute die Welt aus sich, das ist das Recht des Subjekts, sie machte das Gesetz des Subjekts zum Gesetz der Welt, das ist das Unrecht des Subjekts, welches es darum nicht zum objektiven Geiste kommen läßt, weil es beim Abbrechen vom Bestande stehen bleibt.« Das Subjekt hat nun den

Anspruch nicht aufgegeben, »überall mit seinem Wissen sich selbst bei der Sache zu beteiligen; denn die gegenwärtige Freiheit ist das Sicheinsetzen mit dem Gesetze, das Sichwissen der Vernunft im Staate sowohl als im Dogma«. Es sei diese Form des Bewußtseins, auf die es ankäme, »trotz der unteren Regionen, die nur einen unbewußten und unvollkommenen Anteil an dem geschichtlichen Prozeß nehmen«. Bis hin zum Abschluß der Jahrbücher bleibt eben dieser Staatsbegriff für Ruge entscheidend, auch wenn er den empirischen Staat einer zunehmend revolutionären Kritik unterwirft. Er ist ein preußischer Liberaler von außerordentlicher Konsequenz, aber eben so wenig, wie er den Begriff des Staates selbst über seine empirische Basis in Frage zu stellen vermag, so wenig vermag er seine These der geistigen Freisetzung auf die wirkliche gesellschaftliche Bewegung zu beziehen. Die Begriffe bleiben letztlich unverbunden; innerhalb seiner Denkbedingung zieht Ruge jede nur mögliche Konsequenz, er vermag diese Bedingung jedoch nur selten zu transzendieren. Der Staat macht die Gattung erkennbar. Zwar heißt es, mit zunehmender Erfahrung des restaurativen Drucks, daß der Staat »in der abstrakten Trennung von Fürst oder Regierung und Volk« stehen geblieben sei, daß er eine »schiefe Stellung« habe, der »Entwicklung des Geistes gegenüber die Legitimität zur Illegitimität, das historische Recht zum Unrecht, das Bestehende zum Nichtigen« werde, doch wird das Staatsprinzip selber umfassend aufrechterhalten. »Aber die Absolutheit«, schreibt Ruge am 1. Dezember 1841, »um die es sich jetzt handelt, ist die freie Weltmacht, durch die freien Subjekte erzeugt, also der absolute Staat, als freie Bewegung des Geistes.« Der Staat ist »die eigne Macht des Geistes selbst«. Bei der Realisation der Gattungsvernunft im Staat spielt »die Zufälligkeit der natürlichen Individualität keine große Rolle«. Ohne Zweifel rückt dieser Staatsbegriff, der die vernünftige Gattung für sich behauptet, in die Nähe der Omnipotenz.

»Allerdings«, heißt es in einem ersten Rückblick des Jahres 1839, »war gleich im Anfange theoretisch der Protestantismus und die freie Wissenschaft, praktisch der protestantische und moderne Staat als das Prinzip des Blattes ausgesprochen.« In der These ist ihre Auflösung bereits impliziert. Das »Protestantische Prinzip«, das den zur Absolutheit gebrachten aufklärerischen Staatsbegriff stützen soll, enthält zugleich seine revolutionäre Aufhebung. »Das Prinzip der Subjektivität, der Freiheit, der Reflexion in sich, der Lossagung vom Gegebenen und bloß Positiven, ist identisch mit dem des Protestantismus.« Bis zur Reformation sei der Geist noch unfrei gewesen, eine Art Naturprodukt; »mit ihr – da die Religion der Nilmesser des ganzen Geistes ist – war der Bruch des Geistes mit seinem bloßen Natursein ein für allemal gegeben«. Es sei protestantisches Prinzip, das Natursein des Geistes endgültig hinter sich zu lassen. Die Aufhebung der »abstrakten Trennung des Göttlichen und Menschlichen, dieses Abhalten des Absoluten von der Welt« ist das protestantische Prinzip, für dieses Prinzip ist »die Einheit des Göttlichen und Menschlichen konkret«. Das Prinzip des Protestantismus sei das Prinzip der totalen Immanenz. »Trotz unseres status quo geht es aber natürlich in der Welt vorwärts«, heißt es 1841, »und der protestantische freie Geist findet überall seine Organe. Es kommt die zweite französische Revolution, es kommt die polnische, die belgische, es kommen die Unruhen in Deutschland.« Der Protestantismus sei ein Kind der Illegitimität; »Wir sind ja selbst Kinder der Revolution!« Das protestantische Prinzip, mit dem der absolute Staat zum Prinzip einer totalen Immanenz deklariert wird, zeugt zugleich seine Auflösung. Der Staat ist die letzte, säkularisierte Form der Transzendenz, der Kleriker der Gesellschaft, ein letztes Gegenüber, das in die menschliche Wahrheit noch eingeholt werden muß. Das Prinzip, das den modernen Staat gebiert, zeugt sich fort, indem es sich gegen das von ihm selber Erschaffene wendet und seine eingeborene Sache, die Sache der vollendeten Immanenz, als unbeendete Revolution zum Ziel führt.

Bereits 1841 wird deutlich, daß der Begriff zu seinen äußersten Grenzen gebracht wird; es sind die einzelnen, oft kurz aufeinander folgenden Stadien, ein atemberaubendes Fortschreiten, mit denen die Unerbittlichkeit des logischen Prozesses angezeigt wird. Der Prozeß, der von der preußischen Legitimität zur permanenten Revolution führt, wird durch den wachsenden Druck der Restauration stetig angetrieben, läßt schließlich jede geschichtliche Möglichkeit hinter sich und eilt in eine unbekannte Zukunft davon. Auch hier setzt Feuerbach einige erste, wichtige Akzente, die ihn als entschiedenen Vertreter eines aufklärerischen Bürgertums kennzeichnen. Die einzig positiven Güter seien: »Die Freiheit des Gedankens, die Freiheit der Gesinnung.« Erst Kant, Fichte und Jakobi hätten das Wort »Freiheit« zu einem Substantiv erhoben; Freiheit sei für Hegel jedoch »nur der objektive, wissenschaftliche Geist«, weil hier der Geist bei sich selbst sei. »Gerecht war darum der Krieg gegen Hegel in dieser Beziehung«, gegen das starre Festhalten an seinem System. Feuerbach, der das reaktionäre Moment bei Hegel sicher erkennt, fährt fort: »Notwendig ist die Freiheit, notwendig die Philosophie, aber nicht Hegel, nicht Fichte, nicht Kant. Der Gedanke besteht, aber das Wort vergeht. Unendlich ist nur die Idee, endlich jedes System.« Ein Jahr später, 1839, formuliert Feuerbach das klassische Prinzip der Geistesfreiheit. »Philosophie ist wesentlich freier Geist, darum nur der Vorzug freier Menschen.« Wer die wahre Philosophie will, muß auch die falsche leben lassen, denn »mit der Möglichkeit des Irrtums fällt auch die Möglichkeit der Wahrheit«. Die Geistesfreiheit ist das oberste Gebot, der »kategorische Imperativ«. Der Ausgangspunkt des politischen Kampfes ist gekennzeichnet. Die Wahrheit siegt, heißt es im gleichen Jahrgang unter Berufung auf die klassische persönliche Denkfreiheit, der Staat soll den freien Geist »in allen Gestalten« schützen. »Das ist erst der wirkliche historische Verlauf.« Das Gelichter führt immer noch sein Gespensterleben, »das Gelichter lebt, weil es nicht zu sterben versteht, auch nachdem es gestorben ist, es kann sich nicht ums Leben bringen, wie sich Niemand um das bringen kann, was er nicht besitzt«. Ohne Krieg und Schlacht, »auf dem Felde des Geistes selbst, allein durch die Waffe der Wissenschaft« geht die Genesung vor sich.

Eine vergleichbare Position wird zwar noch geraume Zeit durchgehalten, doch wandelt sich der Charakter der Wissenschaft, sie wird zur Waffe in einer direkten gesellschaftlichen Auseinandersetzung, sie sucht ihre eigene, materielle Bedingung. Es ist dies ein Boden, der »in seinen eigenen Fugen, auf tiefer vulkanischer Gefahr gebaut, schon das durchbrechende Feuer in sich selbst« trägt. Bereits 1839 heißt es, daß der Geist der Revolutionär sei. Von da an wird das Thema der Revolution bis zu Ende durchgehalten, mit wachsender Absolutheit. Am 10. Februar 1840 schreibt Ruge: »Anfangen muß immer das nicht geltende Prinzip. Aber darauf kommt es an, ob der Prinzipienkrieg auf dem Boden des Lebens geführt wird, wo er Revolution ist und die ganze Masse des Volks in Anspruch nimmt mit seinem Für oder Wider, oder ob er, wie bisher, trotz den Versuchen der Romantik, das Schlachtfeld zu ändern, auf dem Boden der Wissenschaft und der Theorie bleiben soll, wo er die Reformation ist, und nicht eher das Leben des Staats und der Gesellschaft umgestaltet, als bis beide freiwillig die neue Gestalt für die wahre erkennen.« Die Aussage bleibt zwar ambivalent, aber schon am 24. November des gleichen Jahres nimmt Ruge das Thema wieder auf. »Die Zeit wird nur von der Philosophie verstanden, und es ist die Aufgabe, der Zeit dazu zu verhelfen, daß die Philosophie nun auch von ihr nicht nur verstanden, sondern auch betätigt werde. Wer die Freiheit vertilgen will, der fange damit an, die Philosophie, diese Sonne des Geistes, vom deutschen Himmel zu nehmen, und wenn er dies nicht vermag, wie er es denn nicht vermögen wird, so ergebe er sich drein: was der Mensch weiß, das macht ihn auch heiß; die Philosophie wird zur Gesinnung, die Gesinnung zum Charakter und der Charakter zur Tat werden.«

Die letzten Jahre der Jahrbücher, die nun wachsender Verfolgung ausgesetzt sind und mit ihrem Domizil nach Sachsen ausweichen müssen, machen das Thema der Revolution zum entscheidenden Mittelpunkt, obwohl Ruge nur noch um »diplomatische« Beiträge bittet. Ruge selbst erkennt nun die materielle Bedingung einer kommenden Umwälzung; er sieht sie in engem Zusammenhang mit dem schnellen naturwissenschaftlichen Fortschritt. Im Oktober 1840 argumentiert er: Alle Arbeit geschieht im Dienste des Geistes, um der Natur, der inneren und der äußeren Natur, Herr zu werden; dies muß ihr Resultat sein. Das Thema der frühen Aufklärung, ihr erstes, großes Befreiungsthema, wird damit erneut angeschlagen. Die industrielle Arbeit führt »zum Umsatz der Gedanken«, durch »den unmittelbaren Anteil des

Ärmeren an einer erweiterten Weltbildung wird die pöbelhafte Apathie, die Verzichtleistung auf das Recht des Geistes, auf das Herrenrecht des Menschen, unmittelbar gebrochen, nicht einige wenige Edelleute sind dadurch kreiert, die ganze Menschheit ist durch ein solches Institut nobilitiert«. Die Industrie wird zum Movens, das die Geschichte antreibt. Eine Dialektik der Bildung ist angezeigt, die der industrielle Progreß aus sich gebiert. Bereits die Französische Revolution sei ohne die Bildung des 18. Jahrhunderts undenkbar gewesen. Es ist dieser Gesichtspunkt, unter dem nun die Hegel-Kritik erneut wieder aufgenommen wird. Auch hier zeigt Ruge zunächst die Richtung an. »Daß die gegenwärtige Vernunft, eben darum, weil sie Resultat der ganzen bisherigen vernünftigen Entwicklung ist, auch die Negation derselben und damit die Position der Zukunft ist. Die Hegelsche Philosophie hört bei sich, bei der theoretischen Systematisierung von Geist und Natur, von Geschichte und Dasein auf, sie besinnt sich über Alles, nur nicht über sich selbst, denn es entgeht ihr, daß sie mit diesem ihrem System der bisherigen Vernunft nun zugleich die Forderung des zukünftigen vernünftigen Werdens ist.« Nach der erzwungenen Flucht von Halle nach Dresden setzt Ruge im Vorwort des nunmehr in »Deutsche Jahrbücher« umgenannten Organs die Auseinandersetzung mit Hegel noch entschiedener fort. Die alte Hegelsche Orthodoxie war »Abhängigkeit von fremden Mächten, also die offenbarste Knechtschaft«. Hegels politische Ansicht, seine im Hinblick auf England entwickelte Staatslehre trage unverkennbar das Gepräge der Restaurationszeit, er habe die Julirevolution in ihrer welthistorischen Notwendigkeit nicht erkannt. Er sei seiner eigenen These verfallen, daß jede Philosophie nur den Gedankeninhalt ihrer eigenen Zeit enthalte. Nun müßten die Konsequenzen gezogen werden, die in Hegel bereits angelegt seien, die Konsequenzen für eine kommende Geschichte. Es gehe um die Ehrenrettung Hegels, um die Rettung des Genies vor dem Professor, der tausend Einflüssen unterlegen gewesen sei, um die Rettung der Antizipation. Mit der Untersuchung des negativen Moments der Dialektik müsse wieder von vorn begonnen werden. Im August 1842 schreibt er: »Dies Interesse für die Existenz der historischen Bildungsstufen und ihrer Staatsformen, welches der Hegelschen Politik fehlt, wird die Politik der Zukunft sich nicht entgehen lassen«, und: »Die wahre Verbindung des Begriffs und der Wirklichkeit ist nicht die Apotheose der Existenz zum Begriff, sondern die Inkarnierung des göttlichen Begriffs zur Existenz.« Schließlich liest man: »Was historisch ist und was historisch werden will, steht sich gegenüber.«

Die Zeitschrift, so wird nun proklamiert, muß »der Dialektik des Geistes – der theoretischen Revolution –, die unsere Zeit hervorbringt, folgen, und wo sie es vermag, ihr vorangehen«. Die Geschichte habe eine neue Ausbreitung gefunden, »sie umfaßt immer mehr alle Teile der bewohnten Erde, aber zugleich ist sie konzentrierter durch die erstaunliche Vervollkommnung der Mittel des gemeinsamen Lebens; und nie lebte der Mensch so mit ganzer Seele in ihr, als jetzt, wo das Hausen vor den Toren der Welt in den gespenstischen Regionen eines erträumten Jenseits von Tag zu Tag mehr außer Kredit kommt und der Trost auf den Himmel gerade denen am wenigsten zusagt, die in Masse auf die Erde resignieren mußten«. Auf dem angedeuteten Hintergrund von industrieller Revolution, Säkularisierung und beginnendem Massenbewußtsein, unter den Flügeln einer bisher unbekannten Hoffnung, gewinnt die Sprache Ruges den Stolz selbstsicherer Erwartung. »Der Geist, die menschliche Vernunft, ist souverän, ist der Ozean, der sich selbst regiert, ist die Werkstatt der Geschichte und der Webstuhl der Zeit, ist das Element, in dessen allmächtigem Wogen nur seine eigne Natur gebietet. Wem gehört diese Welt, wenn nicht ihr selber?« Das Leben dieser Welt liegt im Schoße ihrer ganzen Vergangenheit. Eines Schattens Traum sind die Fürsten. »Sie können nicht, was sie wollen, sondern nur, was sie müssen, sagt Platon.« Mit Scham blicken wir auf unsere Nachbarn, Frankreich ist Deutschland in der praktischen Freiheit und der Humanität »unendlich vorangeeilt«, aber auch in Deutschland wird nun der Boden endgültig zubereitet. Es gilt, an Frankreich zu lernen, auch das Unerledigte zu erkennen. Frankreich beweist, »daß der geistige bereits wirklich sein mußte«, bevor der politische Umschwung erfolgen konnte, aber es beweist zugleich, daß

die »Masse der Nation noch zurück« ist und noch nicht auf den Stand des vorausgeeilten Bewußtseins gebracht werden konnte. Die Aufgabe zeichnet sich ab: Die Theorie der Revolution, die zu Ende gebracht werden muß, muß sich dem Massenbewußtsein verbinden.
Eben dies wird nun Schritt um Schritt versucht, obwohl die Praxis weit hinter der Theorie zurückbleibt. Dennoch heißt es zu Anfang des Jahres 1841: »Die Theorie ist nicht mehr isoliert und wird es in Zukunft noch weniger sein.« Wir wollen »mit der vollkommensten Offenheit unsere Lage besprechen; das Verhältnis zur Geschichte und zur Praxis läuft keine Gefahr, wenn es vollkommen erkannt und ohne Rückhalt enthüllt wird«. Keine Politik sei schlauer als die, die sich jeder Schlauheit entschlägt; die Erfahrung lehrt, »daß man keinem Menschen weniger glaubt als dem, der immer die ganze Wahrheit heraussagt; es fürchte also Niemand, der das Heil von den Verstößen unserer politischen und wissenschaftlichen Gegner erwartet, daß wir imstande sein möchten, mit unsern Aufklärungen, Beweisen und Kritiken den heilsamen Sauerteig der Reaktion aus der Geschichte zu verbannen. Umgekehrt, sie verhalten sich wie Oedipus, der hinging, seinen Vater zu erschlagen, weil der Gott ihm sein Schicksal enthüllte. Das Orakel unserer Zeit ist die Revolution der europäischen Menschheit; es ist umsonst, es ihnen zu verkündigen; hoffe Niemand einen solchen Erfolg: um dies Orakel zu vermeiden, ziehen sie dem Laufe der Geschichte entgegen, lassen die Sterne ihrer glorreichen Heimat, Protestantismus, Philosophie und politische Freiheit, hinter sich, und rücken dem Hohlwege immer näher, wo ihr Verhängnis sich erfüllt«. Immer noch wird indes die theoretische Basis der Revolution mit den Kategorien der radikalen bürgerlichen Aufklärung umschrieben; Autonomie des Geistes sei das Ziel, wissenschaftliche Rationalität und politischer Liberalismus, der Staat soll kein »fremder Zustand« bleiben, sondern die »prozessierende Existenz unseres Selbstbewußtseins« werden, »das geordnete und in allgemeinen oder vernünftigen Formen sich selbstbestimmende Volk«. Das Reich der Freiheit sei die öffentliche und objektiv realisierte Vernunft der Nation. Eben damit beende die Geschichte ihren Naturzustand,

werde ihre Rationalität freigelegt – »so wahr ein Gott lebt, denn dieser Prozeß ist das Leben Gottes selbst«. Freiheit, vermerkt Ruge später, sei »das innerste Pathos unserer Zeit«. Damit bleibt die Theorie innerhalb des Jahres 1789 und seiner Folgen.

Die Zersetzung der bürgerlichen Basis geschieht über den Versuch, die Geschichte ihres personalistischen Aspekts zu entkleiden, die proletarischen Massen selbst als Bewegungskraft zu entdecken. In der Kritik am Geschichtswerk Leopold von Rankes liest man zunächst: »Seine obersten Kategorien, über welche er niemals und nirgends hinauskommt, sind demnach die Verhältnisse und die Personen.« Man täusche sich nicht. »Es hat mit diesem allgemeinen Gesetz des Lebens, diesem Zeitgeiste, der so alt als die Welt ist, dieser Hand Gottes über uns, diesen wunderbaren Wegen der Vorsehung usw. nicht allzu viel zu sagen; sie sind nur Lückenbüßer, dei ex machina, Homerische Paradegötter, die wesentlich nichts tun, sondern es den Helden, d. h. hier den Diplomaten überlassen, den Willen des Schicksals zu erfüllen.« Der dunkle Rand der Massen wird nirgends erkennbar; er tritt nun immer mehr in die Sichtbarkeit. »Den Historiker, den Politiker unserer Tage, der ruhig in seinem Ideenkreise die Massen ordnet, wie zu mathematischen Berechnungen, stört eine Erscheinung auf, die zu seinem Gefühle spricht: Denkst du auch für uns, ist die Geschichte, die Vergangenheit auch zu unserem Heile da gewesen? – Der Schiffszieher, der Bettler fordert Brod. Der Hunger, der zu Verbrechen getrieben, widerspricht der stolzen Theorie menschlicher Willensfreiheit und Zurechnungsfähigkeit«; das abstrakte Recht auf Freiheit wird zur Illusion, zum Privileg einer Klasse. Die Aufgabe, die dem Staate nun übrig bleibt, »ist die Befreiung der bürgerlichen Heloten, welche täglich mit der Materie zu kämpfen haben, für das Allgemeine die Sinnlichkeit überwinden, ohne für ihre Person in diesem Kampfe des Allgemeinen, dem sie dienen, sich wahrhaft bewußt zu werden«. Es ist Bruno Bauer, der diese Sätze formuliert und damit die Rolle des Industrieproletariats unüberhörbar anspricht; noch im gleichen Jahrgang zieht er die volle Konsequenz. »Ja, wir wollen mitgenießen, wie alle neuen Prinzipien die privilegierten Klassen mit ihrer Begierde nach Mitgenuß beunruhigt und sie endlich gestürzt haben. Wenn einmal diese Begierde erwacht ist, dann hilft es Nichts mehr, daß die gebenedeite Klasse wenigstens die Fürsten an ihrer Benedeiung teilnehmen ließ – ihr Vorrecht muß allgemeines Recht werden. So wollten die Hussiten den Wein nicht allein den Pfaffen lassen, ihre Begierde war damit noch nicht gestillt, daß die Priester einigen gekrönten Laien Anteil an dem Weine hatten zukommen lassen, sie wollten vielmehr, daß Jeder genießen sollte, und es dauerte nicht mehr lange, so konnte Jeder trinken, der da wollte. So hat in der ganzen Geschichte jede ausgeschlossene Klasse mitgenießen wollen, und es hat bis jetzt noch keiner, die es ernsthaft wollte, versagt werden können. Trinket Alle daraus, stehet geschrieben.« Wie sehr nun der neue Gedanke zu seiner vollen Erkenntnis gebracht wird, kann an der Besprechung des Buches von Louis Blanc »Histoire des dix ans 1830–1840« durch Heinrich Marc ermessen werden. »Die Bourgeoisie vor Allem aber«, lautet hier die Beurteilung, »wurde für alle Zukunft durch die Herrschaft des Julikönigtums zernichtet. Der Egoismus ist die Erbsünde des Menschen, und auch mehr oder weniger aller Völker und aller Parteien. Erst durch die Taufe der Aufopfrung, der Hingebung gelangen die Menschen und die Völker zum ewigen Leben.« So ist das Ende der Herrschaft der Bourgeoisie gekommen, weil sie »Alles allein sein will«. Sie hat von dem Baum der Erkenntnis gegessen, um Gott gleich zu sein, und wurde sterblich durch die verbotene Frucht. Die Bourgeoisie war berufen, die Verhältnisse »noch eine gute Weile zu lenken«, aber »nur als ein Werk des Opfers, der Hingebung, der Herrschaft im Interesse Aller, und ganz besonders im Interesse der geringern Volksklassen«. Marc schließt ab: »Das ist die Lage, in der sie sich heute befindet. Die Zeit aber wird zeigen, daß die Bourgeoisie der einzige Boden war, in dem das neue Königtum dauernd Fuß hätte fassen können. Ihr Untergang wird gemeinsam sein, und wenn das Urteil noch nicht vollstreckt, so ist es wenigstens bereits gesprochen, und der Vollstrecker wird für Beide nicht auf sich warten lassen. Hr. Louis Blanc hat seine Geschichte der Julirevolution angefangen, ehe diese vollendet war. Aber wir haben erst einen Band, erst einen Akt vor uns. Ehe der letzte Band geschrieben sein wird, könnte auch der letzte Akt gespielt sein.« Die Geistlichkeit, der Adel wurden vernichtet, »als sie nicht mehr an das Allgemeine dachten und für das Allgemeine wirkten, als sie ausschließlich nur für sich arbeiteten«; so ist auch der Untergang der Bourgeoisie beschlossen.

Mit Macht drängt nun die Thematik zum Kommunismus hin. Die französische Revolution, schreibt Bruno Bauer, war unklar, inkonsequent, sie ging »nicht bis zu dem auch theoretisch bewußten Extrem« fort. Es ist Edgar Bauer, der diese These inhaltlich füllt. In seiner Kritik der »Geschichte Europas seit der ersten französischen Revolution« von Archibald Alison wird die Frage nach der Berechtigung des Privateigentums in den Mittelpunkt gerückt. An der Revolution selbst wird das Problem aufgewiesen. »Nein! Ihre Anschauungen waren ihr durch eine neue Zivilisation gegeben, welche nichts Privates anerkannte, Alles auf die Allgemeinheit des Staats, Alles auf den Vorteil des Volkes zurückführte.« Hiernach war alles Eigentum unberechtigt, das nicht durch die Nation sanktioniert war. »Das war aber in der Tat die Aufhebung des Privateigentums. Es war hiedurch das Volk, der Staat zum alleinigen Besitzer geworden, und wenn die Aufgebung des Eigentums zum Besten der Allgemeinheit unbedingt vom Staate gefordert werden konnte, so gab es in Wirklichkeit kein wahres Eigentum mehr, d. h. keinen Besitz, der mir, als dieser bestimmten Einzelheit gehörte. Über diesen ihren Widerspruch wurde sich die Constituante, wurde sich die Revolution überhaupt nicht klar, und daß es ihr nicht gelang, auf diesem Punkte die alte Zivilisation zu überwinden, war der Grund, weshalb diese später scheinbar wieder über sie triumphierte.« Durch die Revolution wurde nur »eine Aristokratie der Besitzenden organisiert«, wer nichts hatte, ging auch mit ihr seines Menschen und Bürgerrechts verlustig. Mit dem Verlust einer bewußten Einbeziehung des Proletariats in den revolutionären Prozeß geht die neue Hoffnung auf. Dies wird nun vor allem in dem glänzenden Beitrag dargelegt, den Bakunin unter dem Pseudonym Jules Elysard für die Jahrbücher mit dem Titel: »Die Reaktion in Deutschland« 1842 liefert. »Andrerseits aber regen sich Erscheinungen um uns her, welche uns verkündigen, daß der Geist, dieser alte Maulwurf, sein unterirdisches Werk bereits vollbracht hat und daß er bald wieder erscheinen wird, um sein Gericht zu halten; – es bilden sich überall, und besonders in Frankreich und England sozialistisch-religiöse Vereine, welche, der gegenwärtigen politischen Welt ganz fremd, aus ganz neuen uns unbekannten Quellen ihr Leben schöpfen und sich im Stillen entwickeln und verbreiten. – Das Volk, – die arme Klasse, welche ja ohne Zweifel die größte Mehrzahl der Menschheit bildet –, die Klasse, deren Rechte man schon theoretisch anerkannt hat, die aber bis jetzt noch durch ihre Geburt, durch ihre Verhältnisse zur Besitzlosigkeit und zur Unwissenheit, somit aber auch zu faktischer Sklaverei verurteilt ist, – diese Klasse, welche das eigentliche Volk bildet, nimmt überall eine drohende Stellung an und beginnt die im Verhältnisse zu ihr schwachen Reihen ihrer Feinde zu zählen und die wirkliche Vollführung ihrer ihr von Allen schon zugestandnen Rechte zu fordern. – Alle Völker und alle Menschen sind von einer gewissen Ahnung erfüllt und Jeder, dessen Lebensorgane nur nicht gelähmt sind, sieht mit einer schauerlichen Erwartung der nahenden Zukunft entgegen, welche das erlösende Wort aussprechen wird. – In Rußland selbst, in diesem endlosen und schneebedeckten Reiche, das wir so wenig kennen und dem vielleicht eine große Zukunft bevorsteht, – in Rußland selbst sammeln sich dunkle, Gewitter verkündigende Wolken!«

Ist es kein Zweifel, daß die Jahrbücher schließlich auf eine revolutionäre Linie mit proletarischer Massenbasis einzuschwenken suchen, so erfährt in dieser letzten Etappe auch der Begriff der Revolution seine endgültige Fassung. Am 1. November 1841 heißt es bereits, unter Hinweis auf den »reißenden Fortschritt des Werkes der Zerstörung«, in einem anonymen Beitrag: »Niemand kann gegenwärtig noch läugnen, worauf es mit den neuesten Taten der Kritik abgesehen ist.« Es sei dies kein Kampf gegen einzelne Bestimmungen, keine theologische Emeute, keine Revolte, – »es ist eine Revolution«. In Revolutionen aber »ist demjenigen nur immer der Sieg und die Oberherrschaft gewiß, der am weitesten geht und das negierende Prinzip am schärfsten und konsequentesten ausbildet«. In Revolutionen gilt der

Grundsatz, daß man nicht weit genug gehen kann, und das Gesetz, daß derjenige unterliegt, der nicht so weit geht, als die Verneinung nur reichen kann. Die Gemäßigten sind die Opfer der Revolution, die neueste Kritik ist die revolutionäre Widerlegung der früheren; »Wer still steht, fällt, nur wer wagt, gewinnt.« Am Beispiel der Theologiekritik wird der revolutionäre Prozeß anatomisiert. »Nur die erste Negation steht mit den alten Mächten unmittelbar im Kampf, die spätere hat für das Positive keine Handhabe mehr, sie ist sicher vor allen Angriffen, die von der Seite des Alten herkommen könnten – aus dem einfachen Grunde, weil sie an der früheren Verneinung ihren Gegner und mit diesem zu kämpfen hat.« Wir müssen hoffen, daß sich auf diese Weise die gefährlichste Kollision der Zeit lösen wird. »Die Führer der Revolution bekämpfen sich unter einander und die Geschichte zieht erst aus diesem Kampfe die Resultate, auf welche sie es von vornherein abgesehen hatte.« Die Kritik der Revolution ist mit sich zerfallen, und es wird nicht mehr lange dauern, »so werden die Girondisten und der Berg in offenem Kampf auf Tod und Leben stehen«, aber »die Wahrheit kann durch den Kampf nur gewinnen«. Sprunghaft wird nun fortgeschritten. Die Ideologie der Freiheitskriege wird als »reaktionärer Idealismus« abgetan, Reaktion und Revolution »steht die politische Gegenwart in Gesetz und Verfassung im Wege«; die Gegenwart wird entleert, ihre Möglichkeit beiseite geschoben, Vergangenheit und Zukunft kämpfen den Kampf miteinander, – »Aber die Zukunft ist unvermeidlich: die projektierte Vergangenheit ist nicht die wirkliche, es wird auch mit ihr das Neue«. Die Vergangenheit selbst, die reaktionäre Unterdrückung, die sie erneut herbeiführen soll, »ist Revolution und macht die Revolution«, die Gegensätze schlagen ineinander um. Man liest, daß die Historie »ein unendlich bewegtes Ding, eine ewige Revolution sei, gegen die der Vesuv mit all seinen Eruptionen eine langweilige Eintönigkeit ist«. Ein zeitliches Dasein, »welches keine Wahrheit mehr hat, und so schamlos ist, sich dennoch erhalten zu wollen«, muß »abgeschafft werden«. Am 29. Dezember 1841 schreibt Ruge, »daß die ungeheure Ausbreitung des Denkens vor sich geht; und die Welt wird das Wunder der Aufklärung in höherer Form wiederholen, sie wird Wunder tun im Denken: sie wird in Masse denken«. Das Geheimnis der Philosophie wird jetzt rücksichtslos ausgeplaudert, das neue Prinzip ist nicht mehr in Furcht, die Angst des Zeitalters, die Angst des isolierten Individuums wird mit ihm überwunden. »Denn es ist nicht mehr in der Form des einzelnen Menschen, der sich isoliert fühlt und darum sich fürchtet und äußerlich unterwirft. Erst die unendliche Ausbreitung hebt die falsche Stellung des Prinzips auf: es versteht sich erst selbst, wenn es sich überall wiederfindet und es fürchtet nicht mehr den Riß mit der Welt, wenn die Welt bereits von ihm erfüllt ist. Die Zeit ist jetzt.«

Die emphatische Sprache Ruges setzt auch den Auftakt für den letzten Jahrgang. Ruge argumentiert, daß die Worte »Partei, negativ, auflösend, revolutionär« nichts anderes beinhalten, als den Denk- und Geschichtsprozeß und seine Stufen, der Probleme schafft und Partei macht, Probleme löst und Partei zerstört, seine vorherige Stufe negiert, um zur nächsten fortzuschreiten, und sich damit als revolutionäre Permanenz erweist. Zugleich macht Ruge seine eigenen Grenzen erkennbar. »Denn wenn auch der Gott unserer Zukunft ein diesseitiger ist, so ist er doch der Geist und seine Tiefe.« Bakunin jedoch geht weit darüber hinaus. Demokratie sei eine totale Umwandlung des Weltzustandes, es gibt keine Vermittlung, der Gegensatz »ist das innerste Wesen nicht nur aller bestimmten, besonderen Theorien, sondern der Theorie überhaupt«. So ist der Moment des Begreifens derselben auch ihre Vollendung, die Vollendung der Theorie aber »ist ihre Selbstauflösung in eine ursprüngliche und neue praktische Welt, – in die wirkliche Gegenwart der Freiheit«. Von hier aus gewinnt die Philosophie der Revolution ihre endgültige Gestalt. »Das Positive und das Negative sind folglich nicht gleichberechtigt, wie die Vermittelnden es denken; – der Gegensatz ist kein Gleichgewicht, sondern ein Übergewicht des Negativen, welches der übergreifende Moment desselben ist; – das Negative, als das bestimmende Leben des Positiven selbst, schließt in sich allein die Totalität des Gegensatzes ein und so ist es auch das absolut Berechtigte.« Der Aufsatz schließt mit dem Satz: »Laßt uns also dem ewigen Geist vertrauen, der nur deshalb zerstört und vernichtet, weil er der unergründliche und ewig schaffende Quell alles Lebens ist. – Die Lust der Zerstörung ist zugleich eine schaffende Lust!« Ganz unmißverständlich übersetzt Edgar Bauer die revolutionäre Theorie in ihre gedachte, praktische Konsequenz. »Es war also die rücksichtslose Dialektik der Geschichte selber, welche Ludwig XVI. dem Schaffot zuführte. Mit ihm sind Viele, Revolutionärs wie Reaktionärs, dieser Dialektik zum Opfer gefallen. Warum bedauert man jenes Eine Opfer so sehr, warum nicht alle andern, den Robespierre, den Danton, den Marat mit ihm? Doch der Geschichtsschreiber soll nicht bedauern, ebensowenig als die Geschichte bedauert. Sentimentalität ist in der Geschichte nicht angebracht, und der Geschichtsschreiber soll die Kraft haben, gelassen über das Schicksal von Tausenden dahinzugehen.« Die Theorie des Reformismus, des »organischen Wachstums«, wird virulent verworfen. Es geht um die Betätigung der »totalen Negation«. Die Handlung des Verbrechens, konstatiert nun auch Ruge, tut »dem öffentlichen Willen Gewalt an«, der Wahnsinn »tut der Vernunft überhaupt Gewalt an«, Gegengewalt ist unabdingbar. Verbrechern und Wahnsinnigen bleibt die Vernunft fremd, die Anwendung der Vernunft auf sie muß notwendigerweise »Aufhebung ihrer Selbstbestimmung« sein. Es ist die Gewalt der Vernunft, die die Stunde fordert. In gewaltsamen inneren Entwicklungen »findet allemal die totale Negation der ganzen Sphäre der Freiheit statt«. Jedes neue Prinzip, das die völlige Negation des alten Geistes enthält, »entzündet notwendig gewaltsame Kämpfe, denn die feindlichen Prinzipien sprechen sich gegenseitig die Vernunft ab, sobald sie ihre totale Differenz bemerken«. Wieder ist es Edgar Bauer, der die Sache auf die kürzeste Formel bringt. »Fürs Erste ist freilich der Mensch der Erlösung bedürftig; doch wie und wovon und durch wen? Der Mensch soll sich selber erlösen.«

Die spekulative Konsequenz, die aus der Hegelschen Dialektik gezogen wird, ist Radikalisierung des Begriffs. Obwohl nun der wachsende Widerspruch der Gesellschaft diese Radikalisierung antreibt, verbleibt sie doch innerhalb des Denkens; sie vermag sich dem Wirklichen trotz aller Versuche nicht zu vermitteln. Eine Analyse der Wirklichkeit, wie sie für die Organisation eines revolutionären Prozesses notwendig gewesen wäre, fehlt. Nur Ansätze einer solchen Analyse sind zu vermerken. Vergangenheit und Zukunft sind die Kategorien der Geschichte; die Gegenwart, das einzige Handlungsfeld, tritt demgegenüber zurück. Dennoch bestätigt der Zensurbescheid, mit dem die Jahrbücher verboten wurden, daß ihr Einfluß eine außergewöhnliche Stärke erreicht hatte. Das Verhältnis von Theorie und Praxis wird nun verschiedene Male in den Jahrbüchern zum Gegenstand der Untersuchung; es darf noch kurz darauf eingegangen werden. Zunächst heißt es im Hinblick auf Herwegh, dessen Poesie erhebliche Anstöße vermittelt: »Die Kunst stellt schon die Praxis der Idee dar.« In der Auseinandersetzung mit der Rechtsphilosophie Savignys, deren resignatorischer Charakter gegenüber der Geschichte festgehalten wird, liest man im Fortgang der Fragestellung: »Die Furcht vor dem Denken und vor der Besinnung über die Forderungen der Gegenwart hat die ›Theorie‹ entseelt, sie schwebt wie ein irrender Schatten um die Grube des Odysseus; sie muß erst Blut und Leben aus dem Denken und aus der Gegenwart trinken, um hören zu können, was sie soll, und um zu reden, was man von ihr hören will.« Die Spaltung zwischen Theorie und Praxis, heißt es gleichfalls 1841, »kann nur auf einer falschen Stellung der ersteren beruhen, und sie beruht wirklich darauf«. Wenn der Deutsche jedoch handeln soll, wird 1842 bemerkt, »träumt er; wenn er etwas tun will, so schreibt er ein Buch; Wenn er sich über die Gegenwart erheben soll, so besteigt er ein Katheder; wenn er eine große Zukunft verlangt, so meint er ein neues System der Psychologie«. In Deutschland versuche man, Macht durch Bildung zu unterlaufen, durch ästhetische Erziehung. »Jede andre Nation würde das mindestens komisch finden: bei uns idealistischen Deutschen ist das ganz in der Ordnung.« Der Deutsche fände seine süßesten Stunden in der Einsamkeit, und »schreibt er auch keine Quartbände mehr über eben diesen Gegenstand, so flüchtet er dahin doch immer aufs Neue, um sich selbst wieder zu finden«. Die Kritik an den zurückgebliebenen deutschen Verhältnissen und an der durch sie bewirkten Mentalität gewinnt gelegentlich eine solche Stärke, daß sie den Charakter der Handlungsunfähigkeit annimmt. Ist es doch der dürre Boden selbst, der die gewaltsame, abstrakte Theorie erzeugt, sie ist selber das Ergebnis eines erzwungenen Praxismangels, der Abwesenheit einer jeden Vermittlung. »Also auch Hegel ein Diplomat!« –, schreibt Ruge am 11. August 1842, »O wir Deutsche sind nicht so täppisch als es scheint; ist doch auch sogar Kant, diese anima candida, ein Diplomat. Beide machen keine Opposition, sie begnügen sich damit, es zu sein. Ihre Systeme sind Systeme der Vernunft und der Freiheit mitten in der Unvernunft und Unfreiheit; und dieses Verhältnis wird verdeckt.« Der Zwiespalt zwischen Theorie und Praxis »gehört bis jetzt dem deutschen Geiste überhaupt an«. Die »Wendung der Theorie auf die Existenz« fehle. Das deutsche Laster sei das Laster »der abstrakten Bewegung der Theorie in sich selbst«. Die französische Praxiserfahrung tritt nun immer stärker in den Vordergrund und setzt die Maßstäbe; unter dem Gesichtspunkt von Theorie und Praxis wird die revolutionäre französische Aktion zum Exempel. Da das deutsch-französische Verhältnis ein Hauptthema der Jahrbücher bildet, ist dieser Bezug höchst bedeutsam. »In der Tat, wann in der Geschichte hat sich das deutsche Volk als Volk und als großes Volk bewiesen? Gibt es irgend eine Periode, wo von dem deutschen Volke ein Anstoß ausgegangen, wo sich an den Namen Deutsch eine große Erinnerung knüpfte?« Wir werden es nicht eher zu etwas bringen können, »als bis wir uns selbst, unser ganzes bisheriges Wesen verachten gelernt haben. Man sage uns doch nur irgend eine deutsche Tugend, die einen politischen, einen öffentlichen Charakter hat. Da kommt ihr zuerst mit der deutschen Biederkeit! Das ist eine Privattugend, eine Familientugend, und ihr werdet doch nicht so exklusiv sein wollen und diese ›Tugend‹ irgend einem andern Volke absprechen. Dann mit der deutschen Treue. Wie man wohl auch an dem Pudel die Treue rühmt!« Alle Ideen, die »jetzt in Deutschland eine nachhaltige Bewegung hervorbringen«, sind durch die große Revolution angestoßen worden; in Deutschland müsse dem französischen Geist ein »Tummelplatz« eröffnet werden. Im Fortschreiten der revolutionären Kritik wird der anfänglich eher nationale, gelegentlich sogar chauvinistische Standort fast gänzlich aufgehoben und weicht einem Minderwertigkeitskomplex, der für die spätere deutsche Intelligenz vielfach charakteristisch bleibt. Eine gefährliche Entwicklung ist damit angezeigt. Zwar heißt es: »Die theoretische Vernunft führt notwendig zur praktischen«, doch wird bald hinzugefügt, daß Englands Größe aus den Parteikämpfen hervorgegangen sei, Frankreichs Größe und Macht aus der Revolution. Deutschland bleibt ausgelassen. Endlich liest man bei Edgar Bauer: »Es gibt eigentlich nur zwei wahre Parteien; die eine steht ganz links, die andre ganz rechts.« Nur die Extreme wissen, »was sie an der Revolution haben; denn sie haben ein Prinzip. Alles, was zwischen ihnen liegt, ist vom Übel... Sie werden Nichts oder sie werden Alles anerkennen«. Die moderne Freiheit ist das Ergebnis der Weltgeschichte. »Dies Bewußtsein über sich selber hat sich der Mensch im Laufe der Geschichte errungen.« Er schüttelt alle Autorität ab. »Er hat vor Nichts mehr Respekt, als vor sich selbst.« Damit hat der Mensch erst den Boden gewonnen, auf dem er handeln kann, »er hat den Anfang zu einer wahrhaft menschlichen Geschichte gefunden«. Die These, daß sich nur noch Extreme gegenüberstehen, reflektiert die wirkliche Situation Deutschlands, seinen Sprung aus dem Mittelalter in die moderne Welt, die Abwesenheit der Vermittlung durch eine geschichtsmächtige, bürgerliche Liberalität; noch vor 1848 wird hier Zukunft vorweggenommen, das deutsche Problem in seinen Bedingungen festgehalten. Evolution ist hier ausgeschlossen. Gerade an dieser Stelle ist die Enge Verbindung zwischen den Jahrbüchern und dem Marxschen Frühwerk ganz augenfällig. Im Verhältnis von Theorie und Praxis zeigen die Jahrbücher eine wachsende Isolierung der radikalen Intelligenz; eben dies zeigt ihre Hilflosigkeit an. Der Publikumserfolg kann über den wirklichen Tatbestand nicht hinwegtäuschen. Theorie und Praxis sind weit auseinandergerückt; sie können nur durch einen totalen Akt zueinander finden.

Hiermit bricht die spezifische Thematik ab. Damit bleibt Vieles unberücksichtigt; die Jahrbücher sind ein Dokument universellen Charakters. Sie geben Aufschluß über die gesamte Problemlage ihrer Zeit im Sinne der Definition Ruges »als Bewegung in die Zukunft hinein«. Dazu gehört der weite Umkreis der philosophischen Analyse, die Auseinandersetzung mit Schopenhauer, Comte oder Kierkegaard; die Thematik bleibt nicht auf Hegel beschränkt. Die Rechtsphilosophie vor allem findet eine zentrale Berücksichtigung; hier bietet sich eine seltene Fundgrube. In der Literaturkritik, deren Anteil ungemein groß ist, wird vornehmlich der Roman als spezifisch bürgerliche Kunstform zum Gegenstand. Schon 1839 heißt es: »Der moderne Roman, wie er sich aus der Romantik des Mittelalters herausbildete, und an die Stelle des aufgelösten Rittertums trat, hat seine natürliche Basis in der bürgerlichen Gesellschaft; er füllte hier die Stelle des Epos nach der Seite des Selbstbewußtseins, und schloß durch die Selbständigkeit der individuellen Besonderheit die Form des Mythus aus.« Die historische Einordnung ist damit präzis umrissen; über den zeitgenössischen Roman wird die Offenlegung der Gesellschaft hervorragend vollzogen. Allgemein politisch ist nicht nur das deutsch-französische Verhältnis stetiger Gegenstand der Jahrbücher, vielmehr wird die gesamte internationale Politik einbezogen. Rußland findet eine erhöhte Aufmerksamkeit; die Berichte über die Vereinigten Staaten geben erste, bedeutsame Hinweise auf das Wesen des amerikanischen Frühkapitalismus und seine Verbindung zur Gewalttätigkeit. Der Überwindung des Provinzialismus entspricht die Bedeutung, die Ruge dem Völkerrecht zu geben sucht. Hinzuweisen ist auf die besondere Berücksichtigung, die die Probleme des Bildungs- und Schulwesens finden; sie sind vom Verfasser im Zusammenhang mit den Jahrbüchern an anderer Stelle im Detail untersucht worden. Hier werden frühzeitig bedeutsame Hintergründe aufgedeckt; es wird auf die ersten Anzeichen einer beginnenden Koalition zwischen Feudalismus und Bürgertum in der Auseinandersetzung um reale und humanistische Bildung verwiesen. Die Mitarbeiter, die während der Jahre häufig wechseln, was nicht zuletzt auf die zunehmend radikale Entwicklung der Jahrbücher zurückzuführen ist, repräsentieren den vornehmsten Teil der progressiven deutschen Intelligenz; eine Intelligenz, die im Anschluß an die klassische deutsche Philosophie und durch das Geschäft ihrer Aufarbeitung europäischen Rang für sich in Anspruch nehmen kann.

Nicht nur für die Aspekte des Bildungswesens war eine gesonderte Analyse notwendig; sie müßte für weitere Bereiche geleistet werden, um die Jahrbücher und die mit ihnen erkennbar werdenden Ausgangspunkte der späteren Geschichte für ein gegenwärtiges Problembewußtsein in Besitz zu nehmen. Dazu gehören ohne Zweifel auch jene kritischen Punkte, die nicht übersehen werden dürfen. Auch hier handelt es sich um Bereiche von erheblicher Konsequenz. Der zu Ende geführte Gedanke der bürgerlichen Revolution in Deutschland bleibt nicht frei von chauvinistischen Gesichtspunkten, die dem auftretenden Minderwertigkeitskomplex in keiner Weise entgegenstehen. Vor allem in der oftmals herabsetzenden Auseinandersetzung mit den slawischen Völkern, vornehmlich aber mit Rußland, werden düstere Züge erkennbar; von einem deutschen Weltberuf ist verschiedentlich die Rede. »Ein Volk«, heißt es 1841, »in dessen Brust ein neues weltgeschichtliches Prinzip aufgeht, wird, je bewußter es dieser Idee wird ... desto entschiedener moralischer Herr und Gebieter der übrigen Völker.« Vergleichbare Bemerkungen finden sich des Öfteren, gelegentlich auch ohne moralischen Zusatz. Die Verbindung von bürgerlicher Revolution und Nationalismus ist indes ein durchaus generelles, wenn auch höchst ambivalentes Phänomen, da sich der Nationalismus zu verselbständigen, von seiner progressiven Verbindung zu lösen sucht und in die Barbarei umschlägt. Die Verbindung von Revolution und Nationalismus setzt sich auch in den sozialistischen Revolutionen unseres Jahrhunderts vielfach fort. Ideologisch ist gerade in diesem Zusammenhang ein Staatsbegriff bedeutsam und ebenso kritisch zu untersuchen, der sich zwar als umfassendes menschliches Selbstbewußtsein setzt, ohne sich dabei jedoch strukturell aufzufüllen, ohne eine zu Ende geführte, sich in vielfachen Instanzen der Selbstbestimmung repräsentierende, radikal demokratische Basis zu enthalten. Der Staat, der die Gattung zum Ausdruck bringen will, bleibt damit abstrakt, wird zum Feind der Gattung. Er tritt als zentralisierte Bürokratie in den Widerspruch zu seinem eigenen Begriff. Überall hier sind Untersuchungsansätze von aktueller Relevanz; sie richten sich unmittelbar auf die Möglichkeit einer zukünftigen humanistischen Entwicklung.

Schließlich bleibt ein besonderes Thema, dessen Durchführung gewiß nicht ohne historische Konsequenz geblieben ist. Bis zu Bauers berühmter »Juden-Frage« im Jahrgang 1842 weisen die Jahrbücher eine fast durchgehende, oftmals primitive, niederträchtige antisemitische Tendenz auf, so wenig dies in den Kontext zu passen scheint. Um nur ein Beispiel zu geben, das durch andere ersetzt werden könnte: 1840, den 11. Mai, liest man in einer Literaturkritik, daß am jüdischen Friedhof »die müden Schacherer von der Verfolgung ausruhn«; von judenfreundlichen Deutschen heißt es, »daß sie die Judengefühle bei sich zu Gast laden, um nur überhaupt Gefühle zu haben. Diese Judenlüge ist eine bedauernswürdige Armut des Geistes und der Interessen«. Schließlich: »Diesen Tollwurm der Jüdelei, dieses Faseln verrückter und gänzlich von Gott verlassener Modenarren sollte man als eine beschimpfende Lüge der Zeit überall mit unerbittlicher Schärfe ausrotten; statt dessen wimmelt die ganze Literatur von diesem Ungeziefer. Wie Heuschreckenschwärme verdunkeln sie die Sonne der wahren Freiheit, die wahrlich ernstere und wesentlichere Emanzipationen, als die von Moses und Levi zu treiben und zu zeitigen hat, nämlich die des deutschen Namens.« Kein Zweifel, daß Bauers folgenreiche Schrift ein höheres Niveau repräsentiert, obwohl es auch hier an schlichtem Antisemitismus durchaus nicht mangelt; fataler ist die Theorie selbst, die Bauer entwickelt. Für die Emanzipation des Juden wird der Preis seiner Selbstaufgabe gefordert; für die Marxsche Behandlung des Themas ist diese Voraussetzung, trotz aller Kritik an Bauer, entscheidend geworden. Hier werden historische Konsequenzen erkennbar, die sich keineswegs nur auf die Endlösung des deutschen Faschismus beschränken, sondern bestimmende ideologische Weichenstellungen ankünden. Totalitarismus und Antisemitismus fehlen in den Jahrbüchern eben so wenig wie der gewaltige Gedanke einer realen Befreiung der gesamten Menschheit. Sie sind eine Geburtsstätte von unübersehbarer Folge.

Am 24. Februar 1842 schreibt Ruge an Feuerbach: »Lieber Freund! Ihre Befürchtungen im vorletzten Briefe, daß Gewalt gegen die Philosophie gebraucht werden würde, sind eingetroffen.« Die Jahrbücher wurden verboten, in der

Begründung der Zensur heißt es, daß mit ihnen »alle sozialen Verhältnisse« zu Grunde gingen. Es bleibt ein kurzer Ausblick auf die Schicksale der Männer, die an hervorragender Stelle die Jahrbücher prägten. »Es ist traurig«, heißt es noch am 17. Dezember 1842, anläßlich einer Besprechung von Gutzkows »Briefen aus Paris«, »daß in Frankreich die Greise nicht das Ehrwürdigste sind.« Das Zitat ist Gutzkow selber entnommen, um an dieser Bemerkung die eigene Situation zu erhellen. »Daß aber in Deutschland Leute wie Hardenberg, Gentz, Görres, Schelling, Steffens und Leo auch nicht gern an ihre Vergangenheit erinnert waren und sind, daß die meisten ehemaligen Demagogen jetzt ins Gegenteil umschlagen, daß es ein junges Deutschland gab, zu dem Laube, Mundt und Gutzkow gehörten, welches recht artige Antecedentien aufweisen kann, darüber sagt Gutzkow kein Wort.« Kein Zweifel, daß diese »in den meisten Fällen ein beschämender Spiegel sind, in dem man ein verlornes besseres Selbst zeigen könnte«. So war es mit dieser Generation, als ihr die deutsche Aussichtslosigkeit bewußt wurde. Es wurde nicht viel anders mit den Männern der Jahrbücher, obgleich sie ein höheres Bewußtsein, auch um ihre eigene, mögliche Zukunft, mit einbrachten. Bakunin war Russe, sein Lebenslauf ist bekannt. Feuerbach vollzog die letzten Konsequenzen der Jahrbücher gewiß nicht mit, er blieb, was er war, ein aufrichtiger bürgerlicher Liberaler, er gab das Beispiel eines würdigen Lebens. Herwegh, dessen indirekter Einfluß auf die Jahrbücher nicht gering ist und dessen Poesie zum dauernden Ansporn wurde, blieb unbestechlich und zog eine fast absolute Einsamkeit der Kapitulation in den Tagen nach 1871 vor. Er verband sich der kommenden Arbeiterbewegung. Strauss wird jedoch bereits zu einer fatalen Erscheinung, zum Eiferer des Reiches aus Blut und Eisen. Mit seinem »Neuen Glauben« lieferte er dem Industriebürgertum des anhebenden Imperialismus jene materialistische Ideologie, die mit einem Gemisch von Evolution, Darwinismus und Religionsersatz die eigene Fortschrittsthese atavistisch verkehrt. Dies mag ideologiegeschichtlich interessant bleiben; zur Person reicht die Bemerkung Nietzsches aus den »Vorarbeiten zu David Strauss, der Bekenner und der Schriftsteller« im Frühjahr

1873: »Es ist tröstlich, wenn einer alt wird und sein literarisches Testament macht; man darf anfangen ihn zu vergessen und nicht mehr zu lesen – und das ist ein positiver Gewinn.«
Echtermayer starb früh nach schwerem Leiden, kaum, daß die Jahrbücher ein Ende gefunden hatten. Der Weg Ruges, der als junger Mensch sechs Jahre in Festungs- und Untersuchungshaft verbracht hatte, führte zunächst zu Marx, mit dem er in Paris die »Deutsch-Französischen Jahrbücher« herausgab. Nach eigenem Zeugnis wurde das Studium der Hegelschen Philosophie seine zentrale Lebenserfahrung, »ihr Widerspruch mit ihrem eigenen Prinzip«. 1848 finden wir Ruge im Frankfurter Parlament wieder, neben anderen Mitarbeitern seines Organs, 1849 führt sein Weg erneut nach Paris, von dort aus zu dauernder Emigration nach England, wo er sich in Brighton niederließ. Das Werk und der vorliegende Briefwechsel zeugen von einem ungewöhnlichen Lebensschicksal, dessen Produktivität jedoch langsam erlöscht. Der Ausgang ist auch hier trübe. Mit Marx kommt es bald zu einem tiefgreifenden sachlichen und persönlichen Zerwürfnis; er wird als »bornierter Apostel des ›Heils‹ der absoluten Ökonomie« bezeichnet, er werde »alle schlachten, die ihm, dem neuen Babeuf, den Weg vertreten«. Verständlich, daß sich der Weg auch von Bakunin trennt, den Ruge einmal enthusiastisch begrüßt hatte. Die wesentlichen Briefe, die über seine Trennung von der entschiedenen Linken berichten, stammen aus dem Dezember 1844 und sind in Paris geschrieben. Dennoch bleibt er zunächst eine souveräne Erscheinung, deren analytische Fähigkeit stets wieder überrascht. So heißt es in einem Brief an Moritz Fleischer vom 9. Juli 1844: »Ohne den Sturz des Patriotismus kann Deutschland nicht für die Freiheit gewonnen werden. Mit dem Patriotismus kann man es gegen jede Freiheit hetzen wie einen treuen Hund.« In den England-Jahren löst die Erinnerung den Kampf um die Zukunft wachsend ab, das geistige Licht verbrennt schnell. 1866 und 1870 stellt sich Ruge hinter Preußen, nicht ganz ohne Kontinuität mit den eigenen Anfängen, aber unter Verlust jener wachen, unerbittlichen kritischen Fähigkeit, die ihn einmal ausgezeichnet hatte. Als Bismarck ihm im Jahre 1878 einen »Ehrensold«

von jährlich 3000 Reichsmark für seine nationalen Verdienste anträgt, nimmt der müde gewordene Mann mit demütiger Ergriffenheit an. »Außerdem ist die Creirung dieser Kategorie und die Anerkennung durch das Reichskanzeler-Amt, die in dem Ausdruck ›Ehrensold‹ liegt, höchst schmeichelhaft für mich.«
Bedrückender noch ist das Ende der Gebrüder Bauer. Bruno vor allem bewegt sich sehr bald auf eine Position der absoluten Negierung, die kein positives gesellschaftliches Prinzip mehr aus sich zu entwickeln sucht, sondern solipsistisch innerhalb der bürgerlichen Gesellschaft verbleibt. Das Selbstbewußtsein, das es zu befreien gilt, wird zum individuellen Selbstbewußtsein, das sich schließlich zum Objekt seines intellektuellen Spiels macht, dessen Entleerung unvermeidbar ist. Mit der individualistischen Wendung findet Bauer zur bürgerlichen Gesellschaft zurück, aber er hält ihre Negation unter ihrer eigenen Bedingung nicht aus. Es fehlte ihm die Konsequenz Stirners, um mit einer solchen Stellung über die bürgerliche Gesellschaft zugleich hinauszuweisen, die Bereitschaft zum Untergang, wie sie Nietzsche oder Kierkegaard auf sich nahmen. Er wurde keine Tragödie, die Zukunft aufdeckt. Die Dialektik des individuellen Selbstbewußtseins wird von allen handlungsrelevanten Bezügen gelöst, auch von der Notwendigkeit, sich selber zu Ende zu leben. Die Kritik, die ihrer stetigen Selbstaufhebung unterliegt, rückt Geist und Masse in einen unversöhnlichen Gegensatz, versteht Masse als Produkt der gesellschaftlichen Destruktion. Auch die bürgerliche Revolution wird damit zur Selbsttäuschung, der Kommunismus beantwortet die Frage nach dem Menschen »durch den gesellschaftlichen, gemeinsamen Tod«. Bauer wird zur Verzerrung des »Protestantischen Prinzips«, das eine anarchistische Konsequenz ursprungshaft in sich birgt. Der Übertritt zur politischen Reaktion erscheint damit notwendig; als Redakteur des Wagenerschen »Staats- und Gesellschaftslexikons« wird Bauer zu einer ideologischen Instanz des Konservativismus, schließlich, durch seine letzten politischen Arbeiten, zum Verfechter des Imperialismus mit offen faschistoiden Zügen. Es bleibt die Bedeutung seiner theologischen Kritik, die Albert Schweitzer umfassend gewürdigt hat. Edgar Bauer

geht einen vergleichbaren Weg. Seit 1870 findet man ihn gemeinsam mit dem streng konservativen Bischof Koopmann als Herausgeber der »Kirchlichen Blätter«. Die ultralinke Position schlägt auch hier in die ultrareaktionäre um. In der Tat, die ursprüngliche Position war schwer auszuhalten, ohne die Hoffnung auf baldige Verwirklichung; die Existenz, die sich der Wirklichkeit nicht vermitteln kann, bleibt abstrakt. Abstraktheit kann aber auch Zukunft enthalten, den von der Geschichte erst zu erfüllenden Begriff. Das Schicksal dieser Menschen ist Teil einer Entwicklung, in der sie moralisch unterliegen. Die Jahrbücher jedoch bleiben, in allen ihren Widersprüchen, ein Dokument von internationalem Rang; mit ungeheurem Zugriff wird die These der Zukunft aufgewiesen.

1840 heißt es, daß alle wahre Philosophie destruktiv sei. Es ist die Destruierung des Zeitalters, mit der Humanität freigelegt, eine zu Grunde liegende Angst überwunden wird. Hatte die Romantik den Geist in die Natur zurückgeholt, so holt Feuerbach die Natur in den Geist, um ihr Bewußtsein zu geben, sie zu ihrer Bestimmung zu führen. Der Geist wird vor seinem Untergang gerettet; eine reale Überwindung des Widerspruchs von Geist und Natur kündet sich an. Die Natur wird aus ihrer traumlosen Nacht geborgen, der Geist hält auf, Opfer zu sein. Am zerrissenen Bewußtsein wird seine Möglichkeit neu entdeckt. Die Feuerbachsche Position greift auf den Empirismus der Aufklärung zurück, aber sie vermag sich dem geschichtlichen Prozeß nicht zu verbinden, sie verbleibt in diesem Sinne im 18. Jahrhundert. Es ist wichtig, die methodischen Schritte noch einmal zu rekonstruieren. Der Begriff der Revolution, der in der Verhüllung der Hegelschen Dialektik entdeckt wird, wird zunächst über sich selbst zu Ende geführt, ohne hinreichende Verbindung mit der gesellschaftlichen Praxis. Er erreicht mit Bakunin seine äußerste Möglichkeit. Die Versuche, dem revolutionären Moment eine empirische Basis zu geben, sind augenfällig, aber sie reichen nicht zu; sie können nicht zureichen, da die Theorie der Revolution schließlich weit über die Wirklichkeit hinausgreift. Verschiedene Tendenzen kommen dabei in Betracht, die sich nur mühsam vermitteln lassen; so distanziert sich Ruge 1842 in einem Brief an Moritz Fleischer mit großer Schärfe von Bruno Bauer, weil dieser den Staat »im Begriff« auflösen wolle, dazu das Eigentum und die Familie. Er distanziert sich von der totalen Negation. Dennoch finden die entscheidenden Thesen zueinander. Edgar Bauers Selbstschöpfung des Menschen, die sich als Ziel der Revolution setzt, enthält keinen Widerspruch zu Feuerbachs Universalität; diese bezeichnet vielmehr nur den Inhalt, eine volle Wiederherstellung des menschlichen Wesens nach überwundener Klassenherrschaft. Die Folgerung wird in dieser Form jedoch erst von Marx gezogen; die Genese des Marxschen Frühwerks ist ohne die Jahrbücher undenkbar. In der Tat gelingt es erst Marx, der dialektischen Kategorie der Geschichte eine feste empirische Basis zu geben, das empirische Subjekt voll herauszuarbeiten, Hegel und die französische Aufklärung miteinander zu verbinden. Doch wäre es falsch, die Jahrbücher ausschließlich im Hinblick auf Marx zu verstehen. Marx ist kein Abschluß, so wenig ein Weg an ihm vorbei führt. Der Begriff der Revolution, den die Jahrbücher zu Ende hin entwickeln, versteht sich als Permanenz. Damit wird auf eine Zukunft verwiesen, die noch jenseits aller erfahrbaren Geschichte lag. Die permanente Revolution wird erst möglich mit der permanenten Revolutionierung der technischen Basis der Gesellschaft, mit der unaufhaltsamen, forttreibenden Revolution der Produktivkräfte. Erst damit wird sie zur geschichtlichen Notwendigkeit, wird sie aus dem Schattenreich der Idee entlassen. Mit der Absolutsetzung des revolutionären Prozesses gewinnen die Jahrbücher eine weit über sie hinaus weisende Zielsetzung, sie werden zum Geburtsbett des Umsturzes in der modernen Welt. Die Unabgeschlossenheit, mit der der Prozeß gesetzt wird, seine Offenheit für alle zukünftige Geschichte weist in dieser Form über Marx hinaus, der Charakter der Spekulation wird durch die Geschichte eingeholt; was Spekulation war, wird nun Notwendigkeit. Die permanente Revolution des Bewußtseins ist das notwendige Pendant zur permanenten Revolution der Materie, falls der Mensch seiner habhaft werden will. Die Jahrbücher lassen eine erste Zellbildung erkennen. Sie schließen den Widerspruch zwischen Bewußtsein und Wirklichkeit im Sinne seiner fortdauernden revolutionären Überwindung. 1838, im ersten Jahrgang, heißt es über die Hegelsche Philosophie: »Man vernimmt die Kunde, es sei ein neues Land entdeckt worden. Die ungefähre Lage, die ungefähre Beschaffenheit wird angedeutet. Aber es vergeht geraume Zeit, ohne daß uns eine Einsicht in das Innere des Weltteils gegeben wird, bis endlich die Beschreibung eines gründlichen Reisenden das hochgespannte Verlangen befriedigt.« In groben Umrissen wird eine Karte gezeichnet, ihr Inhalt ist die zukünftige Geschichte. Tiefe des Widerspruchs und der Möglichkeit können erst heute erfahren werden. Auf sie wird verwiesen, unzulänglich, erratisch, mit der Gewalt der Hellsicht, mit Blitzen aus einem verhüllten Himmel.

V Heinz-Joachim Heydorn / Gernot Koneffke: Zur Bildungsgeschichte des deutschen Imperialismus
Die Schulkonferenzen von 1890, 1900 und 1920

1.

Erst mit dem deutsch-französischen Krieg der Jahre 1870/71 wird Deutschland vollends in die industrielle Revolution einbezogen. Die dadurch hervorgerufenen Veränderungen vollziehen sich mit ungewöhnlicher Schnelligkeit; 1914 ist das Reich eine der ersten Industriemächte der Welt. Das Wachstum der Zentren gleicht dem Wachstum der großen nordamerikanischen Städte. Für die Entwicklung gewinnt der preußische Staat erst nunmehr seine ausschlaggebende Kraft; es gilt dies zugleich für das Bildungswesen. In den »Buddenbrooks« wird der Vorgang von Thomas Mann am Beispiel eines Lübecker Gymnasiums in der ganzen Dimension seiner menschlichen Konsequenz gefaßt; eine alte, humanere Welt geht unter. Der Primat Preußens wird dabei kaum durch die Tatsache eingeschränkt, daß einzelne Bundesstaaten, im Norden vornehmlich wie im Südwesten, fortschrittlichere Schulverfassungen entwickelt hatten; Preußen ist das Kriterium der gesamten Entwicklung. Insofern sind die preußischen Schulkonferenzen der Jahre 1890 und 1900 eine Quelle von hervorragender Bedeutung, die über den Stand der gesamten Verfassung informiert. Der Bundesstaat mit der geringsten Bildungssubvention setzt Bildung auf die umfassendste Weise in Machtstrategie um. Die Auffassung des Ministers von Gossler, mit der dieser zu Beginn der Konferenz von 1890 den preußischen Staat zum Maßstab erhebt, ist der Sache nach nicht zu bezweifeln: »Das preußische Schulwesen hat aber – und das muß doch wohl in der Einleitung hervorgehoben werden – insofern eine eminent politische Bedeutung, als es ein einigendes Band innerhalb der deutschen Staaten geworden ist. Nach Preußen haben sich die übrigen deutschen Staaten gerichtet.«

Mit den Konferenzen der Jahre 1890 und 1900, wie mit der

Reichsschulkonferenz des Jahres 1920, werden die entscheidenden Stationen der jüngeren Geschichte des allgemeinbildenden Schulwesens in Deutschland festgemacht. Umfassen die Protokolle der Reichsschulkonferenz das gesamte Spektrum bildungspolitischer und -theoretischer Auffassungen, die sich weithin erst jetzt mit der Zerschlagung des alten Staates offiziell artikulieren dürfen, so kann ein Gleiches für die preußischen Konferenzen nicht behauptet werden. Hier behandelt die herrschende Klasse ihre eigenen Angelegenheiten. Die politische Bedeutung der Konferenzen ist damit jedoch noch gewichtiger, mag ihr gedanklicher Reichtum beschnittener sein. Noch spricht man unbefangen und glaubt der Geschichte sicher zu sein; der Begriff der herrschenden Klasse wird von dieser Klasse noch auf sich selber angewandt. So spricht der Erzieher des Kaisers, Professor Hinzpeter, von einer gymnasialen Bildung, »die so vielen Generationen der herrschenden Klasse die höchste Bildung hatte gewähren können«; man ist unter sich. Hier sitzt niemand, der keine Befugnisse hat, es gibt keine armseligen Pädagogen auf der Hinterbank, kein entwickeltes System der Verschleierung. Man ist obödient, aber man gehört dazu, ist auch noch ehrlich ergriffen in Augenblicken der eigenen Hochstilisierung, der pseudometaphysischen Weihe. Entscheidendes wird offen gelegt; die Verhandlungsprotokolle sind für einen begrenzten Kreis von Interessenten gedacht. Es wird erkennbar, daß die sachlichen Ausgangspunkte, bei ungebrochener gesellschaftlicher Herrschaftskontinuität, auch heute an Aktualität nicht verloren haben, im Gegensatz zu mancherlei Thesen von 1920, die sich oftmals nur als unterdrückte Subprodukte der gleichen Vergangenheit zu erkennen geben.

Im Vordergrund geht es zunächst und vor allem um die Frage, wie das Verhältnis von klassischer und realistischer Bildung im Rahmen des weiterführenden Schulwesens formuliert werden soll. Die nicht eben neue Problematik gewinnt ihre Bedeutung jedoch auf dem Hintergrund umwälzender Prozesse, die den gesamten Charakter der Verfassung berühren und die feudal-bourgeoise Herrschaft zu stetiger Anpassung an die Bedingungen der imperialistischen Epoche zwingen. Trotz ständiger Widersprüche zwischen den

fraktionellen Interessen wird diese Anpassung in toto souverän vollzogen. Sie umfaßt im Prinzip den gesamten Bildungsbereich und läßt seine funktionelle Abhängigkeit kristallklar erkennbar werden. Wir sind Zeuge einer Schulentwicklung, die Deutschlands Aufstieg zur imperialen Weltmacht innerhalb weniger Dezennien hervorragend mitbewirkt.
Sogleich mit Beendigung des Deutsch-Französischen Krieges, 1872, wird mit der preußischen Mittelschulgesetzgebung vornehmlich eine erste, vorausschauende Maßnahme getroffen, um qualifizierte Kräfte für eine industrielle Entwicklung zu gewinnen, die nicht mehr in gleichem Maße wie in der Vergangenheit auf nackter physischer Arbeit beruhen konnte. Zwar bleibt die Masse der Volksschüler trotz einiger struktureller Verbesserungen noch ganz von dieser Entwicklung ausgeschlossen, doch werden ihr über die Mittelschule erste Aufstiegsmöglichkeiten angeboten, die nicht mehr auf individuellem Mäzenatentum beruhen. Übergänge zum Kleinbürgertum werden freigemacht; die Protokolle machen darüber hinaus deutlich, daß bereits 1890 in Berlin Aufstiegsmöglichkeiten von der Volksschule bis hin zum Abitur im beschränktem Umfang bestehen. Die Mittelschule, der eine wichtige Bedeutung für neue Qualifizierungen zukommt, erhält eine spezifisch ökonomische Festlegung. Hier wird von Beginn an auf eine ideologische Verstellung verzichtet. Die ausschließlich auf direkte Verwertungsprozesse gerichtete Schule soll »die Bedürfnisse des gewerblichen Lebens« berücksichtigen, auf die Bedingungen des »Ackerbaues, Fabrikwesens, Bergbaues, Handels oder der Schiffahrt« Rücksicht nehmen, die für den zügigen industriellen Fortschritt notwendig werdenden mittleren Fachpositionen besser und basisnäher als die ungezählten vergleichbaren Bürgerschulen sichern. Damit sind zunächst die notwendigen Voraussetzungen geschaffen, um jenem Grad an Mobilität gerecht zu werden, den die veränderte Situation erfordert. Sie erfordert in der Tat nicht mehr; die große Masse der landwirtschaftlichen Arbeiter und des nur dürftig gebildeten Industrieproletariats kann seine Funktionen noch für lange Zeit erfüllen, dies um so mehr, als das allgemeinbildende Schulwesen fortschreitend durch eine berufsschulische Ausbildung ergänzt wird.

1890 steht die weiterführende Bildung zur Debatte; sie schließt den Selbstverständigungsprozeß des zur Mitherrschaft gelangten Bürgertums ein. Im weiterführenden Bildungsbereich werden erhebliche Antagonismen erkennbar. Längst hatte das ursprüngliche Gymnasium realistische Inhalte in sich aufgenommen; es war zu einer utraquistischen Anstalt geworden und mußte somit den Widerspruch von Humanismus und Realismus über sich selbst versöhnen. War der griechische Traum als Erlösung im Spieltrieb, als freie, schöne Welt auch schon längst ausgeträumt, so blieb doch die Notwendigkeit, sich dem immer noch herrschenden Feudalismus gegenüber zu rechtfertigen. Er blieb die leisure class, letzthin eine Klasse der Zweckfreiheit; etwas davon mußte auch für die bürgerliche Klasse gelten, als Selbstbestätigung, wenn auch nicht mehr mit dem Homer in der Tasche und der Sehnsucht nach befreiender Antizipation. An die Stelle der politischen Hilflosigkeit, in der der frühe Neuhumanismus die Dichotomie der Geschichte geistig überspringt, war schon früh ein restaurativer Charakter getreten, der den griechisch-heidnischen Ursprung der Gymnasien ausgelöscht hatte; doch eben nicht nur dies. Reale Ansprüche meldeten sich an, der humanistische Lehrplan wurde zu Gunsten dieser realeren Obligenheiten stetig verkürzt. Zuletzt wurde im Jahre 1882 eine erhebliche Einschränkung des lateinischen Unterrichts vorgenommen; die subversivere griechische Welt hatte sich ohnehin nie recht durchsetzen können, obwohl und gerade weil sie den Ausgang der neuhumanistischen Bewegung gebildet hatte. Neben dem traditionellen und auf seine monopolistische Berechtigung bedachten Gymnasium hatten sich zudem weiterführende realistische Systeme stets erhalten, wenn auch gedrückt; sie wiesen auf die frühe Aufklärung zurück, gingen auch auf dem Höhepunkt des Neuhumanismus nicht unter und wurden auch durch die verlorene Revolution von 1848 nicht verdrängt. Vielmehr kommt es gerade nach 1848 zu einer stetigen Vermehrung realistischer Anstalten, mit denen sich die Industrialisierung fortschreitend ankündet. Auch feudalistische Interessen stützen diese realistische Bildung dort, wo Feudalismus und Industrie eine frühe Verbindung miteinander eingehen. Es profilieren sich, und dies muß als Voraussetzung mitgedacht werden, zwei Formen der realistischen Bildung, eine lateinlose und eine zweite, die den lateinischen Unterricht obligatorisch macht und sich dadurch dem klassischen Gymnasium anzugleichen, den erreichten Stand des Industriebürgertums zu dokumentieren sucht. Beide Formen gewinnen als Realgymnasium und Oberrealschule einen institutionellen Stellenwert. Es sind dies vor allem die Schulen des nicht akademischen, aber durch Industrie, Handel und Gewerbe arrivierten Bürgertums. Seine innere Welt bleibt zwiespältig, leidet unter den traditionellen Ansprüchen, die es nicht erfüllen kann; gleichzeitig versucht dieses Bürgertum, ein eigenes Selbstbewußtsein zu artikulieren. Zur Zeit der Konferenz ist das Realgymnasium trotz einiger Rückschläge bereits scheinbar etabliert und mit weitgehenden Berechtigungen ausgestattet; neben ihm wächst seit dem Beginn der achtziger Jahre die lateinlose Oberrealschule heran. Die schulgeschichtliche Retrospektive wird während der Konferenz vor allem von Paulsen vorzüglich geleistet.

In der Auseinandersetzung um die Stellung der verschiedenen höheren Schultypen bleibt das Lateinische Klammer, die mit der zweckfreien Bildung verbindet, der Status will angezeigt sein, der erreicht worden ist, zugleich jedoch werden materielle Erfordernisse umfassend aufgenommen. Dies bleibt ein Widerspruch, wird oft genug zur Bewußtseinsspaltung, deren existentieller Hintergrund offenbar ist. Auch die degenerierende und fortschreitend brutalisierte bürgerliche Klasse will nicht sein, was sie ist; inmitten aller Klasseninteressen und Berechtigungspakete, inmitten ihrer Zerstörtheit sucht sich die Bildung dennoch stets wieder als Freiheit zu definieren, die aller materiellen Determination entlaufen ist, als Habhaftwerdung des Menschen durch den Menschen. Ein Rest bleibt in aller Perversion. Absterbender humanistischer Glanz liegt auch noch auf dieser Konferenz, verweist auf schließliche Widerspruchsaufhebung, das Bewußtsein erweist sich als ambivalentes, mechanisch nie festzumachendes Phänomen. Man muß dies ebenso erkennen wie die Bedingtheit der Klasse; verschüttete Totalität des Menschen hört nicht auf, Hinweis auf Totalität zu sein. Hat sich die Situation der humanistischen Bildung somit tiefgreifend verändert, bleibt nur wenig von dem erkennbar, was einmal Ausgang eines Befreiungsversuches nach 1789 war, so gilt ein Gleiches auch für den Realismus. Seine ursprüngliche, auf Freimachung von der Naturangst, auf die Erhebung des Menschen hin gerichtete Perspektive ist kaum mehr erkennbar. Es wird deutlich, daß weder Humanismus noch Realismus per se als fortschrittlich oder reaktionär deklariert werden dürfen; die jeweilige Funktion unter konkreten geschichtlichen Bedingungen entscheidet. In der Konferenz von 1890 wird endgültig klar, daß die progressive Spitze des bürgerlichen Realismus abgebrochen ist, die noch 1848 bestimmend war. Seine Inhalte haben sich verändert, er wird zum Instrumentarium eines sozialdarwinistischen Imperialismus. So vermögen weder Humanismus noch Realismus die ihnen impliziten Gehalte offenbar zu machen, beide gehen in den bürgerlichen Verfall, wenn auch mit verschiedenartigen Charakteristika, ein. Sie sind Momente der gleichen Sache angesichts eines spezifischen historischen Widerspruchs, der sie weithin gegeneinander kämpfen läßt; sie sind unter das gleiche Interesse subsumiert. Trotz eines Pyrrhussieges gerät schließlich das Ende des traditionellen Humanismus in Sicht, sein langsamer Untergang. Er hat nur noch einen Ort im Bewußtsein, der sich den materiellen Notwendigkeiten immer schlechter vermitteln kann, in einem Bewußtsein jedoch, das seiner noch so lange bedarf, als es sich selber durch die Fixierung auf eine feudale Oberschicht aufrecht erhält. Die Zwangsneurose der deutschen Bourgeoisie wird als Bildung erkennbar; der realen Geschichte konnte sie kein Selbstbewußtsein abgewinnen, sie hatte vor ihr versagt.

Die entscheidenden Ausganspunkte, um die es sich in Wahrheit handelt, werden von der Konferenz selber festgelegt; sie erhellen den historischen Standort. Schon in den Thesen der Berichterstatter, die den Teilnehmern vor Beginn der Tagung als Leitlinien bekannt gemacht werden, heißt es: »Die den alten Sprachen im Lehrplan der Gymnasien gewidmete Stundenzahl ist einzuschränken«, um den »durch die neue Weltstellung Deutschlands gesteigerten Anforderungen auch anderer Wissensgebiete gerecht zu werden«. Die Hintergrunddimension wird angerissen.

Gleichzeitig wird bereits zu Beginn eine tiefgreifende Veränderung des Geschichtsunterrichts verlangt. Nicht das Altertum, sondern die neueste Zeit sollen für den Abgänger im Mittelpunkt stehen, »damit der deutsche Jüngling nicht ein letztes flüchtiges Interesse den Taten Alexanders oder Cäsars zuwende, sondern warme Hochachtung vor der sittlichen Größe der Männer, denen das Vaterland seine Einheit und Wohlfahrt dankt«. Geschichte wird mit diesen Thesen mythisiert. »Der Geschichtsunterricht führt auf den Religionsunterricht zurück«, liest man, Förderung eines mythischen Geschichtsverständnisses und der exakten Naturwissenschaften gehen Hand in Hand, ohne daß ein Riß erkennbar wird. Im Zusammenhang der Verhandlungen tauchen die Ausgangspositionen vielfältig wieder auf, um an die wirklichen, zur Entscheidung stehenden Fragen zu erinnern. Der Minister von Gossler erklärt: »Jetzt, wo unsere Augen erweitert sind, wo unsere Blicke sich richten auf alle Nationen, wo wir Kolonien vor unseren Augen haben: überall haben wir den Eindruck, daß wir vielleicht den Zaun, der bisher unser Unterrichtswesen umschlossen hielt, in dieser oder jener Weise durchbrechen müssen.« Erläuternd fügt der Ministerial-Kommissar Dr. Thiel hinzu, daß es dringend sei, »unsere Industrie und unser ganzes Erwerbsleben dadurch zu unterstützen, daß man den jungen Leuten eine bessere Vorbildung für das Gewerbe gebe«; dies sei im staatlichen Interesse unabdingbar, »wenn wir unsere Weltstellung erhalten wollen«. Sie beruhe auf einer blühenden Industrie, nur über sie ließen sich die Mittel gewinnen, »die das moderne Staatsleben und unsere Armee erfordern«. England habe hier, gibt das Konferenzmitglied Hornemann zu denken, durch seine Stellung auf dem Weltmarkt einen großen Einfluß gewonnen, »den es gerade jetzt, wo wir in den großen Verkehr einzutreten und an der kolonialen Bewegung uns zu beteiligen anfangen, in verstärktem Maße ausübt«. Professor Schottmüller resümiert: »Die Anforderungen der Weltstellung Deutschlands an die Ausbildung der Jugend reden für sich selbst«, die Schule habe sich »als dienendes Glied« in den Organismus einzufügen, ihre Aufgabe sei es, »die Bedürfnisse, die sich als notwendig herausgestellt haben, völlig zu befriedigen«.

Der Realismus ist bemerkenswert; keine These spricht noch vom eigenen Reich der Bildung. Vielmehr wird dieser Realismus im Laufe der Konferenz auf seine Verfassung hin aufgedeckt. »Ave Caesar, morituri te salutant«; der Todestrieb wird bei Graf Douglas mit Blick auf den Kaiser zum Bildungsbekenntnis. Die bruchlose Funktionalisierung der Institution zu Gunsten eines offenen Imperialismus steht auf der Tagesordnung. Der Vertreter des Kriegs-Ministeriums, Major Fleck, weist insbesondere auf die militärische Bedeutung des Verhandlungsgegenstandes, »zunächst nach der erziehlichen Seite hin, denn die Armee ist auch eine Schule der Nation, und zweitens in Rücksicht auf die Wehrhaftigkeit unseres Volkes und somit auf die Machtstellung unseres Vaterlandes«. Unter diesem Gesichtspunkt der Machtstellung sei die Verbreitung moderner Fremsprachen für die Armee »eine Lebensfrage«. Auf den speziellen Punkt wird zurückzukommen sein; zu bemerken ist, daß sich die Vertreter des Kriegs-Ministeriums an die Spitze einer pragmatisch-realistischen Ideologie setzen. Bornierter Terminologie gemäß müßte man sie als »fortschrittliche Pädagogen« einstufen; sie vor allem suchen, das alte gymnasiale Monopol zu zerschlagen, weil sie seinen Widerspruch zu den technischen und industriellen Bedürfnissen erkennen. Fleck fügt hinzu, daß die Armee selbständig handelnde Offiziere mit modernen Kenntnissen braucht; er leitet dies knapp aus der veränderten strategischen Bedingung ab. »Noch im vorigen Jahrhundert fügten sich die meisten Offiziere, selbst Generale, in die Schlachtordnung, die ein langgedehntes Instrument in den Händen des Feldherrn bildete, als ganz mechanisches Glied ein; heute soll schon der Lieutenant selbständig handeln.« Der Ansatz zu einer technokratischen Reform, die nicht nur den Unterrichtsstoff, sondern auch eine veränderte Disposition des Arbeitens umfaßt, zeichnet sich ab. Zugleich soll eine Indoktrination erfolgen, »mit dem Endziel, daß der Soldat im Kriegsfalle, in der Stunde der Gefahr uns nicht versagt, sondern mit Bewußtsein uns gerne folgt in den Tod«. Die Offenheit, mit der diese Vertreter eines imperialistischen Realismus sprechen, zeugt auch hier davon, daß sie ihrer Herrschaft trotz wachsenden Druckes der Arbeiterbewegung noch sicher sein können. Noch hat keine sozialistische Revolution die Verhältnisse umgestoßen. Wenn »über die Abnahme der Leistungen beim lateinischen Unterricht« geklagt wird, wendet sich Dr. Schottmüller an die verzagten Altphilologen, »da kann ich nicht leugnen, daß mir die Abnahme der Wehrkraft, wie sie uns hier aus Allerhöchstem Munde dargetan ist, unendlich viel bedenklicher erscheint«. An keiner Stelle jedoch wird das gesamte Problem einer realistischen Anpassung des Bildungssystems, um die es alleine geht, so nackt umrissen, wie in der Rede des Abgeordneten von Schenckendorff, auf die gleichfalls noch auf Grund ihrer bemerkenswerten sozialpolitischen Inhalte zurückzugreifen sein wird. »Aber ich möchte darauf hinweisen, daß auch die militärische Schule, wie wir sie bis 1870 gehabt haben, auch die allergrößten Erfolge aufzuweisen hatte«, bemerkt der Abgeordnete mit einer panegyrischen Totenklage auf die humanistische Bildung, »Erfolge, wie sie überhaupt die Welt noch nicht gesehen hat. Und doch hat die Militärverwaltung, die den Schutz und die Sicherheit des Vaterlandes fest im Auge hat, keinen Augenblick gesäumt, diese Grundlagen, auf denen die welthistorischen militärischen Erfolge sich aufgebaut hatten, vollständig, ich kann sagen nach allen Richtungen hin, seit jener Zeit gänzlich umzuwandeln. Sie hat, um nur einiges zu nennen, die Bewaffnung geändert, sie hat in allen Waffengattungen das neue Exerzierreglement eingeführt; die neue Felddienstordnung ist dazu getreten, die militärischen Bildungsanstalten sind vollkommen neu organisiert; das Ökonomiewesen ist von Grund aus geändert, auch das Befestigungswesen hat eine ganz neue Gestaltung erfahren. Und Alles das ist geschehen, um auf der Höhe der Zeit zu stehen und zu bleiben, die Kriegsverwaltung will den Anforderungen, welche die Zeit und überhaupt die ganzen Verhältnisse der sie umgebenden Welt an sie stellen, gerecht werden. Diese Tatkraft, welche auf diesem militärischen Gebiete herrscht, gerade die ist es, die wir auch von der Unterrichtsverwaltung in den Schulinstitutionen wünschen.« Die Bildungsinstitution wird hier unter den gleichen Gesichtspunkten betrachtet wie die Armee, der Rest einer eigenen Inhaltlichkeit von Bildung wird fortgetan, nur die Immobilität des Instruments wird beklagt, seine größere

Kompliziertheit, der unbrauchbare Überhang, der es der Vergangenheit schwerer entreißen läßt.
So wird schließlich die einleitende Rede des Kaisers in ihren Gesamtzusammenhang gerückt. Mit ihr wird eine Zäsur erkennbar; die Epoche des humanistischen Bürgertums wird endgültig abgeläutet. Seit 1870, erklärt Majestät, sei die Schule hinter ihren Aufgaben zurückgeblieben; sie habe ihren Auftrag, ein neues Staatswesen zu erhalten, nicht verstanden. »Davon ist Nichts zu merken gewesen«, und: »Es ist weniger Nachdruck auf das Können wie auf das Kennen gelegt worden.« Der unangepaßte Charakter sei augenfällig. Es fehlt »an der nationalen Basis. Wir müssen als Grundlage für das Gymnasium das Deutsche nehmen; wir sollen nationale junge Deutsche erziehen und nicht junge Griechen und Römer. Wir müssen von der Basis abgehen, die Jahrhunderte lang bestanden hat«. Zur Wehrhaftmachung müsse jeder Lehrer turnen können, »und jeden Tag soll er turnen«. Wehrhaft muß der Lehrer »für das jetzige praktische Leben vorgebildet werden«, die Schule habe »die Bedürfnisse des Lebens mißachtet«. Das traditionelle Gymnasium erzeuge vielmehr eine »Überproduktion der Gebildeten«, die zu nichts nutze sind, ein »Abiturientenproletariat«, »Hungerkandidaten«, Journalisten, die »vielfach verkommene Gymnasiasten« sind, »eine Gefahr für uns«. Kein Gymnasium solle mehr genehmigt werden, das nicht seine absolute Existenzberechtigung nachweisen könne. Es gehe darum, den »Puls der Zeit« zu fühlen. »Ich bin entschlossen, so wie Ich es bei dem Anfassen der sozialen Reformen gewesen bin, so auch hier in Bezug auf die Heranbildung unseres jungen Geschlechtes die neuen Bahnen zu beschreiten, die wir unbedingt beschreiten müssen; denn täten wir es nicht, so würden wir in zwanzig Jahren dazu gezwungen werden.« Der Kaiser spricht als Pragmatiker; er möchte die notwendige Anpassung für den anhebenden Kampf im Urwald auch im Schulwesen zeitig genug vollziehen. Es geht ihm dabei nicht nur um reine Defensivmaßnahmen, wie sie in der »Allerhöchsten Ordre« vom 1. Mai 1889 zum Ausdruck gekommen waren, »die Schule in ihren einzelnen Abstufungen nutzbar zu machen, um der Ausbreitung sozialistischer und kommunistischer Ideen entgegenzuwirken«.

Der Rekurs auf die Sozialgesetzgebung macht deutlich, daß auch auf dem Gebiet des Schulwesens anachronistische Bestände aufgegeben werden sollen. Der Kaiser erkennt, daß der absterbende, den Verlust seiner Herrschaftsfunktion bereits spürende Humanismus in die Rebellion pauperierter Intellektueller umzuschlagen droht. Es geht darum, die feudal-kapitalistische Herrschaft fit zu machen. Mit einer unvermuteten Wendung weist er darauf hin, daß es sich darum handelt, den mit der bürgerlichen Revolution von 1789 begonnenen Weg unter dem Gesetz seiner immanenten Logik zu Ende zu bringen. Die jungen Leute wissen nicht, »wie unsere Zustände sich entwickelt haben und daß die Wurzeln in dem Zeitalter der französischen Revolution liegen. Und darum bin Ich gerade der festen Überzeugung, daß, wenn wir diesen Übergang aus der französischen Revolution in das 19. Jahrhundert in einfacher, objektiver Weise in den Grundzügen den jungen Leuten klar machen, so bekommen sie ein ganz anderes Verständnis für die heutigen Fragen, wie sie es bisher hatten.« Die allgemeinen Bedingungen der Konferenz sind damit abgesteckt.
Geht man auf die detaillierten Probleme, wie sie unter diese Bedingungen subsumiert werden können, über, so sind sie industrieller und soziologisch-politischer Natur. Zugleich werden die Widersprüche innerhalb der herrschenden Klasse deutlich erkennbar. Politisch geht es um eine Absicherung gegen die wachsende Arbeiterbewegung sowie um die Integration möglichst breiter Schichten in die bestehende Verfassung. Die tiefgreifenden Veränderungen seit 1870 sollen auch im Schulwesen mit den gesamtpolitischen Zielen zur Deckung gebracht werden. Das weiterführende Bildungswesen steht dabei im Vordergrund, weil die Widersprüche an dieser Stelle virulent werden. Für die Niederen Schulen bleibt es zunächst bei verbesserten Formen der Indoktrination. Hier sollen die Seminarlesebücher für Lehrerstudenten korrigiert werden, dem Schüler ist zu zeigen, wie die Gesellschaft »in fortschreitender Entwickelung die Lebensbedingungen der Arbeiter« hebt. Die Schule soll »durch statistische Tatsachen nachweisen, wie wesentlich und wie konstant in diesem Jahrhundert die Lohn- und Lebensverhältnisse der arbeitenden Klassen unter diesem

monarchischen Schutze sich verbessert haben«. Vor allem wird auf die Sozialgesetzgebung von 1889 Bezug genommen, es ist darzutun, daß der Marxismus »dem praktischen Sinne« widerstrebt, daß sich Männer »aus engen Verhältnissen emporgearbeitet haben«. Unpathetisch wird an die, wenn auch nur bescheidenen Möglichkeiten angeknüpft, die die Gesellschaft zur Verfügung stellt, um eine frühkapitalistische Aufstiegsvision zu verinnerlichen. Das höhere Schulwesen wird dagegen durch die Interessenidentität seiner Besucher mit der bestehenden Ordnung definiert; dieses Schulwesen hat es mit denjenigen »Gesellschaftsklassen« zu tun, »welche zu maßgebendem Einflusse auf unser gesamtes Volksleben berufen sind«. Hier geht es darum, sie für diese Aufgabe auszurüsten und den Kreis derjenigen zu bestimmen, die diesen Gesellschaftsklassen angehören sollen. Eben diese Frage gewinnt ihr besonderes Gewicht.

Es war, so erklärt der Berichterstatter Dr. Frick, eine einseitige Bevorzugung jener Schulanstalten zu bemerken, »welche der Bildung der oberen Gesellschaftsschichten dienen, die großen Mittelschichten kamen zu kurz«. Schulisch gesprochen geht es um »Gymnasien mit klassischer Bildung« und um »Schulen mit Realbildung«, wie der Kaiser selbst formuliert. Die Bildung der Mittelschichten, so wird von Frick gefordert, müsse entschieden verbessert werden, »um damit der von unten herandrängenden Wucht der bildungslosen Menge begegnen zu können«. Ein zentrales Thema wird angeschlagen. Politisch soll vor allem die Kluft zwischen den gefährdeten bürgerlichen Schichten und der Arbeiterbewegung vertieft werden. Eine ganze Kette von Rednern nimmt diese Fragestellung auf. Dr. Wehrenpfennig erläutert, daß wir »mit dem allgemeinen Begriff des leitenden Standes« nicht mehr weiter kommen; aus allen Schulen kämen Männer, »die später je nach ihrer Wirksamkeit im Leben zu den herrschenden Ständen zu zählen sind«. Aufgabe sei es, einem möglichst breitem Kreis weiterführende Bildung zu vermitteln. Es gäbe in den »industriereichen Gegenden, eine Menge von Söhnen von Gewerbetreibenden, Fabrikbesitzern, die erst einmal sehen wollen, ob der Sohn mit der höheren Bürgerschule und der mittleren Fachschule ausreicht, oder ob er, wenn er besonderes Talent zeigt, technische Studien machen soll.« Diese jungen Leute solle man dahin führen, daß sie, wenn sie tüchtig sind, »auch in die höheren Fächer der Technik und der Industrie übergehen können«. Das entscheidende Problem wird deutlich artikuliert: Auf welche Weise erweitert man den Bereich des bisherigen höheren Schulwesens für eine breite Mittelgruppe, die sich bisher mit allerlei Bürgerschulen begnügen mußte, wobei realistisch-industrielles Interesse und politisches Interesse durchaus interdependent sind. Es geht um eine durchgängig rationale Organisation des weiterführenden Bildungswesens, die auch den Zugang zum Abitur vielfältiger öffnet. Dr. Schulze sucht die Gesellschaftsstruktur auf eine einfache Formel zu bringen. Es gäbe eine Unterschicht, eine Mittelschicht und eine »oberste Schicht unserer Bevölkerung«. Auch ihm geht es um die Sachwaltung einer Mittelschicht, die sich, mit ihrem oberen Spektrum, dem Gymnasialmonopol der traditionellen, aus dem Absolutismus datierenden Verwaltung und der freien Berufe gegenüber durchsetzen will. Sie kann dabei auf die Unterstützung bestimmender gesellschaftlicher Kräfte rechnen, die über ihre Interessenidentifikation mit dem Staat die politische und ökonomische Berechtigung dieser Forderungen erkennt und sie schulisch an den Ausbau realistischer Bildungsanstalten knüpft. Es soll ein Unterrichtssystem gefunden werden, »das wirklich den Verhältnissen unserer gegenwärtigen Gesellschaft Rechnung trägt und zugleich es ermöglicht, den umstürzenden Bestrebungen, die in gewissen Kreisen unserer Bevökerung zu Tage treten, entgegen zu arbeiten«. Schulze, der die Gesamtfrage definiert, bleibt jedoch den tatsächlichen Erfordernissen gegenüber zurück, deren dynamischen Charakter er verkennt. Der Konferenzteilnehmer von Schenckendorff weist statistisch im Detail nach, daß die Gesellschaft von einer bisher unbekannten Mobilität erfaßt und der wachsende Andrang nach höherer Bildung daraus abzuleiten ist; es gelte, diese Mobilität systemimmanent zu integrieren. Die Aufgabe »einer rationellen Schulpolitik« sei die Förderung eines breiten und großen Mittelstandes; er sei, »in sozialer Hinsicht«, die eigentlich »feste Burg«; dieser Stand müsse eine Bildung erhalten, »wie sie unseren modernen Lebensverhältnissen« entspricht. Nur so könne eine Polarisierung der Nation verhindert werden, die sich schulpolitisch als Gegensatz von abiturloser und humanistisch elitärer Bildung ausweise. »Meine Herren, diese Frage ist also eine Frage sozialpolitischer Natur ersten Ranges.« Wer sie nicht erkenne, gerate in einen gefährlichen Widerspruch. »Die soziale Frage ist die Signatur der Zeit, die rohe Gewalt strebt nach Herrschaft; alles geht seit Jahren darauf hin, einer Katastrophe vorzubeugen.« Der Mitberichterstatter Dr. Albrecht geht unter dem Gesichtspunkt des militärischen Berechtigungswesens auf den gleichen Zusammenhang ein. »Ich gestattete mir vorhin, das Streben nach dem Freiwilligenrecht als eine unter den verschiedenen Erscheinungsformen der Flucht nach vorn zu bezeichnen. So fehlerhaft in seinen Übertreibungen und Auswüchsen dieser soziale Zustand sein mag, wir werden doch die darin sich offenbarende Bewegung nicht zurückstauen, welche ja ihre ersten Impulse empfangen hat von dem Druck, den die allmähliche Hebung des vierten Standes auf unser Bürgertum ausübt. In Zusammenhang damit wollen auch diese Schulfragen behandelt sein. Darum gilt es, den Strom, der unsere Schulen bedroht, nicht etwa ganz zurückzudämmen, sondern ihn so zu leiten, daß erstens die große Masse der lernenden Jugend nicht in falsche Richtungen geführt, und daß zweitens die intellektuelle und sittliche Ausbildung, welche die Bewerber um das Freiwilligenrecht auf der höheren Schule erhalten, die möglichst gute wird.« Dr. Kropatscheck, ebenfalls Mitberichterstatter, weist darauf hin, daß es um das Problem »unserer gesamten sozialen Entwicklung« gehe, welche »die unteren Klassen immer mehr reizt, sich einen besseren Platz in der Gesellschaft zu erobern.« Es wird absolut deutlich, wie der Versuch, eine Öffnung des weiterführenden Bildungswesens durchzusetzen, mit einer Gesamtanalyse der politisch-sozialen Bedingungen verknüpft wird.

Diese Analyse bereitet jedoch erhebliche Schwierigkeiten. Die Definition des Mittelstandes erscheint außerordentlich kompliziert, da durchaus heterogene Elemente unter den Begriff gefaßt sind. Er umfaßt die inzwischen arrivierten Gruppen des Industriebürgertums und des Handels ebenso wie den halbproletarisierten unteren Rand von Gewerbetreibenden, die um ihre Existenz kämpfen. Geht es für den gesamten Mittelstand um die Einbeziehung in eine aufgewertete realistische Ausbildung, so soll sie doch nicht für alle auf gleiche Weise zum Abitur führen. Soll der Sohn des Fabrikdirektors mit realistischem Abitur dem zukünftigen Verwaltungsjuristen mit humanistischer Bildung auch vollends gleichgestellt sein, um die notwendige Homogeneität der führenden Klasse sicherzustellen, so geht es für die Masse der kleinen Leute, die sich gegen ihre Proletarisierung wehren, nurmehr um eine Bildung, die sich von der proletarischen zwar deutlich genug abhebt, sie aber in ihrer Mehrheit in den gleichen Entfremdungsprozeß einzuschleusen hat, dem das Proletariat unterliegt. Die industriellen Bedürfnisse melden sich dringend an. Noch kann auch sachlich bei der gegebenen Struktur an handwerkliche Traditionen unmittelbar angeschlossen werden, doch ist die ideologische Vermittlung des Umschichtungsprozesses nur unter Widersprüchen möglich. Industrielle Sachnotwendigkeit und die Notwendigkeit, ein vorindustrielles, ständisches Bewußtsein aus Gründen der politischen Raison aufrecht zu erhalten, kollidieren miteinander. Die beabsichtigte Aufwertung des Kleinbürgertums, seine Einbeziehung in einen industriellen Prozeß, der die kommende Monopolverfassung bereits anzeigt, impliziert zugleich seine Liquidation. Sie muß jedoch unerkennbar bleiben. Die Totalität des Auflösungsprozesses der alten Gesellschaft kündet sich an; das Kleinbürgertum soll von der Akkumulation profitieren, aber unter der Bedingung seiner Vernichtung als Stand, die über ein anachronistisches Bewußtsein zugleich verschleiert werden soll. Der Graben zwischen Proletariat und Kleinbürgertum darf nicht zugeschüttet werden. Die Aufgabe ist nicht leicht zu lösen; sie führt in einen immer tiefer werdenden Widerspruch von Bewußtsein und Wirklichkeit, ist auch sachlich schwer durchführbar angesichts der Zähigkeit, mit der das Ererbte festgehalten wird, der Boden für den Faschismus wird vorbereitet. Alle sind sich mit Dr. Holzmüller einig: »Den Mittelstand müssen wir befestigen, stärken und kräftigen, um die Kluft zwischen den oberen Zehntausend und den unteren Arbeitermassen wirklich auszufüllen und so ein solides konservatives Element zu bilden.« Die Realisierung bleibt überaus kompliziert. Vertreter des forgeschrittensten kapitalistischen Flügels, wie der Sozialreformerische Berliner Stadtschulrat Bertram, ziehen die Bildungskonsequenz ohne Umschweife. Wir leben »in einem naturwissenschaftlichen Zeitalter«; die in Frage kommende sachliche Auswirkung schlägt sich im Schulbetrieb nach den Maßstäben einer angewandten Technologie nieder. Das Bewußtsein hat sich den Notwendigkeiten zu unterwerfen; für Vergangenes ist kein Platz. Er steht nicht allein. Dr. Thiel fordert, »unsere Industrie und unser ganzes Erwerbsleben dadurch zu unterstützen, daß man den jungen Leuten eine bessere Vorbildung für das Gewerbe gebe, da dies nicht nur aus Gründen des Privaterwerbs, sondern ganz wesentlich im staatlichen Interesse nötig sei, wenn wir unsere Weltstellung erhalten wollten.« Es wird auf ein »System neu zu gründender mittlerer technischer Fachschulen« verwiesen. Zwischen den Technischen Hochschulen und den niederen Fachschulen für qualifizierte Arbeiter angesiedelt, soll über sie ein sachliches Bedürfnis mit der Überführung des unteren Mittelstandes in neue Funktionen verknüpft werden. In der Berichterstattung wird in diesem Sinne gefordert: »Mittlere Fachschulen, die den Besitz des einjährigen Dienstrechts zum Besuche voraussetzen, sind in folgenden Fächern zu erstreben: 1. Maschinenfach, 2. Hüttenwesen, 3. Baufach, 4. chemische und Textil-Industrie, 5. Handel und Verkehrswesen, 6. Landwirtschaft, 7. Kunstgewerbe, 8. Marinewesen. (Bemerkung: Auch Elektrotechnik, Feinmechanik und das Gas- und Wasserfach können berücksichtigt werden)«. Wieder ist es Holzmüller, der dem Komplex die sozialpolitische Note gibt: »Wir kräftigen den so wichtigen gewerblichen Mittelstand am besten durch die Neugründung zahlreicher mittlerer Fachschulen«; dies »möchte ich vor Allem Ihnen für die Zukunft ans Herz legen.« Soll der gefährdete, untere Mittelstand zu neuer, stabilisierender Produktivität gebracht werden, so wird doch die Konsequenz zugleich widerrufen. In der bemerkenswerten Rede des Direktors der Berliner Maschinenbau-Aktiengesellschaft, Kaselowsky, wird dies offenkundig. In Hinblick auf die Errichtung weiterführender realistischer Bildungsanstalten erklärt der Direktor: »Diese Schule ist unsern Gewerben und auch unserer Großindustrie von besonders hohem Wert. Sie ist geeignet, den Stamm unserer kleinen Gewerbtreibenden wiederum zu kräftigen und zu heben. Sie ist die beste Schule für die Betriebs-Ingenieure und Obermeister der Großindustrie«. An diese Schulen können sich die mittleren Fachschulen anlehnen, »welche uns die direkt in Hinsicht auf ihren Beruf weitergebildeten notwendigsten Stützen unserer Großindustrie und unserer Gewerbe zuführen«. Im gleichen Zusammenhang wird die Antithese formuliert. »Heben wir den kleineren Gewerbestand und machen ihn fähig, neben der Großindustrie, ähnlich wie zur Zeit der alten Zünfte, auf eigenem Boden zu stehen, dann werden wir manche Unzufriedenheit abstellen und auch auf diesem Wege dazu beitragen, die sozialen Verhältnisse in unserem Handwerker- und Gewerbestand wiederum friedlicher zu gestalten. Meine Herren! Das war eine Stimme aus der Industrie!«. Die Antagonismen sind eklatant. Ist es auch konsequent, daß man die Schule der veränderten gesellschaftlichen Mobilität öffnen, diese jedoch unter einer durchdachten Selektionskontrolle halten möchte, so ist der Widerspruch in der Sache nicht aufzulösen. Die Welt von Morgen soll mit dem Bewußtsein von Gestern geplant werden, dem zugleich seine Grundlage entzogen wird. Mit der Vernichtung der materiellen Basis wird dieses Bewußtsein heimatlos, seiner Depravierung hilflos ausgeliefert, die Welt von Gestern wendet sich gegen sich selbst, mit dem Progreß wird auch der Faschismus geplant.

Humanismus und Realismus bilden das kontrapunktische Verhältnis der bildungstheoretischen Debatte. Sie findet auf dem Hintergrund einer fortschreitenden Einschränkung des traditionellen Gymnasiums statt. Seit 1870 hatte das Realgymnasium Universitätsberechtigung erhalten; mit der Erweiterung seines lateinischen Unterrichts war es gesellschaftlich aufgewertet worden. Damit näherte es sich der humanistischen Bildung an, die mit dem Eingang der Realien ohnehin wachsend utraquistischen Charakter gewann. Zur Frage steht, ob man das Realgymnasium angesichts dieser Entwicklung nicht aufgeben solle, was schließlich von einer erheblichen Mehrheit der Konferenzteilnehmer empfohlen wird. Dies wurde zum Scheinsieg der Altphilologen, zu einer letzten gewonnenen Schlacht, die den Keim der endgültigen Niederlage in sich barg. Mit der Ablehnung der Realgymnasien sprach sich die Konferenz zugleich für eine weitere, schwerwiegende Reduzierung des altsprachlichen Unterrichts aus; aber nicht nur dies. Die beschleunigte Gleichberechtigung einer lateinlosen höheren Bildung wird von der Konferenz offen akzeptiert. Die höheren Bürgerschulen sollen breit zum Abitur hin geöffnet, durch notwendige Oberstufen ergänzt werden; Mittelschulen sollen zugleich, bei Erfüllung einiger formeller Erfordernisse, in höhere Bürgerschulen umgewandelt werden. Damit wird eine realistische Basis geschaffen, die sich auf vielfältige Bedürfnisse stützen kann. Eine gleiche Entwicklung war auch vom Kaiser in seiner Eröffnungsrede der Sache nach gefordert worden: »Klassische Gymnasien mit klassischer Bildung, eine zweite Gattung Schulen mit Realbildung, aber keine Realgymnasien«. Die Konferenz von 1890 kennzeichnet den endgültigen Durchbruch der realistischen Bildung. Wenn das Realgymnasium dennoch als Mischform erhalten blieb, so gab es sachlich-pragmatische und soziologische Gründe dafür. Eine wissenschaftliche Bedeutung des Lateinischen war nicht zu übersehen; es war zugleich Herrschaftssprache des Absolutismus und der Kirche. Nichts Ähnliches hatte das Griechische aufzuweisen. Es war die Sprache des machtlosen Geistes in Deutschland. Im Hintergrund der Debatte ist schließlich die Auseinandersetzung über die gesellschaftliche und faktische Stellung der Technischen Hochschulen gegenüber den Universitäten zu erkennen.

Der alte Humanismus findet sich von Anfang an in einer Defensivstellung, obgleich die Tabuierung seiner Bildungsgehalte noch fortwirkt und von der überlieferten Administration gestützt wird. Dennoch muß er nun seinen praktischen Zweck und seine nationale Zuverlässigkeit gegenüber der neuen industriellen Klasse erweisen. Im Bündnis von Feudalismus und Großbourgeoisie war das Gymnasium noch immer die Schule der »herrschenden Klassen«, um mit Hinzpeter zu reden, offen denkt niemand an ihre Abschaffung, doch wird die Absicht erkennbar, sie im Sinne einer elitären Sekundärtendenz gegenüber einem breiten realisti-

schen Bereich einzuengen. Gefährlicher noch ist die Tendenz, das Gymnasium weiter an praktische Bedürfnisse anzunähern, seinen ursprünglichen Bildungskanon damit noch nachhaltiger zu zerstören. Der Charakter dieses Kanons beruhte auf der strengen Trennung von Bildung und Ausbildung; war auch die antizipierende Perspektive dieser Trennung im Sinne des frühen Neuhumanismus verlorengegangen, so blieb doch eine Erinnerung daran, als Freisetzung des Menschen nach vollendeter Arbeitssklaverei, als überwundene Determination. Dies erscheint pervertiert; Bildung ist Freiheit jener, die materielle Güter ohnehin besitzen, somit niedriger Fron bar sein dürfen; sie ist Klassenbesitz. Doch nun dringt nicht nur der Realismus wachsend in diesen Kanon ein und macht die Fiktion immer ärmlicher, zur dünnen Illuminierung des Warencharakters, sondern das Bewußtsein selbst wird von diesem Widerspruch erfaßt, es erweist sich nicht mehr als immun. Das Gymnasium wird des subversiven Charakters verdächtigt, den es auf Grund seiner objektiven Lage produziert. Eine ähnliche Furcht kommt für die realistische Bildung nicht auf. Sie gibt Aussicht auf Aufstieg, führt in die kommende, naturwissenschaftliche Welt, bleibt pragmatisch, damit integrativ. Das Gymnasium jedoch weist mit ersten Anzeichen schon auf den Geistesproletarier hin, der die »Zweckfreiheit« alter Bildung nunmehr als Widerspruch erfährt, als gesellschaftliche Dichotomie. Das Untergehende, von der Pauperierung gestreifte, wendet sich gegen seine Zerstörer.
Die Konferenz gibt nur erste Hinweise auf diesen anhebenden Prozeß. Die bildungstheoretischen Fragestellungen werden streckenweise auf einem erheblichen Niveau diskutiert. Dr. Jäger weist auf die Zwitterstellung des Realgymnasiums hin, es muß zugrunde gehen »an dem doppelten Gesetz in seinen Gliedern, daß es für den bürgerlichen Beruf vorbereiten und auch zugleich eine Vorbereitungsanstalt für die akademischen Studien sein will«. Materie und Geist werden hier weit auseinandergerissen; zugleich wird die Scheidung der Klassen im Organisierungsprozeß der Naturbewältigung im traditionellen Sinne erkennbar. Das Realgymnasium enthält eine unziemliche Mischung, indem es die reine Abstraktion mit ihrer sinnlichen Bedingung verknüpft.

Deduktion und Induktion werden in der Trennung der Bildungsprinzipien einander gegenüber gestellt, Synthese und Analyse. In der Verfolgung der Prämissen gibt es Höhepunkte, in denen sich das bürgerliche Denken noch einmal in qualitativ bedeutsamer Weise niederschlägt. Die klassische Separation der Sphären wird vor allem von Virchow souverän angegriffen, der für eine realistisch-progressive Bildung eintritt, die empirisch naturwissenschaftliche Methode mit der Forderung nach Denk- und Beobachtungsselbständigkeit verknüpft. Auch Paulsen greift das Thema von Humanismus und Realismus bemerkenswert auf, indem er ihre Interdependenz herausstellt, damit einen hervorragenden Beitrag leistet, so sehr dieser auch inhaltlich den gesellschaftlichen Bedingungen verhaftet bleibt und damit die eigene Konsequenz blockiert. An dem Verhältnis von Sprachbildung und naturwissenschaftlicher Bildung wird ein entscheidendes Verhältnis charakterisiert; Sprache, gerade auch eine solche, die, wie das Lateinische, ein Maximum an Rationalität enthält, macht die Differenz von Notwendigkeit und Freiheit bewußt; die Natur kennt nur das Notwendige. Es gibt Augenblicke einer großen bildungstheoretischen Diskussion, die weit über die historische Bedingtheit hinausweist. Zugleich jedoch zeigt sich, daß die übergreifenden Positionen, – Sprache als Exerzitium eines Freiheitsbewußtseins gegenüber der Geschichte, als erstes, wenn auch noch in die Distanz gerücktes Verhältnis rationaler Bewältigung und Rationalität der Natur als Hinweis auf die bewußte Machbarkeit des Wirklichen –, sehr schnell einem reaktionären Pragmatismus verfallen. Mit ihm wird letzthin ein Standpunkt der Bewußtlosigkeit im Bildungsprozeß vertreten, mit dem das Subjekt-Objekt Verhältnis prozeßhaft verdunkelt wird, ohne noch als entfremdeter Gegenstand seines Mächtigwerdens vor das Auge des Geistes gerückt zu werden. »Grammatik«, formuliert Dr. Göring und drückt damit die Meinung der Teilnehmermehrheit aus, »darf unter keinen Umständen anders als im Anschluß an Rede und Lektüre behandelt werden«. Das klingt progressiv, repetiert aber in Wahrheit nur die Thesen der Stiehlschen Regulative, der reaktionärsten Verordnung der deutschen Schulgeschichte. Waren sie hier für die Volksschule gedacht,

um Denken zu verhindern, so sollen sie nun unter dem Signum des Fortschritts umfassend werden, um selbständiges Bewußtsein und damit die wahre Handlungsfähigkeit des Menschen in Frage zu stellen.
Die Gymnasien sind, trotz ihrer Stilisierung als »Kadettenhäuser der Universitäten«, in einer schwierigen Situation. Die entscheidende These Schottmüllers, daß die alten Sprachen unter dem Gesichtspunkt der neuen Weltstellung Deutschlands dysfunktional werden, steht im Vordergrund. Dr. Rehrmann von der königlichen Heeresverwaltung umreißt die Kritik. Er geht soweit, einen gemeinsamen Unterbau für alle weiterführenden Schulen zu fordern, um damit eine altsprachliche Unterstufe insgesamt aufzuheben. Sodann: »Meine Herren! Das Königliche Kadettenkorps hat durch die Kabinettsordre vom 18. Januar 1877 den Lehrplan der Realgymnasien erhalten«; der Unterricht habe sich in jeder Hinsicht bewährt. Aus der vornehmlich realistischen Struktur der Anstalten werden die Bildungsziele formuliert. »Es ist die erste und vornehmste Aufgabe der Schule, ein frisches, gesundes, tatenlustiges und tatenkräftiges Volk zu erziehen.« Die Vorgesetzten des Kadettenkorps hätten aus diesem Grunde »möglichst reine Bahn gemacht«. Sie hätten »alles überflüssige Formale« aus dem Sprachunterricht entfernt. Geistige Zucht lasse sich, soweit Sprachen hierfür überhaupt in Betracht kämen, auf der Grundlage neuerer Sprachen ebenso gut erwerben. Im Interesse »der nationalen Sache« habe der Deutsch-Unterricht im Mittelpunkt zu stehen. Die nationale Frage wird im Hinblick auf die klassische Bildung auch von Dr. Schlee aufgenommen, dem bekanntesten Vertreter eines gemäßigten Realismus in dieser Zeit. »Es ist jetzt auf die Entwickelung des Unterrichts in Frankreich hingewiesen und bemerkt worden, daß dort die Demokratisierung des Volkes mit einem Zurückschieben der antiken Bildung zusammenhänge. Das mag wohl sein, aber ich darf dann auch daran erinnern, daß die erste französische Revolution mit allen ihren Greueln von Anfang an mit antiken Anschauungen erfüllt war, von der Schwärmerei für griechische Freiheit in dem Salon der Madame Roland bis zu den Gewaltschritten des Konsuls und Imperators, von der Jakobinermütze bis zur griechischen Gewandung der Frau-

en«. Im Streit der Auffassungen, während dessen sich die Vertreter der unterschiedlichen Prinzipien gegenseitig der Demokratie verdächtigen, fährt Schlee fort: In dem »schweren Kampfe«, der allen »ans Herz gelegt worden ist«, sollen wir unsere Waffen nicht »aus antiker Weltanschauung, antiker Lebensauffassung und antiker sozialer Gestaltung des Lebens entnehmen«. Erscheint dies noch plausibel, so wird doch der auslösende Gedanke sogleich hinzugefügt. Wie feiert man die große Persönlichkeit? – Als ein Bild antiker Heldengröße? – Niemals; »als ein Vorbild deutscher Heldengröße«.

Der Variationen sind viele; der Realismus erscheint als das deutsche Prinzip. Dr. Fiedler: »Ich bin für die Ausscheidung des Lateinischen aus dem Lehrplan des Realgymnasiums«; nur dann hat diese Schule Gelegenheit, »neben den neueren Sprachen die Forderungen unserer Zeit an die mathematisch-naturwissenschaftlichen Fächer, die jetzt unser Volk bewegen, mehr zu erfüllen«. Und: »Wenn es der Fall ist«, so Mitberichterstatter Dr. Albrecht, »daß das Latein noch heute ein internationales Rotwelsch ist, wie Herr Professor Paulsen annimmt, so wäre das für mich noch ein neuerer Grund, um es herauszunehmen aus der Schule, die gerade den Forderungen unseres nationalen Lebens im vollsten Umfange genügen soll.« Trotz dieses Kosmopolitismus-Verdachts, dem das gesamte Gymnasium unterliegt, halten sich die Angriffe gegen das Lateinische immerhin in Grenzen; Griechisch jedoch, das Herzstück der klassischen Bildung, vermag sich auf keine Art auszuweisen. Die humanistische Beziehung ist zerrissen; die industriellen Parvenus bedürfen dieser sublimen Form bürgerlicher Rechtfertigung nicht mehr, sie rechtfertigen sich wie Heinrich Manns »Untertan«. Dr. Schauenburg: »Wäre die griechische Sprache unentbehrlich für die Entwickelung der höchsten Mannestugenden, der Entschlossenheit und Zuverlässigkeit, der Vaterlandsliebe und der Selbsthingabe, sie müßte unverzüglich in allen Kadettenschulen eingeführt werden«. Jedoch: »Wenn die Offiziere kein Griechisch gebrauchen, dann brauchen es unsere Zöglinge schließlich doch auch nicht«. Bei der Reform handele es sich »um eine nationale Forderung, eine Forderung, deren Erfüllung freilich in dem hier-

her berufenen Kreise der einflußreichsten und angesehensten Vertreter des humanistischen Gymnasiums wenig Anklang finden wird, in den gebildeten Kreisen unseres Volkes aber immer gewaltigere Wellen wirft und schließlich doch keine andere Lösung zuläßt, als die Aufhebung des Gymnasialmonopols, die Anerkennung, daß wissenschaftliche Durchbildung auch ohne griechische Sprache möglich ist, daß der deutsche Geist Kraft genug besitzt«. Maßstab bleibt stets die Kadettenerziehung. Noch am Schluß der Konferenz wird dies von dem servilen Dr. Zeller bestätigt: »Was insbesondere das Beispiel der Kadettenanstalten betrifft, auf welches exemplifiziert worden ist, so werden wir gewiß Alle anerkennen, daß es keinen höheren, keinen wichtigeren, keinen verantwortungsvolleren Beruf gibt, als den des Offiziers.« Es versteht sich am Rande, daß auch die Streichung des Hebräischen vom gymnasialen Lehrplan auf der Tagesordnung steht. Der nationale und der industriell pragmatische Charakter des Realismus werden stets aneinander gebunden. Als Vertreter der Regierung vertritt das Konferenzmitglied Lüders den Standpunkt, daß es nicht genügen dürfe, »die Ober-Realschule und das Gymnasium in den Berechtigungen gleichzustellen«, da die realistischen Absolventen für spätere technische Studienrichtungen besser ausgebildet seien. Eine institutionelle Bevorzugung sei vonnöten. Mit der Gleichstellung der realistischen Bildung wird schließlich nach Kaselowsky »die volle Gleichstellung der Universitäten mit den technischen Hochschulen« erreicht, damit dem »Rassen- und Kastengeist ein heilsamer Damm entgegengesetzt«.
In der Tat haben es die Vertreter der humanistischen Bildung schwer, diesen Argumenten zu begegnen. Der Realismus war eine nationale Sache, die Bewältigung der Natur war sein Gegenstand; den Humanismus hatte das Bürgertum als emanzipatorische Idee nur für einen Augenblick ergriffen und sie in diesem Augenblick schon wieder fortgeträumt. Die Gestalt, in der der Realismus jedoch zur Herrschaft gelangt, ist verwandelt, nur ihre Äußerlichkeit verbleibt. Er wird zum Instrumentarium der Sozialdemagogie und der imperialistischen Expansion; Gleichheit fordern die Herren von der Ruhr. Die Altphilologen verweisen nun-

mehr darauf, daß es »mit der Vorbildung der Gymnasiasten für polytechnische Studien nicht so schlimm steht«, wie Uhlig meint, man glaubt darlegen zu können, daß die besten Examina am Polytechnikum von Gymnasialabiturienten absolviert worden seien. Dr. Kruse erklärt pathetisch: »Wir sind in der Verteidigung des Gymnasiums begriffen gegenüber solchen, die der Nation zurufen: »Verbrenne, was Du bisher geschätzt hast.« Kaiser und Kirche werden beschworen; Freiherr von Heeremann sieht das Gymnasium als die bewährteste Sicherheitsorganisation. »Sehen Sie auf die Universitäten, auf die Lyceen in anderen Ländern, wie das Gebaren der Jugend da ist, und was in Deutschland geschieht. Ich meine, der Sinn für Vaterland, für Ordnung und für Recht, und der Ernst des Strebens ist nirgend so bedeutend wie in Deutschland. Sie sehen bei uns niemals Studentenkrawalle, Studentenerhebungen und Einmischung der Studenten in die Politik und öffentlichen Angelegenheiten. Dagegen haben wir fast in allen uns umgebenden Ländern recht traurige Erfahrungen zu konstatieren, die auf Verkennung desjenigen Standpunktes, den die Jugend einnehmen soll, und auf einer erheblichen Verwilderung beruht. Das schreibe ich zum großen Teil unserer guten humanistischen Bildung und Anleitung zu. Die Studenten kommen gereifter und urteilsfähiger auf die Universität und machen nicht derartigen Unfug«. Vor allem tritt mit dem Präsidenten der Physikalisch-technischen Reichsanstalt, Herrn von Helmholtz, Wissenschaftler von internationalem Rang, ein bedeutender Bundesgenosse auf den Plan, der mit starken ästhetischen Neigungen für das bedrohte Griechisch plädiert: »Die Zwecke, die ich selbst im Auge haben würde und die mir als die wichtigsten erscheinen, sind fast allein mit dem Griechischen verknüpft«; die Versammlung jedoch bleibt im Ganzen frostig. Für die Atmosphäre eines unterschwelligen Mißtrauens ist der Beitrag von Uhlig bezeichnend. Mit Paul Heyse ruft er aus: »Sind sie darum 1870 weniger in Paris gewesen, weil sie einst von Salamis gelesen?«. Dann: »Ich meine, daß auch wir von jeher in unseren Schülern und Schulen den Geist des Patriotismus gepflegt haben. Ich will nicht sagen, daß darin nicht noch mehr geschehen könne. Aber daß unsere Gymnasien weniger

Patriotismus genährt hätten, das dürfte wohl mit Unrecht behauptet werden«. Dr. Fiedler, als Mitberichterstatter, gibt eine nüchterne Antwort: »Jedoch kann man in unserer Zeit nicht alles lernen; die Wissenschaften haben einen Umfang angenommen, der eine Teilung der Arbeit verlangt. Unsere Industrie, Technik sind weit forgeschritten; sie brauchen für ihren Beruf gut durchgebildete Männer. Zu ihrer Vorbereitung brauchen sie nicht die Kenntnis der alten Sprachen.« Wir müssen »der Technik und Industrie mehr Kräfte schaffen, aber nicht auf dem Umwege des Gymnasiums«. Obzwar nun das Ergebnis der Konferenz keine radikalen Konsequenzen beinhaltet, ist das Resultat der Abstimmung über den Antrag: »Ist die Herabminderung der Gesamtstundenzahl auf anderen Wegen als durch Herabsetzung der den alten Sprachen zugewiesenen Stundenzahl zu suchen?«, von aufschließender Bedeutung. 11 Teilnehmer stimmen mit Ja, 32 mit Nein.

Wird der Absterbeprozeß der Humanistischen Bildung damit im Prinzip sanktioniert, so tritt in der gleichen Debatte ein weiteres Problem hervor, daß der Sache nach weit über sie hinausgreift. Eine starke Minderheit tritt für eine grundlegende schulorganisatorische Veränderung ein; sie wird überwiegend durch die Regierungsvertreter gedeckt. Es handelt sich darum, eine gemeinsame Unterstufe für alle Gymnasien zu schaffen und auf sie ein differenziertes System mit Wahlmöglichkeiten aufzubauen. Obgleich die Vorschläge streng im Bereich der höheren Bildung verbleiben und den vierten Stand ausschließen, da die Qualifikationsstruktur eine solche Einbeziehung noch indiskutabel macht, treten doch die Grundzüge eines Gesamtschulmodells hervor. Der pragmatische Charakter einer solchen Verfassung wird charakteristischer Weise vor allem von den Vertretern des Kriegsministeriums aufgenommen. Sie kommt der gesellschaftlichen Mobilität entgegen, nimmt das Bedürfnis beweglicher auf, führt zu einer rationelleren Ausnutzung des Potentials. Sie wird dem wachsenden Orts- und Wohnungswechsel ebenso gerecht wie der industriellen Dynamik. »Deshalb möchte die Heeresverwaltung«, erklärt Dr. Rehrmann, »im Interesse der Beamten und Offiziere die Hoffnung aussprechen, daß sich aus diesen Verhandlungen die Möglichkeit ergäbe, einen gemeinsamen Unterbau für alle höheren Schulanstalten, für die Gymnasien mit humanistischer Bildung und für die Realschulen mit realistischer Bildung, herzustellen.«

Die offizielle Frage, die an die Konferenz gerichtet worden war, lautete: »Läßt sich für die bestehenden drei Schularten (gymnasiale, realgymnasiale, lateinlose) oder für zwei derselben ein gemeinsamer Unterbau herstellen?«. Dr. Schlee beantwortet sie bereits im Kommentar. »Dringendes Bedürfnis ist eine Einrichtung, welche die Trennung der Schularten und die Wahl zwischen denselben auf eine spätere Stufe verschiebt.« Der Plan, den man »häufig schlechtweg den Einheitsschulplan nennt«, wie seine Kritiker polemisch betonen, schließt eine Beseitigung des Lateins in der Unterstufe und eine weitere Verschiebung des Griechisch-Unterrichts ein. Es ist von aktueller Bedeutung, daß die Diskussion über diesen »Einheitsschulplan« am skandinavischen Modell geführt wird, am Beispiel der Reformen, die in Dänemark und Schweden bereits vollzogen waren; mit ihnen wurde eine durchgehend bürgerliche Schule unter Auflösung des traditionellen Gymnasialtypus geschaffen. Vorschläge, die eingebracht werden, sind in der gegenwärtigen Auseinandersetzung unmittelbar geläufig. So erläutert Schlee: Ich habe diese Reform versucht »durch eine Einrichtung, die zunächst die Schüler so lange als es geht in der Schulbildung, die doch nun einmal ein deutscher Junge und Jüngling überhaupt erreichen muß, zusammenhält, möglichst weit die Scheidung und die Wahl hinausschiebt, dafür aber nachher oben ihm desto mehr Freiheit läßt«. Wie wenig diese Tendenz jedoch, die sich geschichtlich aus ursprungshaft progressiven Entwürfen nährt, auch nur einen matten systemkritischen Umriß zu liefern vermag, geht aus den folgenden Ausführungen Schlees nur allzu deutlich hervor. »Ich halte es für notwendig, als Vertreter des gemeinsamen Unterbaues, denselben von einigen schweren Anklagen, die gestern gegen ihn erhoben worden sind, womöglich zu entlasten. Er ist mit demokratischen Beziehungen in Zusammenhang gebracht worden«. Wenn auch nur »ein Teil von diesen Anklagen gerechtfertigt wäre«, fügt der Redner hinzu, »dann könnte der Unterbau nicht halten«. Für die

Vertreter der Obrigkeit ist der »gemeinsame Unterbau« nur das effektivere Instrumentarium, um Herrschaft stabil zu halten. Der Minister, so teilt Dr. Stauder mit, habe seine Referenten veranlaßt, Pläne in dieser Richtung auszuarbeiten. »Der Grundgedanke ist wesentlich der: Unter Fakultativmachung des Griechischen von Unter-Tertia bis Unter-Sekunda es zu ermöglichen, für Gymnasien und Realgymnasien einen gemeinsamen Unterbau herzustellen und auf diesem gemeinsamen Unterbau einen Oberbau mit rein realem Unterricht ohne Latein und daneben mit rein gymnasialem Lehrplan«. Der Referent beruft sich dabei auf die Landes-Schulkonferenz von 1849; er kann dies, weil schon die bürgerliche Revolution dem deutschen Progress die Spitze abgebrochen hatte und in ihrer eigenen Widersprüchlichkeit verblieb. Die herrschaftliche Funktionszubereitung des Realismus besaß gerade in Deutschland zudem alte Tradition; sie brauchte nur fortgesetzt zu werden. Die Diskussion verweist wiederum auf den sozialpolitischen Überhang, auf die Notwendigkeit der Mittelstandsstabilisierung. So erläutert der Direktor der Franckeschen Stiftungen, der entscheidenden Geburtsstätte des Realismus in Deutschland: »Die Möglichkeit, die Schüler auf allen vier Arten der höheren Schulen in der gleichen Weise in den Kreis des Lebens einzuführen und einen gemeinsamen großen Grundstock von Vorstellungen fruchtbarer Art für alle zu schaffen, erscheint als ein Gewinn. Frage ich endlich mein sozialpolitisches Gewissen, und es wird mir bewiesen, was bis jetzt noch nicht genügend der Fall ist, daß ein Unterbau für alle höheren Schulen aus sozialen und wirtschaftlichen Gründen höchst wünschenswert ist, damit die Hineinverführung der Jungen in das Gymnasium aufhört, die Eltern, besonders in kleinen Städten, nicht zu verfrühter Berufswahl für ihre Söhne gezwungen werden, dann beugt sich mein philologisches Gewissen; ich suche die äußerste Grenze, bis zu welcher ich nachgeben kann.« In der Sache geht Frick noch weiter. »Es ist nichts als ein zähes Hängen an einer alten Tradition, daß man das Lateinische – sagen wir im Allgemeinen die fremden Sprachen – durchaus in Sexta beginnen zu müssen glaubt.« Gedanken dieser Art führen dicht an das Problem einer differenzierten Einheitsschule heran, auch Herr von

Schenckendorff unterstützt in diesem Sinne den Antrag: »Man gebe dem einzelnen Schüler Gelegenheit, sich erst mit dem beendeten 12. oder 13. Lebensjahre für die Richtung zu entscheiden, für welche er sich befähigt hält, man lasse die Schüler doch in die Jahrgänge erst zusammengehen.« In der Abstimmung selbst unterliegen die Fürsprecher der bewußtesten und langfristig planenden Fraktion mit 15 gegen 28 Stimmen; das Bewußtsein bleibt hinter der eigenen Interessenvertretung noch zurück.
Eine Reihe von bedeutsamen Detailfragen rundet den Charakter der Gesamtkonferenz ab. Das Problem der Methode wird bereits im Sinne anhebender, veränderter Qualifikationen für Industrie und Armee behandelt. Der Stoff, bemerkt Dr. Schottmüller, habe dem Methodenproblem gegenüber absolut zurückzutreten; es kommt nicht darauf an, »was man lernt, sondern wie man lernt«. Der Selbsttätigkeit des Schülers wird ein erheblicher Raum geboten; gerade in diesem Zusammenhang sind die Hinweise Virchows auf die naturwissenschaftliche Ausbildung von nicht geringer Bedeutung. Schon in der vorhergehenden Berichterstattung hatte es geheißen: »Die Selbsttätigkeit des Schülers ist dadurch zu steigern, daß ihn der Lehrer die Tatsachen der Wissenschaft selbst finden läßt, soweit dies durch Nachdenken möglich ist. Der systematische Lehrvortrag ist zu vermeiden«. Freiherr von Heeremann, Vertreter des rechtesten Flügels, bemängelt die »Dressur« an den Schulen. Das Thema wird durchgängig aufgegriffen. Geht man den Gründen nach, die von der überlieferten Autoritätsstruktur absehen lassen, so wird zunächst deutlich, daß die geforderte Selbsttätigkeit als Bedingung eines zeitgemäßen naturwissenschaftlichen Unterrichts erkannt wird. Auch wird die wachsende Bedeutung selbständiger Entscheidungsfunktionen innerhalb des gesellschaftlichen und militärischen Prozesses registriert. Man ist sich bewußt, daß alte Autoritätsverhältnisse dysfunktional werden. Was auf den ersten Blick als Demokratisierung erscheint, erweist sich jedoch auch hier als stabilisierende Anpassung. Dr. Jäger sucht alle Mißverständnisse auszuräumen, wenn er den Geschichtsunterricht als Beispiel anführt. Hier gelten andere Gesetze. »Ich habe wie die Herren von Treitschke und von Sybel ein

gewisses Bedenken gegen eine allzugroße Ausdehnung des Geschichtsunterrichts auf den höheren Schulen. Der Knabe muß sich diesen Lehrgegenständen gegenüber mehr rezeptiv verhalten; er kann mit diesem Stoff sehr viel weniger als mit anderem Lehrstoff selbstständig arbeiten, er muß einfach aufnehmen, was ihm vom Lehrer überliefert wird«. Diese Stelle ist nicht erratisch. So spielt die Frage der Konzentration des Unterrichts während der Konferenz keine geringe Rolle; sie wird unter den Gesichtspunkt eines einheitlichen, auf die gegebenen Herrschaftsverhältnisse abgestimmten Bewußtseins gerückt. Dieses Bewußtsein soll jedoch nicht erzwungen, sondern durch indirekte Steuerung sichergestellt werden. Der Fürstbischof Kopp erklärt zur Sache: »Ich will, daß die Schuljugend allmählich angewöhnt werde, sich zur Selbsttätigkeit und Selbstbestimmung einzurichten«. Die Begründung verdient Aufmerksamkeit. Schränkt man Selbsttätigkeit und Selbstbestimmung ein, wird die entgegengesetzte Reaktion erreicht, – »man kommt damit sozialdemokratischen Bestrebungen halb und halb entgegen, wenn man die Jugend von früh auf so sehr in eine Zwangsjacke nehmen will«. Der Übergang zu neuen pseudoliberalen Verfügungsmitteln ist augenfällig, wenn auch zunächst nur für Kinder der höheren Stände, damit, wie es bereits in den Vorwegthesen heißt, »der Unterricht aus einem durchaus einheitlichen Bewußtsein hervorgeht und im Schüler wieder ein einheitliches Bewußtsein bildet«. Die Überlegungen sind zweifelsfrei ihrer Zeit voraus und weisen auf ein verändertes Funktionssystem. Organisatorisch wird eine Stärkung der Klassenlehrerposition vorgeschlagen, auch eine Vereinheitlichung des Geschichtsbildes auf der Grundlage der Zillerschen Methode oder im Anschluß an Willmansche Modelle. Mit der Zersplitterung des Bewußtseins durch die fortschreitende Wissenschaftsdifferenzierung wird eine zusätzliche Gefahr erkannt. Das Problem, das nicht zum ersten Male zum Gegenstand wird, gewinnt in seiner Konsequenz über die Ganzheitsfrage bis hin zum Gesamtunterricht eine stetig wachsende Bedeutung. Die gesellschaftliche Kontrollfunktion der Schule soll der veränderten Entwicklung laufend angepaßt werden. Im Hintergrund wird der Zerfall des überlieferten Bewußtseins durch wach-

sende Säkularisierungsprozesse deutlich, deren potentielle Rationalität neutralisiert werden soll; die Einheit aus dem Glauben wird durch neue, diesseitige Einheiten ersetzt.
Hinsichtlich der Gestaltung des Unterrichtskanons gibt es einige bemerkenswerte Entwicklungen. Vor allem geht es um zwei Bereiche: Um die Leibeserziehung und um die Durchsetzung des Englischen als führender Weltsprache. Die Bedeutung der Leibeserziehung ergibt sich aus ihrem militärischen Gewicht; es wird daran auch kein Zweifel gelassen. Die veränderte historische Situation ist gerade hier erkennbar. Der subversive Charakter der körperlichen Ertüchtigung blieb noch bis zu den Einheitskriegen wesentlich unbestritten; die Massenerhebung der Französischen Revolution war ein Trauma des Feudalismus. Entsprechend forderte gerade die emanzipatorische Spitze des Bürgertums eine allgemeine Wehrpflicht, auf die bereits in der Schule vorbereitet werden sollte. Die Nationalbildungspläne des beginnenden 19. Jahrhunderts sind dafür ein beredtes Beispiel. Die Situation hat sich nunmehr jedoch grundlegend verändert. Im Bündnis von Feudalismus und Bourgeoisie werden Söldnerheere gegenstandslos; die Wehrpflicht erweist sich als hervorragender, systemintegrierender Faktor. Eine große Zahl von Bemerkungen klären den Sachverhalt auf. Zugleich bemängeln die Vertreter des Kriegs-Ministeriums den erheblichen Prozentsatz an Körperschäden, – eine Erscheinung, die gerade in dieser Periode den Jugendschutz unter militaristischen Gesichtspunkten vorantreibt –, daneben aber auch die Produktion psychisch militärunfähiger Jugendlicher durch die höheren Schulen. Klagen über »Frühreife« und »blasiertes Wesen« werden laut. In der Tat ist die Zahl der Militäruntauglichen erheblich; den gesellschaftlichen Ursachen wird aufmerksam nachgegangen. Der militärpolitische Aspekt beherrscht auch die Fremdsprachendiskussion. Major Fleck, der für eine erweiterte Bedeutung des Englischen eintritt, umreißt den Gesamtkomplex. »Überhaupt ist die Verbreitung moderner Fremdsprachen in den Kreisen der Armee für diese eine Lebensfrage.« Denn, so argumentiert er, »einmal hat die Militärliteratur in den militärisch für uns interessanten Ländern neuerdings einen Umfang und eine Bedeutung gewonnen, die uns veranlassen

muß, alle Vorgänge auf diesem Gebiet mit der größten Aufmerksamkeit zu verfolgen. Zweitens reiht sich auf dem Gebiete der Waffentechnik, der Herstellung der modernen Kampfmittel neuerdings Verbesserung an Verbesserung, Erfindung an Erfindung. Da sind nicht bloß wir, sondern auch andere Länder, namentlich auch England und Amerika von Bedeutung. Und endlich können wir uns darauf gefaßt machen, daß wir in einem großen europäischen Kriege der Zukunft Schulter an Schulter mit nicht-deutschsprechenden Völkern gegen nicht-deutsch sprechende Nationen kämpfen werden«. Unter Hinweis auf die umfassende Einführung fremdsprachlicher Studien in den Armeeinstituten führt Fleck nicht zuletzt »die zunehmende Bedeutung, welche das Russentum für uns in militärischer Beziehung hat«, an. In dieser Debatte gewinnt auch die Kolonialpolitik ihre besondere Bedeutung. Sie vor allem veranlaßt Hornemann zu der Bemerkung, daß wir gezwungen seien, »das Englisch in der allgemeinen Bildung schon gegenwärtig als Macht zu bezeichnen«. Da es um politisch-pragmatische Sachverhalte geht, interessiert es eben nicht allzu viele Anwesende, als Dr. Kropatscheck bemerkt: »Man darf das Sprechen des Englischen nicht in den Vordergrund schieben: jeder Kellner lernt es in sechs Wochen«.
Der Englisch-Unterricht gewinnt mit der Konferenz entscheidend an Boden; die Bedeutung des Französischen tritt erkennbar zurück. Militärische und ökonomische Gründe sind es auch, die dem Zeichnen eine besondere Rolle hinsichtlich seiner technischen Verwertbarkeit zuweisen. Schließlich wird die Lehrerrolle zu einem wichtigen Gegenstand; Fragen der Lehrerfortbildung und der Studienberatung für das Lehramt werden angeschlossen. Der politische Auftrag wird von Dr. Schrader als Berichterstatter formuliert. »Reinheit und Würde« soll der Lehrer zeigen, »er hat sich im Bewußtsein seiner Pflicht, im Stolz auf seinen Beruf, von jeder zweideutigen Äußerung, von jeder Betätigung der Leidenschaft, von jedem Streben nach äußerem Wohlleben fern zu halten. Jeder äußeren Agitation, sei sie kirchlicher, politischer, geselliger Art, enthalte er sich, auch aus Rücksicht auf die eigene Freiheit; er verliert sonst das innere Gleichgewicht.« Er soll der Herrschaft als Neutrum dienen,

als gesichtsloses Instrument; seine Bedürfnisse werden über die Tradition der theologischen Hungerkandidaten festgelegt. Was hier für den Gymnasiallehrer gilt, gilt für den Volksschullehrer eher noch im schärferen Maße. Hinzpeter möchte darüber hinaus den Stand mit »eigenem Standesbewußtsein und eigener Standesehre« versehen, dem Offizierskorps vergleichbar, gruppiert um einen festen Kern von Lehrerfamilien, in denen die besten Standestugenden erblich sind. Unter der rhetorischen Oberfläche ist die Konferenz jedoch fest entschlossen, den Lehrerstand besser zu besolden, wie es der Kaiser bereits gefordert hatte. Das Streben »nach äußerem Wohlleben« wird trotz idealistischer Formeln sachlich registriert. Die Legitimierung einer Untugend mag die restlichen Tugenden umso eher zum Leuchten zu bringen. Die Identifikation mit dem Staat macht die Aufbesserung des Salärs unumgänglich; nur so können auch Kinder »besseren Bildungsstandes« zum Lehrerberuf animiert werden. Dr. Kropatscheck vermerkt: »Vergegenwärtigen Sie sich doch einmal den Lebensgang eines großen Teils unserer Lehrer an den höheren Schulen. Häufig stammen sie selbst aus Familien, in denen nicht viel von feinerer Bildung, Sitte und Erziehung herrscht, oder wo das Haus seine erziehende Pflicht nur in ganz geringem Maße erfüllt«; wir haben »in erster Linie dafür zu sorgen, daß der Lehrerstand sich rekrutiert aus Familien besseren Bildungsstandes«. Wenn man die Jünglinge »aus gebildeten Ständen« fragt, was sie nach dem Abitur zu tun gedenken, dann will niemand Lehrer werden; -»das ist für Kinder gebildeter Familien völlig ausgeschlossen«. Aufbesserung des Sozialprestiges und der Einkommensverhältnisse der Lehrerschaft ist damit Teil der Verbesserung der Sozialstruktur. Der Lehrer wird seiner staatspolitischen Aufgabe damit noch intensiver nachkommen und sich zugleich auf sie begrenzen. Das auch hier vorhandene unterschwellige Mißtrauen wird an einer aufschlußreichen Bemerkung des Mitberichterstatters Dr. Göring erkennbar: »Eine Mehrung der Lehrtätigkeit würde überdies die schriftstellerische Produktion mussereicher Lehrer einschränken.« Auch Göring ist ein Vertreter der prononciert fortschrittlichen Fraktion; die im Ansatz erkennbare technokratische Reform verbindet sich dem Intellektuellenhaß.

Versucht man den Gesamtzusammenhang noch einmal zu fassen, so werden die bestimmenden Gesichtspunkte von der Konferenz selber offen ausgesprochen. Bildungspolitik wird als Gesellschaftspolitik verstanden, der gesellschaftliche Charakter der Institution wird vielfältig auseinandergelegt. »Das Berechtigungswesen«, erklärt der Berichterstatter Dr. Schrader, »hat sich allmählich in unserem Jahrhundert entwickelt; es hat an Mannigfaltigkeit in gleichem Maße mit dem immer reicher werdenden Leben in Staat und Gesellschaft zugenommen. Die gute Seite dieser Verknüpfung der Schulrechte mit dem öffentlichen Leben liegt auf der Hand: die Schulen fühlen sich dem Staat, der Kirche, dem Heere, dem höheren Gewerbe verwandt und verpflichtet und zugleich in der allgemeinen Wertschätzung befestigt und gehoben. Die bedenkliche Folge ist, daß sie eben deshalb mancherlei äußeren Zumutungen ausgesetzt sind; indeß dieses gegenseitige Verhältnis von Achtung und Ansprüchen ist für den vaterländischen Sinn unschätzbar und darf nicht unterbunden werden.« Die Schule wird als Sozialisationsagentur erkannt; ihr veränderter Berechtigungsauftrag steht zur Debatte. Er ist nur über eine Analyse der veränderten gesellschaftlichen Bedingungen zu erfassen; es gilt, ihrer politischen und produktiven Konsequenz nachzukommen. Oberster Richter ist der Staat als Inbegriff relevanter Interessen. Auf diesem Hintergrund kommt es zu systemimmanenter Kritik, die gelegentlich, wie in dem Schlußbeitrag Dr. Albrechts, stark sozialkritische Formen annimmt. Die objektive Herausforderung der Geschichte wird angenommen; es wird der Versuch gemacht, sie unter das bestehende Gefüge zu subsumieren.

Doch hierin bestand eben das Problem. Theoretisch wird der Kampf zwischen Realismus und Humanismus in eine neue geschichtliche Phase versetzt. Dem Humanismus fällt die immaterielle Rechtfertigung des Realismus zu, er ist die brüchige Jenseitigkeit eines brutalisierten Diesseits. Noch möchte sich auch das Bürgertum über seine wahren Intentionen betrügen; über Kriegsschiffen und Chemiekombinaten schwebt noch das Bild des harmonischen Menschen, ein letzter Hauch Winckelmannscher Antike. Selbst die entschiedensten Realisten überschwemmen ihre Sätze mit lateinischen Fremdworten. Der Realismus schämt sich seiner selbst; er hat seine humanen Inhalte verloren, er ist Inbegriff des Profits. Macht bleibt an Ausweise gebunden, an eine Form metaphysischer Sanktionierung. Hier war sie geschichtlich auch über die klassische Bildung geprägt, die schon mit Niethammer, noch im Entstehungsprozeß des Neuhumanismus, ihre gesellschaftliche Funktion als Stabilisator bürgerlicher Herrschaft übernimmt. Das Prestige dieser Bildung stirbt nur langsam ab, es wird fast ein Jahrhundert dauern, bis der Prozeß beendet ist. Auf der Verbindung von humanistischem Prestige und realistischer Zwangsläufigkeit beruht das Realgymnasium; es erweist sich eben daher, trotz des entgegengesetzten Konferenzbeschlusses, als lebensfähig. Dennoch ist der Beschluß, dem Anraten des Kaisers gemäß, realistische und humanistische Bildung strikt voneinander zu trennen, von tieferer Bedeutung. Versteht man ihn recht, enthält er das ganze Problem in der Nußschale, wenn auch verborgen. Offiziell geht es um Arbeitsteilung. »Wir brauchen für die Gelehrten«, so Dr. Holzmüller, »eine höhere gelehrte Bildung«, wir brauchen »eine Vorbereitung für die höhere praktische Bildung für den Kaufmann, für den Gewerbetreibenden, für den späteren Industriellen, für den Techniker höherer Art«. Damit wird die wahre Fragestellung jedoch eher verdeckt. Vermenschlichung durch Bildung beruht auf der Kontrapunktik von Humanismus und Realismus, von materieller Bewältigung und zielbestimmender Kategorie, Abarbeitung und Aussicht auf Befreiung, von Entäußerung und Hinweis auf Wiederfinden. Unter den Konferenzteilnehmern kommt allein Paulsen dieser Erkenntnis nahe. Der Kaiser dagegen, der Realismus und Humanismus beziehungslos trennt, spricht nur aus, was ist. Der Realismus ist in der Tat ohne Humanität, der Humanismus von der Entwicklung der Produktivkräfte getrennt, die er menschlich zu bewältigen hat. Im scheinbaren Niemandsland des Geistes wird er zur höheren Instanz, mit der sich die Perversion bestätigt, zu ihrer ästhetischen Verklärung. In der Konsequenz trägt der Realismus das größere Gewicht davon. Das faktische Erfordernis wiegt stärker als eine Rechtfertigung, die man schließlich durch andere ersetzen kann. In der Form der Oberrealschule erhält der realistische Zweig eine unbestrittene Bestätigung. Die Wirklichkeit spricht ihr Wort. Es geht darum, dem Bürgertum, wie Schauenburg sagt, »die Befähigung zu den Leistungen, welche unsere Zeit von ihm fordert«, zu vermitteln, »zu wirtschaftlichem Wettstreit mit anderen Völkern«. Die knappe Begründung ist ausreichend. Der Prozeß der Reform vollzieht sich widerspruchsvoll und wird dennoch den tatsächlichen Bedingungen voll gerecht, greift ihnen eher voraus. Die notwendige Vermittlung wird vorzüglich von Dr. Holzmüller geleistet, nachdem der Versuch gemacht worden war, Realismus und Humanismus in extreme Gegenpositionen zu trennen, sie als Materialismus und Idealismus zu fixieren. Dies hätte zur Dekouvrierung der Gesellschaft geführt, zur Erkenntnis ihrer verbalen Leere ebenso wie zur Erkenntnis ihrer menschenverachtenden Gier. Zu dieser Dekouvrierung durfte es nicht kommen. »Ich will«, argumentiert Holzmüller, »was ich zu sagen habe, deutlich machen an den beiden Worten ›ideal‹ und ›real‹. Ein Staatswesen, welches sich nach beiden Richtungen nicht vollständig gleichmäßig bewegt, kommt aus dem Gleichgewichte. Man muß in idealer und realer Beziehung in gleichem Tempo fortschreiten. Die beiden Richtungen müssen aber auch gleichgeschützt und gleichberechtigt sein. Die beiden Bildungsströme sollen parallel gehen. Auch hier heißt es: ›getrennt marschieren und vereint schlagen‹. Das Realgymnasium war nicht die höhere Einheit für die idealistischen und realistischen Schulen. Die höhere Einheit finden wir lediglich in dem Staatswesen.« Der einheitliche Bezug wird wieder hergestellt, unter dem summum bonum vereinigen sich die Widersprüche. Das Staatswesen braucht in der Tat beides: Materielle Gewalt und das getäuschte Bewußtsein, das die Wahrheit seiner Bedingung nicht fassen kann.

Ist es in Wahrheit ein Sieg des Realismus, der mit der versuchten Abschreibung des Realgymnasiums erreicht wird, so werden die soziologischen Dimensionen der Theoriedebatte zugleich erkennbar. Der anwachsende Bildungsstrom wird durch den industriellen Prozeß beschleunigt, der die Liquidation breiter bürgerlicher Schichten ebenso in sich birgt wie die Eröffnung neuer Möglichkeiten. Die allmähliche Hebung des vierten Standes, wie sie als Argument in die Diskussion eingebracht wird, nähert das Kleinbürgertum dem Proletariat auf gefährliche Weise an; das Selbstbewußtsein der bürgerlichen Randschichten wehrt sich verzweifelt. So geht es nicht nur um die volle Bildungsberechtigung des genuinen Mittelstandes, die nur einen Aspekt enthält; die Bemerkung Dr. Schauenburgs, daß es darum gehe, »die Scheidung der Bürger von den Gebildeten vom neunten Lebensjahre ab in zwei verschieden empfindende Volksschichten« aufzuheben, enthält ein Bündel von Problemschichten. Die realistische Bildung soll dem gesamten Bürgertum verschiedenartig gestufte Möglichkeiten bieten, sie vermag dies jedoch nur im Zusammenhang mit dem bereits erkennbar werdenden Monopolisierungsprozeß. Aussicht und Liquidation, materielles Angebot und Verlust der überlieferten Weise der Selbstverwirklichung, Wohlstandsversprechen und Entfremdung sind ineinander gebunden. Die Angst, daß sich die bedrohte kleinbürgerliche Existenz mit der Arbeiterbewegung solidarisieren könnte, ist groß; pauperierte Handwerksmeister bildeten einen wesentlichen Teil der frühen sozialdemokratischen Funktionärsschicht. So löst auch die Konferenz diese Frage nicht; sie kann sie nicht lösen. Wohl wird ein beachtliches Angebot entwickelt, der Zugang zur mittleren Reife und zum Abitur wird erstaunlich weit geöffnet, um die ganze Breite des bürgerlichen Elements in den kapitalistischen Gesellschaftsprozeß zu integrieren, doch wird über den tatsächlichen Charakter dieses Prozesses hinweggetäuscht. Der Kapitalismus vernichtet die kleinbürgerliche Welt, er ist zugleich in der Lage, ihr einen Ersatz zu bieten; der Kleinbürger wehrt sich jedoch gegen seine Vernichtung und er soll sich auch wehren. Die feudalbourgeoise Gesellschaft muß ihren Charakter als Standesgesellschaft wahren; indem sie die relative ökonomische Autonomie ihrer bürgerlichen Glieder zerstört, entwickelt sie zugleich eine neue Fiktion dieser Autonomie, um sich vor dem Andrang der Massen zu schützen. Sie bewegt sich mit machtvollen Schritten in die Zukunft und macht das Bewußtsein zugleich an der Vergangenheit fest, von der sie doch weiß, daß sie nie zurückkehrt. Die Maßnahmen, die in der gleichen Zeitperiode an anderer Stelle ergriffen werden, um mittelalterliche Handwerks- und Gewerbsverfassungen zu erhalten, unterstreichen den Tatbestand. Die Strategie bewegt sich in lebensgefährlichen Widersprüchen, innerhalb derer Bewußtsein und Realität immer weiter auseinanderfallen; sie kann dies umso mehr, als geschichtsmächtige liberale Traditionen fehlen. Sie wird damit zu einem Spezifikum des deutschen Kapitalismus. Der Faschismus wird nicht nur objektiv vorbereitet; seine Genese wird auch als Absicht erkennbar. Doch wird nicht nur ein Abschnitt deutscher Geschichte erhellt. Der Integrationsfunktionalismus bietet ein Beispiel, das weit über nationale Bedingungen hinausweist, Reform und Systemstabilisierung werden souverän aufeinanderbezogen, das Bewußtsein wird rundum getäuscht. Die ersten, aber oftmals bereits erstaunlich ausgereiften Ansätze einer Technokratie werden greifbar. In Allem wird ein Exempel statuiert, dessen Erkenntniswert volle Aktualität besitzt.

So bleibt diese preußische Konferenz ein Dokument ersten Ranges, weil hier keine Schulmeister idealistische Bedürfnisse abladen, sondern die raison d'être die Tagesordnung beherrscht. Sie wird offen dargelegt, sie verbirgt viel weniger, als man glauben sollte; die wirkliche Funktion des Bildungswesens wird von den Interessenten offen ausgesprochen, weil sie ihrer Macht doch noch sicher sind; die Bedrohung hat noch keine historische Gestalt. Erst mit der Oktoberrevolution gewinnt der täuschende Überbau seinen ausgereiften Charakter, als umhüllendes Gewebe einer Verschleierung, das den wechselnden Bedürfnissen stets überworfen wird. Partner von 1890 sind ein degenerierender Feudalismus, der sich als Hochadel der industriellen Interessen gleichwohl annimmt und ein industrielles Bürgertum, dessen zerstörtes geschichtliches Selbstbewußtsein als feudale Karikatur erscheint. Dennoch wird selbst an diesem Verhältnis menschliche Aussicht faßbar, eine heimlich seßhafte Hoffnung unter dem Zerstörenden und Zerstörten.

2.

Die Konferenz des Jahres 1900 stellt keine grundlegend neuen Probleme, doch werden die Fragen auf einer fortgeschrittenen Stufe verhandelt. Sie werden noch deutlicher artikuliert; der Imperialismus ist in sein reifes Stadium getreten. Die neue historische Rolle wird ganz erfaßt. Eine Kette prinzipieller Erklärungen macht dies erkennbar; die Interessenfunktion des Bildungswesens wird vielfältig ausgeleuchtet. Die veränderte Lage wird durch den Erzieher des Kaisers, Dr. Hinzpeter, gleich zu Beginn, gültig formuliert. »Besonders aber scheinen mir einige Worte darüber angebracht zu sein, weil nach meiner Vorstellung die geistige Atmosphäre, wenn ich so sagen darf, seit 1890 sich gewaltig geändert hat. Sie hat sich im Laufe des Jahrhunderts mit immer steigender Schnelligkeit verändert, aber im letzten Jahrzehnt in fast rasendem Tempo. Die persönliche geistige Entwicklung galt früher als hohes, erstrebenswertes Ziel, und jetzt gilt sie nur noch als Mittel zu erfolgreicher Betätigung im wilden Kampfe ums Dasein. Man will nicht bloß höhere Lebensanschauung wie damals, man will höhere Lebenshaltung, und zwar die ganze Nation so gut wie der einzelne. Damit hat sich, scheint mir, auch das ganze Bildungsideal bedeutend verschoben. Es gehörte früher zum gebildeten Manne die Kenntnis der alten Sprachen, der antiken Kultur und Geschichte; es gehört jetzt zum gebildeten Manne die Kenntnis der neueren Sprachen, der deutschen Kultur und Geschichte und der Naturwissenschaften.« Der sozialdarwinistische Akzent ist unverkennbar, als Kampf aller gegen alle, die Welt von Gestern erhält ihre Abdankung. Vergleichbar sucht auch der preußische Unterrichtsminister Studt an die Konferenz von 1890 anzuknüpfen. Im Hinblick auf die unbeendete Auseinandersetzung zwischen Humanismus und Realismus, die auch nunmehr das Thema bildet, über das sich die Hintergrunddimension offenbar macht, erklärt er: »Es handelt sich hierbei um eine hochbedeutsame Frage für die wirtschaftliche Weiterentwicklung unseres Volkes, die an Wichtigkeit noch zugenommen hat durch das Wachsen unserer internationalen Beziehungen und durch das weitere Aufblühen der deutschen Seemacht.« Die Problemstellung beherrscht den Konferenzablauf; in der sachlichen und didaktischen Detaildiskussion sind wiederum wertvolle Hinweise für eine veränderte Gegenwart erkennbar.

Professor Slaby von der Berliner Technischen Hochschule führt auf bedeutsame Weise in die Problemstellung ein, indem er die Frage nach der gesamten Verfassung stellt. Die Zeit der humanistischen Bildung sei vorbei. »Die heutige Kultur ist aus der historischen Überlieferung allein nicht völlig zu begreifen«, weil »durchaus neue, früher nicht gekannte Faktoren darin eine ausschlaggebende Rolle spielen«. Es gehe um »das Verständnis und die Beherrschung der Naturkräfte«. Dies aber verlange eine andere Bildung, »als die philosophische, schöngeistige, altklassische Bildungsrichtung sie bietet«. Der geschichtliche Rückgriff richtet sich allein auf die Entstehung der bürgerlich-kapitalistischen Welt und die in ihr enthaltene Genese der modernen Naturwissenschaften. Hier ist die Zäsur der Zeitalter. Mit der pragmatischen Verkürzung der Geschichte wird der Blick auf die unmittelbare Gegenwart gerichtet. »Die Entwicklung des Verkehrs, die steigende wirtschaftliche Kraft unseres Volkes, die politische Bedeutung, zu welcher wir uns unter der tatkräftigen und weisen Führung erhabener Monarchen emporgeschwungen haben, zwingt uns, den freien Blick auch nach außen zu richten, um die vielverschlungenen Beziehungen zu fremdländischer Kultur und die darauf beruhende Weltwirtschaft richtig zu erfassen«. Dies sei nicht nur utilitaristisch zu verstehen; realistische Bildung weise ein neues Ideal, das die Höhe der Zeit erreicht. »Richtig ist, daß sie aus der Not, auf dem Boden wirtschaftlicher Arbeit erwachsen ist, aber sie hat diese Fesseln längst von sich abgestreift und sich aufgeschwungen zu den reineren Höhen einer von wissenschaftlichem und ethischem Geist durchtränkten Natur- und Weltanschauung«. Ohne Zweifel ist das Selbstbewußtsein der großbürgerlichen Klasse gewachsen; sie erkennt sich als wahren Träger der imperialistischen Epoche und sucht ihre adäquate Ideologie.

Die neuen Gegebenhciten werden vielfältig herausgestellt. Dr. Thiel als Regierungssprecher, 1890 schon einer der entscheidenden Diskutanden, legt die veränderte Funktion des Staates als eigenes Wirtschaftssubjekt gegenüber der Entwicklung dar. »Aber von Tag zu Tag mehrt sich in allen Regierungskollegien und höchsten Instanzen die Zahl der technischen Beamten: in dem Maße, wie der Staat große technische Betriebe übernommen hat, in das Erwerbsleben überhaupt viel stärker eingreift als früher, mehrt sich die Zahl der technischen Beamten.« Die ökonomische Verflechtung des Staats mit dem Großkapital wird angezeigt; auch hier soll der Realismus eine höhere Weltanschauung vermitteln, die ihn »weit heraushebt über ein gewöhnliches Nützlichkeitsstudium«, er soll »erhebend und geistig veredelnd wirken«. Indem sich der Realismus idealistisch verklärt, einen gestirnten Himmel über sich wölbt, sucht er sich fehlendes Bildungsprestige anzueignen. Die wirkliche Sache tritt indeß unmißverständlich hervor. Professor Münch erklärt: Die Armee hat sogleich, trotz aller Siege, 1871 mit Reformen begonnen, – »und die Nationen, die zu überwinden uns beschieden gewesen ist, hatten mehr oder weniger die gleichen Unterrichtsanstalten wie wir selbst. Ich kann auch nicht die große Scheu vor dem Utilitarismus teilen, am wenigsten, wenn es nationaler Utilitarismus ist.« Unter den Gutachtern weist der Provinzial-Schulrat Dr. Vogel auf die Situation. »Die letzt vergangenen Dezennien sind dadurch charakterisiert, daß in ihnen die großen Polytechnischen Hochschulen zur vollen Entfaltung und Blüte gelangt sind – entsprechend dem mächtigen Aufschwunge, welchen die Industrie in dieser Zeit genommen hat.« Ihrem Aufstieg entspricht der veränderte Welthandel. »Der machtvoll angewachsenen Industrie ist aber in der letzten Zeit glücklicherweise auch der Handel und Verkehr, der bisher zu sehr in fremden Händen lag, ebenbürtig zur Seite getreten. Deutschland ist in die Reihe der Welthandel treibenden und den Weltverkehr vermittelnden Nationen eingetreten und ist im Begriff, sich seinen Anteil an dem hierzu unumgänglich nötigen Kolonialbesitz zu sichern. Dieser Sachlage muß meines Erachtens auch die Unterrichtsverwaltung – dies Wort im weitesten Sinne (d. h. abgesehen von einem besonderen Ressort) genommen – gerecht werden, wenn sie hinter ihrer Aufgabe nicht zurückbleiben will«. Professor Sachau zielt auf die Ausbildungskriterien, die damit in den Mittelpunkt rücken. »Wenn aber der deutsche Techniker mehr als bisher an den großen technischen Aufgaben der Welt neben Engländern, Amerikanern und Franzosen konkurrieren soll,

muß er in seiner Lehrzeit entsprechende Sprach- und Sachkenntnis seinem Rüstzeuge einverleiben.« Der Kampf um die internationale Vorherrschaft wird zum Fetisch, die Instrumentalisierung der Bildung unter diesem Gesichtspunkt vielfältig erwogen, eine weltweite Dimension wird eröffnet. Es ist »die natürliche und tatsächliche Internationalität« der technischen Fächer, die ihnen, nach den Worten Münchs, die kommende Rolle zuweist.
Eben damit jedoch wird die idealistische Überhöhung des Realismus stets wieder auf die bestimmende Motivation reduziert, die der Sache nach nicht verborgen bleiben kann. So kommt es noch einmal zu einer humanistischen Wirklichkeitsüberhöhung, derer die Gesellschaft noch immer bedarf, um sich auszuhalten. Sie wird von Harnack, Theologe und Humanist, Stern am Himmel der spätbürgerlichen Kultur, auf höchster Ebene geleistet; er rettet den Humanismus, indem er ihn zum Mythos des Imperialismus verkehrt. Das unbestreitbare Niveau und der streckenweise sublime Charakter seiner Erörterungen schränken den Erfolg jedoch angesichts des stetig erkennbarer werdenden geistigen Verfalls, der sich nunmehr schon unverdeckt äußernden Raubgier, wieder ein. »Aber unser Horizont für die alte Geschichte«, erläutert Harnack, »ist nicht durch das kleine Athen und das republikanische Rom bestimmt, sondern wir stellen an diese Geschichte die Fragen: Wie ist es möglich gewesen und wie ist es geworden, daß eine Weltsprache, eine Weltkultur, eine Weltreligion entstanden ist«. Wie hat sich »der ideale Begriff der Menschheit aus dem Begriff der Nationen herausgehoben«; diese Geschichte aber »ist eure Geschichte und ist unsere Geschichte und ist nicht nur ein Bilderbuch mit schönen alten Heroenstatuen«. Alles, »was an Gemeinsamkeit der Kultur der Völker heute existiert, abgesehen von dem, was die Naturwissenschaft der letzten 200 Jahre hinzugefügt hat«, wurzelt vollständig »in der Geschichte der römischen Kaiserzeit«. Weltrolle des imperium romanum wird hier, unter deutlicher Bezugnahme auf das Kaiserreich, unversehens zur Weltrolle des imperium germanicum, der Imperialismus erhält seine Kulturmission, er wird zum Vollstrecker eines universellen Geschichtsentwurfs. Damit wird die Antike neu selektiert; ihr gewaltiger

Vorgriff entfällt, Christentum und Neuplatonismus als Zugang zur Menschengemeinsamkeit ebenso wie die römische Republik als Idol von 1789 oder Athen als Stätte der Wahlverwandtschaft des exilierten deutschen Geistes. Die sublim-fatale Fassung des Imperialismus durch Harnack wird nur von Theodor Mommsen erkannt, dessen Integrität einsam hervorragt. Er bleibt eine Ausnahmeerscheinung in dieser Zeit. »Aber wenn nun gefragt wird: was war denn die beste Zeit unter der römischen Kaiserepoche? so antworten die alten Römer selbst: die ersten zehn Jahre der Regierung Neros. Nun stellen Sie einmal das in der Weise dar, daß es für die Lehrer möglich und für die Kinder begreiflich wird, daß die ersten zehn Jahre der Regierung Neros die beste Zeit, eine der glücklichsten Epochen der Menschheit gewesen ist! Ist das möglich? Wenn jeder Lehrer mit dem Ingenium auszustatten wäre, das dazu gehört, um diesen unter der Schale elender Hofgeschichten sich verbergenden Keim herauszuschälen, dann ginge es freilich. Ich beschäftige mich, seit ich denken kann, mit dieser Zeit. Mir ist es nicht gelungen, diesen Kern vorzulegen und ich würde mir, wenn ich Lehrer wäre, die Aufgabe, Kaisergeschichten im allgemeinen zu lesen, verbitten.« Mit dem geistigen Florett wird die Epoche im Innersten getroffen.

Angesichts rapider Strukturwandlungen stellen sich die gesellschaftlichen Probleme in verschärfter Form. Es geht auch jetzt wieder darum, Berechtigungen zu verallgemeinern, eine breite bürgerliche Basis zu gewinnen. »Ich glaube in der Tat«, erklärt Dr. Hauck, »daß wir die Berechtigungsunterschiede sowohl aus sozialen wie aus kulturellen Gründen beseitigen sollten.« Das Problem einer bürgerlichen Einheitsschule wird erneut verhandelt, um ein festes Band um die Gesellschaft zu schließen, sie gegen das Proletariat abzuschützen. So bekennt Dr. Thiel: »In meinem innersten Herzen bin ich ein Anhänger der verpönten Einheitsschule, weil ich es sehr bedauere, wenn der Riß in den Anschauungen der Bevölkerung sich immer mehr erweitert und weil ich gern allen gebildeten Schichten der Gesellschaft eine möglichst gleiche Basis ihrer Welt- und Lebensauffassung sichern möchte.« Ideologische Steuerung und industrielles Interesse sind hier auf das Engste verbunden; nur die Arbeiterschaft bleibt noch ausgeschlossen. Dennoch ist deutlich, daß die gegenwärtige Gesamtschuldiskussion den verlängerten Stand des gleichen Problems anzeigt, unter veränderten Bedingungen von Qualifikation und Anpassung. Die soziale Strategie wird von dem Generalinspekteur des Militär-Erziehungs- und Bildungswesens, Freiherr von Funck, entwickelt; auch bei dieser Konferenz steht die Armee an der Spitze des Schulfortschritts. Siegreiche Schlachten der Vergangenheit sind kein Alibi für die Schulen der Gegenwart: »Unsere Armee hat die Kriege geschlagen und sich vorzüglich bewährt, und dennoch ist sie immer reformierend, bessernd vorgegangen. Nicht einen Moment bleibt sie zurück, um den modernen Ansprüchen sich anzupassen, welche in jedem Jahr neu entstehen.« In gleicher Konsequenz verlangt Funck einen »gemeinsamen Unterbau« des Schulwesens, soziale Flexibilität im Gegensatz zu einem System, das »zum Schaden des modernen Erwerbslebens« gereicht. Die schwierige Dialektik von industriellem Bedürfnis und kleinbürgerlicher Bewußtseinsstabilisierung als Strategie der Bewegung in Widersprüchen wird vorzüglich in dem Gutachten von Dr. Vogel dargetan. Hier geht es entschieden um die Entfaltung realer gesellschaftlicher Bedürfnisse, doch werden sie zugleich an einem mittelalterlichen Bewußtsein festgemacht. Eine breite technische Ausbildung steht im Vordergrund, um die untere mittelständische Gruppe zu festigen: »Diese jungen Leute, die zum größten Teil dem kleinen Handwerker- oder Beamtenstande angehören, müßten wir den mittleren Ständen möglichst zu erhalten suchen.« Der Übergang dieser Gruppen aus ihrer präindustriellen Verfassung in das sich stürmisch entwikkelnde industrielle Zeitalter bildet ein permanentes Problem. »Je mehr wir aber im Begriff sind, ein Industrie- und Handelsstaat zu werden, um so mehr müssen wir acht geben, daß die Masse unseres Volkes nicht zu sehr in den bloßen Arbeiterstand herabgedrückt wird.« Es entspricht nicht dem sozialen Interesse, »daß unsere Handwerker jetzt mit den bloßen Arbeitern eine einzige, fast unterschiedslose Masse bilden«. Der entschiedene Vertreter des industriellen Progreß empfiehlt »mittelalterlichen Handwerkerstolz«, neue Meisterschulen, an denen man neue Titel erwerben kann, um das Selbstbewußtsein der in den industrie-kapitalistischen Verschleiß geratenen Kleinbürger aufzurichten und die Kluft zwischen ihnen und dem Proletariat unüberbrückbar zu machen. »Diejenigen, welche ihre technische, künstlerische, kaufmännische Ausbildung auf der Meisterschule vollendet haben, könnten sich einer Diplomprüfung unterziehen, auf Grund derer sie berechtigt sein müßten, einen besonderen Ehrentitel zu führen, z. B. den Titel: »Königlicher Meister der Kunstschlosserei« usw. oder abgekürzt: »Königlicher Kunstmeister«. Und diesem Titel müßte auch eine entsprechend geachtete Stellung eingeräumt werden! Der Deutsche – auch der deutsche Handwerker – gibt eben viel auf Ehre und die soziale Frage ist tatsächlich zu einem erheblichen Teil auch eine Ehrenfrage!« Sieht man von einigen skurrilen Wendungen ab, so ist gerade dieser Beitrag bezeichnend.

Seit den Lehrplänen des Jahres 1892, als Folge der ersten Konferenz, haben sich bemerkenswerte Veränderungen im weiterführenden Schulwesen vollzogen. Das Lateinische ist erheblich im Rückgang begriffen, wie Dr. Matthias als Berichterstatter vermerkt, die neueren Sprachen haben »erfreuliche Fortschritte« gemacht. Auf die verbesserte Funktionsgerechtheit des Geschichtsunterrichts wird verwiesen. »Überall tritt die deutsche und die preußische Geschichte, überall treten kulturgeschichtliche, wirtschaftliche Belehrungen in den Vordergrund.« Im Gutachten von Professor Fries, dem Direktor der Franckeschen Stiftungen, wird die veränderte Situation skizziert. »In einem ganz natürlichen Vorgange sondern sich verschiedene Arten höherer Schulen. Das Gymnasium kann bei dem Zudrängen neuer Stoffe nicht mehr die gesamte höhere Bildung überliefern, ihm treten realistische Anstalten zur Seite, sie gedeihen, bauen sich weiter aus, vermehren sich rasch: das ist die Entwicklung, die sich dem Beobachter darbietet, und die sich in unseren Tagen auf dem Gebiet des Hochschulwesens wiederholt, wo die technischen Hochschulen mächtig emporblühen und die Gleichberechtigung mit den Universitäten erringen.« Auf diesem Hintergrund verstehen sich die Details.

Der Kampf zwischen Realismus und Humanismus wird fortgesetzt, bei verschobenem Gewicht der Fronten. Der Humanismus hält seine letzten Götter parat, Wilamowitz-Möllendorff, als Inbegriff preußischer Tradition, Harnack, den Sprecher des wilhelminischen Salons. Die alte, ästhetisch-kosmopolitische Bildung muß den Anschluß an den Imperialismus suchen und dies um jeden Preis; nur für das Latein lassen sich auch praktische Gesichtspunkte geltend machen. Es besteht jedoch eine wachsende Neigung, die Kosten einer unbrauchbaren Selbstverklärung einzusparen und Herrschaft weniger aufwendig zu gestalten. Die Tendenz zum economy system ist unverkennbar. So werden die Argumente aneinandergereiht. Das Altertum hat einen »monumentalen Hintergrund« vermerkt Diels; das Gymnasium hat, so Dr. Jäger, 1848, 1866 und 1870 in den »welthistorischen examinibus« mit einer ausgezeichneten Note bestanden. Harnack setzt sich entschieden für das Griechische ein. »Mit dem Griechischen in Untersekunda beginnen«, wie es Vertreter des Einheitsschulgedankens vorschlagen, »und es zugleich für wahlfrei erklären: heißt das humanistische Gymnasium abschaffen und eine andere Lehranstalt an die Stelle setzen«. Es ist kennzeichnend für das veränderte Kräfteverhältnis, daß Harnack in seinem Gutachten zugleich dafür eintritt, »allen neunklassigen Schulen die Berechtigung zum Studium schrankenlos zu erteilen«. Nur auf diesem Hintergrund läßt sich ein Restbestand sichern. Wie ungewiß die Lage bereits ist, zeigt auch der Harnacksche Satz: »Die griechische Sprache wird aber tatsächlich so gut wie ausgestoßen – darüber soll man sich nicht täuschen –, wenn es keine Schulen mehr gibt, auf denen sie obligatorisch gelehrt wird.« Der bildungsbürgerliche Untergang wird kaum besser angezeigt. Harnack verweist auf den Wert »fortwirkender Ideale«, macht zu Recht deutlich, daß die naturgeschichtliche Evolution nicht ohne weiteres auf die Geschichte des Geistes übertragen werden kann. Die Ideale jedoch, die er zu vermitteln sucht, sind auf das bestehende Bedürfnis abgestimmt, bilden nur seine überdimensionale, spätrömische Kulisse, »wo in der Vergangenheit Kräfte, Bildungen, Ideale und Persönlichkeiten zu finden sind, die uns noch heute wie Sterne leuchten können«. Dies ist schließlich der gleiche »Zug höherer Weihe«, den Thiel für die realistische Bildung in Anspruch nimmt. Ganz im Geiste der Zeit verbleibt auch die Apologie, die Wilamowitz vorträgt. Sie beginnt indes bestechend. Das Gymnasium soll »keineswegs ein ausschließlich ästhetisches Interesse befriedigen«; indem einer alten Zeit valet gesagt wird, nimmt Wilamowitz das Problem seiner Gegenwart auf. Die unerhörte Durchdringung der Erde, deren Zeuge er ist, die Revolutionierung der Produktivkräfte löschen die bisherige Überlieferung, drohen das Bewußtsein der Herkunft zu entfremden. Ein geschichtsloses Wesen ist im Entstehen, da sich die beispiellose Veränderung der bisherigen Geschichte nicht mehr vermitteln kann. »Wie wir Menschen brauchen, die in die Breite des Lebens, in die weite Welt, in den Raum hinaussehen, wie er um uns liegt, und die begreifen, was uns umgibt, ich möchte sagen, räumlich«, so brauchen wir Menschen für ein zeitliches Zurück, für das »was doch darum nicht aufhört, eine Realität zu sein, weil es im Moment körperlich nicht mehr existiert – denn es geht nichts verloren, und auch der Geist ist eine Realität.« Dies ist vorzüglich formuliert; auch der Hinweis auf eine »Weltkultur«, die mit der Antike begründet wurde: »ihr alle, welcher Nation ihr auch seid, soweit ihr Kulturvölker seid, habt einen gemeinsamen Unterbau«. Das kulturelle Vorurteil, das sich darin folgenreich niederschlägt, ist immerhin noch ganz allgemein und wird auch von der Linken geteilt, deren Geschichtskonzept über Hegel und Marx an der europäischen Zivilisation entwickelt wurde. Das Bewußtsein jedoch, daß die Dimensionen von Raum und Zeit verknüpfen soll, wird auch hier nur an jener Erscheinung festgemacht, die als Rechtfertigungsinhalt dient. Die Antike, das ist die Staatsraison, die »Augusteische Monarchie«, das Weltreich der Römer, die Mystifizierung der Person. »Was hat uns begeistert? Personen, die von der Schule aufgerichtet werden als Idealfiguren, zu denen schaut man auf, denen strebt man zu«; der griechische Geist wird unter der Hand zum Hebel des politischen Herrschaftsanspruchs. »Der Positivismus und Materialismus ist nicht ohne Grund dem Hellenentume so feind, wie der geistige Primat Frankreichs im sechzehnten und siebzehnten, Englands im achtzehnten, Deutschlands im neunzehnten Jahrhundert nicht zufällig mit der Führung in den griechischen Studien zusammenfällt. Aber jedes Jahrhundert hat sich gesucht, was seinen Bedürfnissen und Bestrebungen entsprach: was unser Gymnasium jetzt geben will, ist der verkümmerte Rest von dem, was vor hundert Jahren für die damaligen Bedürfnisse gesucht und auch gefunden war. Denn jenes Gymnasium hat die Männer erzogen, die Deutschland groß gemacht haben, und sie haben es ihm gedankt. Preußen würde sich selbst verleugnen, wenn es mit den Traditionen Wilhelm von Humboldts brechen wollte; aber es bleibt ihnen nur dann wahrhaft treu, wenn es sie fortbildet, wie Wissenschaft und Leben es erheischen.« Geistige und politische Vorherrschaft werden als Einheit gefaßt und über die Antike in Verbund gesetzt, der Harnackschen These verwandt; zugleich wird der Platz dieser Bildung in der Herrschaftsstruktur angezeigt. »Dabei bleibe festgehalten, daß wir nicht eine Schule haben wollen, welche ausschließlich Gelehrte vorbildet, sondern eine geistige Elite, Führer des Volkes.« Erst damit kann auch der Lehrer das Gefühl haben, »nicht einer abgestorbenen, aufgegebenen, sondern einer lebenden, einer anerkannten Sache« zu dienen.

Mit dem Elitebegriff wird dem Humanismus eine letzte, fragwürdige Berechtigung zugewiesen, in tiefem Gegensatz zu dem universellen Ansatz, den er in sich barg. Es ist dies ein Rettungsversuch, eine selektive Sekundärtendenz. »Wir würden mit der ganzen Undankbarkeit des Emporkömmlings verleugnen, was uns groß und stark gemacht hat«, kommentiert Dr. Albrecht. Er fügt hinzu: »Tatsache ist es, daß eine erhebliche Zahl der Gebildeten die früher allgemein herrschende Überzeugung von den Vorzügen der auf dem Studium des Lateinischen und des Griechischen beruhenden Schulbildung aufgegeben hat; mit größerer Entschiedenheit hat man sich von dem Griechischen, mit minderer Entschlossenheit von dem Lateinischen abgewendet.« Die Lehrpläne von 1882 und 1892 stellen dies unmißverständlich unter Beweis. So kann Professor Muff, Rektor von Pforta, feststellen, daß die alten Sprachen nur noch »das besondere Kennzeichen« der Gymnasien sind, aber nicht mehr ihren Mittelpunkt bezeichnen.

Im Zuge der fortschreitenden realistischen Vorherrschaft

verliert auch die philosophische Propädeutik ihren ursprünglichen Rang. Die dem Humanismus zugehörige Periode der klassischen deutschen Philosophie wird zu Grabe getragen. Ihre Systemkraft ist im Erlöschen, die bürgerliche Vernunft, als Organ antizipierender Menschlichkeit, rationaler Überwältigung des Wirklichen im Geiste, dankt ab. Auch hier bezeichnet Muff die Situation. »Ja, wenn die Philosophie noch in Blüte stände wie vor hundert Jahren und so tief und nachhaltig die ganze gebildete Welt beeinflußte! Wir leben nicht mehr im Zeitalter der Spekulation, sondern des Realismus. Die Naturwissenschaften haben die Philosophie verdrängt«. Ihre Rolle wird hymnisch verklärt. »Meine Herren, die moderne Kultur kann auf Grund der Naturwissenschaften meiner Ansicht nach dasselbe aufbauen, was Sie in historischer Beziehung verlangen«, ruft Dr. Schwalbe aus; wir sind jetzt in der Lage »Naturereignisse und -Veränderungen für Jahrtausende vorauszusagen«. Schließlich: „Sie haben die Vergangenheit; aber daß die Naturwissenschaften auch für die Zukunft ein großes Moment sein werden in der Entwicklung des menschlichen Geistes, das werden gewiß nur wenige von Ihnen bestreiten wollen.«
Hier spricht der Fortschritt, die Zukunft gegenüber der Vergangenheit; der Mensch wird endgültig Herr der Natur. Dies ist Aussicht auf eine noch ungeöffnete Landschaft, aber auch Aussicht auf Auschwitz und Vietnam, Gastechnik und Druckknopfkrieg. Die Isolierung der Naturwissenschaften von ihrem humanen Ursprung macht sie zum Trauma. Der Sache nach sind die Weichen für den ersten Weltkrieg bereits gestellt; dennoch herrschen ein fortschrittsgläubiger Pragmatismus, die Sicherheit einer antreibenden naturwissenschaftlichen Rationalität auch dort, wo sie sich den größten wissenschaftlichen Namen verbinden können. Virchow, verdienstvoller Sprecher einer linksliberalen Minderheit, verweist auf seine Studenten aus Japan und den USA; sie haben noch nie etwas von Humanismus gehört und werden hervorragende Wissenschaftler. Bildung beruhe auf Vorurteil. »Das liegt wesentlich daran, daß hier, wie ich glaube, etwas willkürlich und etwas unberechtigterweise die allgemeine Bildung immer nur als eine humanistische, d. h. als

eine solche, die sich mit der Natur und den natürlichen Dingen nicht zu beschäftigen hat, betrachtet wird. Das ist ein Standpunkt, der nicht mehr haltbar ist.« So richtig die Aussage per se ist, so wenig wird sie in ihren entscheidenden Kontext gerückt. Doch wird eben im gleichen Zusammenhang der Verfall dieses Humanismus kommentiert, der nun ohne Hinweis auf Vermenschlichung ist; er ist nur noch, wie Dr. Hauck bemerkt, eine Angelegenheit der Visitenkarte. Die Gymnasien sind »gewissermaßen ›hochwohlgeboren‹, die Realschulen sind nur ›wohlgeboren‹, bei den Realgymnasien schwankt man, soll man auf den Brief ›hochwohlgeboren‹ oder ›wohlgeboren‹ schreiben?«. Es gehe darum, den Kastengeist in der höheren Bildung im Sinne bürgerlich-politischer Einheit zu überwinden. »Und wenn dann die Söhne aus verschiedenen Gesellschaftsklassen auf derselben Schulbank zusammensitzen, dann wird das auch für ein Sich-besser-verstehen-lernen der verschiedenen Volksschichten außerordentlich wohltätig sein.«
Reale Zwänge stehen im Vordergrund, Untaugliches soll beseitigt werden. Die Fachargumentation macht dies vor allem ersichtlich. »Englisch«, vermerkt Dr. Böttinger, »ist heutzutage zweifellos die Weltsprache.« Wir haben »immer an der Spitze zu bleiben, sempre avanti, immer voranzugehen und uns die Stellung zu wahren, die wir heute im Auslande genießen.« Es geht um Deutschlands »dominierende Stellung«. Der Abteilungsvorsteher im Reichsmarineamt, Truppel, bemängelt im Namen der Flotte die Ungleichmäßigkeit der Vorbildung in den Neueren Sprachen, der Mathematik und der Physik. »Das Studium der lebenden Sprachen für Armee und Marine hat vom militärischen Standpunkte aus neben seinem allgemeinen Bildungswert den beiden praktischen Forderungen zu genügen: Erstens soll der Betreffende so weit gebracht werden, daß er Kriegsmittel fremder Länder studieren kann an ihren eigenen Quellen, Zeitungen, Büchern, und durch Bereisen fremder Länder; und zweitens hat es den Zweck, den Soldaten, den Offizier die Sprache des Landes zu lehren, in welchem sich voraussichtlich ein Krieg abspielen wird. Das Englische hat diese Bedeutung für die Marine in beiden Beziehungen, sowohl zum Studium fremder Kriegsmittel –

denn die englische Marine ist und bleibt doch immer noch in vielen Dingen vorbildlich für alle Marinen –, als auch als Sprache des Kriegsschauplatzes.« Unmißverständlich wird auf die praktische Bedeutung des Gegenstandes verwiesen, – »ich spreche auch nicht von der Sprache der ›gebildeten Welt‹«, – es ist gleichgültig, »ob man das Englische schön oder häßlich, entwickelt oder unentwickelt findet«. Chauvinistischen Sprachpuristen wird gerade von den Vertretern der bewaffneten Macht Einhalt geboten. »Ich lege den allergrößten Wert darauf, daß wir von der deutschen Prüderie zurückkommen«, erklärt in diesem Zusammenhang Freiherr von Seckendorff. Der Utilitarismus tritt so drastisch hervor, daß auch die Vertreter des neusprachlichen Unterrichts seine Überwucherung beklagen, die sich, nach Ziehen, »zum Übermaß« herausgebildet habe. Das Französische endlich muß um seine Stellung nun ernsthaft bangen. So erklärt gerade Harnack: »Mit dem Französischen zu beginnen und drei Jahre ausschließlich diese fremde Sprache zu treiben, erscheint aus nationalen Gründen nicht unbedenklich, entspricht der heutigen Stellung des Französischen unter den Weltsprachen nicht ganz mehr und entspricht auch nicht dem Zustande der französischen Literatur, welche man den Knaben zuführen kann.« Angst vor Aufklärung drückt sich darin aus, aber auch primitives Vorurteil. So wird der Chauvinismus bei Vogel grotesk, wenn er fordert, daß man deutsche Romanistik-Studenten nicht mehr nach Paris lassen soll. »Unsere Studenten sind sicherlich keine Tugendhelden, sie mögen zuweilen mehr trinken als nötig und zuweilen sich mehr schlagen als gerade zweckdienlich ist, sie mögen auch im Punkte der Sittlichkeit leider vielfach Anschauungen huldigen, die nur zu leicht schwere Verirrungen als natürliche Folge mit sich führen – in das quartier latin gehören sie darum doch noch nicht! Mit Maitressen am Arm möchte ich unsere deutschen Jünglinge nicht herumziehen sehen, da ist der Schläger im Arm entschieden vorzuziehen!«

Nationalistisch-utilitaristische Gesichtspunkte machen sich auch für die anderen Fächer geltend. Der Deutschunterricht erhält nach Sachau seine Legitimation durch »das Gedeihen deutschen Wesens innerhalb und außerhalb der Reichsgrenzen sowie jenseits des Meeres«. Nach Vockeradt ist es

Aufgabe dieses Unterrichts, »den vaterländischen Sinn der Jugend zu wecken und zu pflegen«. Selbst Ziehen, der gewiß kein geringes Niveau verkörpert, warnt faktisch vor der modernen Literatur und empfiehlt entsprechende Maßnahmen zur Immunisierung der jungen Generation. Er will diese Literatur nur einbeziehen, um »die Jugend unserer Oberklassen wenigstens teilweise gegen den übermäßigen Einfluß dieser ›Modernen‹, mit denen sie – in den Großstädten wenigstens – das Elternhaus und die außerhalb der Schule sie umgebende Welt doch in fortgesetzte Berührung bringt« abzusichern. Kein Zweifel, wer hier gemeint ist: Zola, Ibsen, der frühe Hauptmann. Die faschistoid-romantische Tendenz der Germanistik, die in ihrem Ursprung bereits angelegt war, setzt sich fort. Es gibt Ausnahmen. So erklärt Muff in seinem Gutachten: »Über den ›Nathan‹ allein ist eine ganze Literatur erschienen. Ich darf mich kurz dahin äußern, daß er unter allen Umständen gelesen werden muß, damit die Schüler zu einer besonnenen Auffassung angeleitet werden.« Aufklärerisches Bürgertum erscheint noch im Restbestand.

Die innere Verfassung der Konferenz wird vorzüglich über ihre Einstellung zum Geschichtsunterricht illustriert. Er soll wiederum »rezeptiv« sein, sich von den produktiven Merkmalen anderer Fächer unterscheiden. Pionier Klinke, Held der Düppeler Schanzen von 1864, gilt als leuchtendes Vorbild. Packende Beispiele »aus der neuesten und gegenwärtigen vaterländischen Geschichte« sollen nach Douglas dafür sorgen, »daß es nie an Männern fehlt wie der heldenmütige Klinke, sobald es heißt: Freiwillige vor!« Für die thematische Behandlung empfiehlt Dr. Schultz, daß der politische Unterricht »die wirtschaftlichen und gesellschaftlichen Verhältnisse« zu erhellen habe, eine gewiß moderne Formulierung. »Die Agrarbewegungen Roms, die Sklaven- und Seeräuberkriege, die Bauernbündnisse des Mittelalters, der große Bauernkrieg, die Wiedertäuferunruhen u. a. m. müssen eine solche Beleuchtung erfahren, daß daraus die Erkenntnis hervorspringt, die sozialdemokratischen Bestrebungen sind irrig in ihren Voraussetzungen, sie sind unsittlich und antinational, sie sind unmöglich in ihrer Verwirklichung und sind unnatürlich in bezug auf die Bedürfnisse des

Menschen.« Die Lehrerrolle wird neu definiert. Der Lehrer, »der von rechter vaterländischer Gesinnung erfüllt ist und von Vaterlandsliebe beseelt wird, ist sich in seinem dunklen Drange des rechten Weges wohl bewußt«; die vage Auskunft zielt auf eine veränderte Methode. Schultz empfiehlt eine mittelbare Lenkung. »Für die Schüler aber gilt das Wort: ›Man merkt die Absicht und‹ – die Oppositionslust wird geweckt. Die Verdienste der Hohenzollern sind wahrlich über allen Zweifel erhaben«, aber der Schüler darf nicht mit der Nase darauf gestoßen werden. »Das monarchische Gefühl aber muß dem Unterricht immanent innewohnen wie der Duft der Rose, der nicht mit Augen gesehen, sondern eingeatmet wird.«

Der Sache gemäß spielt der naturwissenschaftliche Unterricht eine hervorragende Rolle. Mit Dr. Klein ist es seine Aufgabe, »die Überzeugung entstehen zu lassen, daß richtiges Nachdenken auf Grund richtiger Prämissen die Außenwelt beherrschen läßt.« Dann aber muß der Blick von Anfang an auf die Außenwelt gerichtet werden. Die Interdependenz von Naturwissenschaft und Imperialismus wird offengelegt; mehr noch als 1890 wird das selbständige Arbeiten betont, um die naturwissenschaftliche Bildung voranzutreiben. Vor allem den angewandten Naturwissenschaften wird ein erheblicher Raum zugestanden; Übungen, technisches Zeichnen und Exkursionen werden in den Vordergrund gerückt. Schwalbe verweist in seinem Gutachten auf die Pflicht des Lehrers, »sich mit der Technik und den verwandten Gebieten eingehend zu beschäftigen«. Berücksichtige man die Technik als Anknüpfungspunkt, so würde dies auch den Erfolg haben, »daß bei den Schülern eine höhere Wertschätzung des praktischen Arbeitens eintritt, wodurch eine Herabminderung der Überhebung auf Grund der klassischen Bildung, die oft den Gymnasialschülern vorgeworfen wird, herbeigeführt werden könnte«. Für das richtige Verständnis solcher und ähnlicher Thesen sorgt Dr. Fischer, wenn er bemerkt: »Denn nur wenn unsere Wissenschaft dauernd mit gut vorgebildeten Schülern versorgt wird, ist die heutige Blüte der Chemie und der chemischen Industrie in Deutschland auch für die Zukunft gesichert.« Es geht darum, um noch einmal Schwalbe das Wort zu geben,

»daß den modernen Kulturelementen gestattet sein muß, sich zu entwickeln und daß die einseitige linguistische Ausbildung die Zukunft nicht mehr beherrschen kann und darf«. Wie sehr die Maßstäbe für den Geschichtsunterricht und den naturwissenschaftlichen Unterricht auseinanderklaffen, macht der Hinweis Slabys in seinem Gutachten evident. »Die Anweisung zu den Lehrplänen von 1892 macht den Lehrern der Naturwissenschaft zur Pflicht, die Schüler zu eigenem Denken und zum Beobachten anzuleiten, jede Überlastung mit gedächtnismäßig anzueignendem Lehrstoff zu vermeiden und den Versuch bei allen Betrachtungen in den Vordergrund zu stellen«. Slaby ist es auch, der die Unterlegenheit der humanistischen Gymnasiasten an den Technischen Hochschulen statistisch nachzuweisen sucht.
In der Galerie der Fächer wird noch einmal der staatspolitische Wert der Leibeserziehung unterstrichen. Kurz präzisiert Freiherr von Seckendorff: »Immerhin erscheint es im Lande der allgemeinen Wehrpflicht praktisch, daß die körperliche Ausbildung der Jugend nicht ausschließlich deren Gesundheit und Kräftigung dient, sondern auch militärisch vorbereitend wirkt«. Der unvermeidliche Douglas drückt dies pathetischer aus und fordert zusätzlich Samariterkurse. Der wilhelminische Sprachstil erreicht einen Höhepunkt; »denn wenn die schwere Stunde wiederkommen sollte, wo es selbst von dem Tapfersten heißt: An die Rippen pocht das Männerherz, dann wollen wir doch unseren tapferen Söhnen auf dem schweren Wege, der für so viele der letzte ist, das Bewußtsein mitgeben, daß ein dankbares Vaterland sich längst bereit hält, die Wunden zu heilen, die für dasselbe geschlagen werden«.
Hinzpeter hatte zu Beginn der Konferenz noch einmal die Aufgaben festgelegt. Es geht ebenso um die »nationale Basis« des Schulwesens wie darum, »für das praktische Leben« auszurüsten. Die Realisierung der Beschlüsse von 1890 hatte mit großen Widerständen zu kämpfen, weil sich das Bewußtsein nur langsam verändert und anachronistisch gewordene Privilegien in Gefahr gerieten. Hinzpeter selber verweist darauf, daß das »Gymnasialmonopol« nach wie vor ein beherrschender Faktor im Prestigedenken sei. Er fordert radikale Konsequenzen; seine Stellung am Hof läßt das

Gewicht seiner Ausführungen erkennen. »Eines von beiden wird das Gymnasium wohl aufgeben müssen: entweder seine traditionelle Organisation oder seine traditionelle privilegierte Stellung«. Dennoch seien Fortschritte in der gewünschten Richtung erzielt. Der altsprachliche Unterricht geht zurück, wird weiter beschnitten; der realistische Einbruch erreicht die Gesamtheit des Bildungswesens, das für tot erklärte Realgymnasium hat sich kräftig weiterentwickelt. Die Oberrealschule gewinnt stetig Ansehen als uneingeschränkt realistisches System. Die volle Gleichberechtigung aller drei Formen des höheren Schulwesens wird auf der Konferenz faktisch erreicht, der Abschied vom humanistischen Gymnasium kaum noch verhüllt. Seine Agonie dauert lange; im Bewußtsein hockt die Sehnsucht nach Zweckerlösung. Die erreichte Mobilität des Schulwesens hält sich indes in Grenzen; die Vorstöße, die auch jetzt wieder, vor allem von der bewaffneten Macht, unternommen werden, um einen gemeinsamen Unterbau durchzusetzen, bleiben stecken. Wären sie gelungen, so wäre auch ein gesicherter Übergang von der Mittelschule zur höheren Schule frei geworden. wie Dr. Germar in seinem Gutachten vermerkt, somit eine legitimierte Aufstiegsmöglichkeit für den vierten Stand. Dies ist noch nicht durchsetzbar; der vierte Stand wird aus der gesellschaftlichen Mobilität herausgehalten, weil es keine entscheidenden politischen und industriellen Argumente für seine Einbeziehung gibt. Der Gedanke ist jedoch vorhanden und bleibt für eine spätere Phase der kapitalistischen Entwicklung aufgespart. Man ist auf der Höhe der Zeit, wenn man die realen gesellschaftlichen Interessen zu Grunde legt. Das Schulwesen wird an die vorhandenen Bedingungen geknüpft; das Berechtigungswesen, in das eine spezifisch militärische Problematik hineinspielt, erzwingt Offenheit. Bildung ist ein System gesellschaftlicher Bedingtheit und Erwartung. Sie verleiht Verfügung, Ansehen, Geld. Auch dies wird nicht verschwiegen. »Die Leute kommen viel rascher in das Verdienen hinein«, erklärt der Fabrikdirektor und Abgeordnete Dr. Böttinger, wenn sie »mit größerer Bildung zu uns kommen«. Jedermann setzt dies im Sinne eines schweigenden Konsens voraus. Zu den wenigen, die hier protestieren, gehört Dr.

Matthias vom Unterrichtsministerium. Das Berechtigungswesen, klagt er, sei wie »ein neuer indirekter Schulzwang«, er möchte wahre Bildung. Man soll die Ansicht dieses ehrenwerten Mannes nicht ironisieren; Bildung meint eben Freiheit vom Joch der Determination. Die Zwänge sind ungeheuer und in der gegebenen Situation unaufhebbar; mit ihnen und unter ihrem Zugriff jedoch vollzieht sich die Geschichte der Bildung als Geschichte menschlicher Befreiung. Erst mit der Erzeugung des materiellen Überflusses gerät sie an die Grenze möglicher Verwirklichung. So geht auch nicht alles mit seiner historischen Bedingung verloren, wird auch mit diesen Konferenzen ein unterliegender Hinweis erkennbar.

Wir sind Zeuge eines außergewöhnlichen Umstellungsprozesses in der Geschichte des deutschen Schulwesens; das Bewußtsein der Herrschenden ist viel weiter als das Bewußtsein der breiten bürgerlichen Schichten, auf die sie sich stützen müssen, ihre Interessenlage erlaubt ihnen einen weiten Spielraum. Sachlich tritt die Geschichte des Realismus in eine neue Phase; der naturwissenschaftliche Charakter löst sich vollends aus seinem ursprünglichen, aufklärerischen Kontext und wird zum Hebel von Imperialismus und Irrationalität. Waren es 1890 vornehmlich die neueren Sprachen, die um ihre Gleichberechtigung kämpften, so haben sich die Akzente weiter verschoben; Sprache ist nur noch Mittel zur Beherrschung, das keinen eigenen Wert geltend machen kann; »Bildung« ist in toto überflüssig. Dies wird ausgesprochen, doch zugleich immer wieder überdeckt, weil eine quasi metaphysische Rechtfertigung auch den Teilnehmern persönlich noch wesentlich, als Instrument von Herrschaft jedoch unentbehrlich erscheint. Ihre objektive und subjektive Funktion wird nicht außer Kraft gesetzt. Um den Besitz dieser Rechtfertigung streiten sich Realisten und Klassiker, beide möchten ihren Himmel über die imperialistische Epoche wölben; – nur liegt die Schlacht bei den Termophylen endgültig weiter ab als Sedan. Die höhere Weihe selbst bleibt unbestritten; sie ist der imaginäre Besitz eines siechenden Bildungsbürgertums, an dem es sich festhält und vom Proletariat scheidet. Indem sich der alte Geistesbesitz wachsend von der Herrschaftsfunktion entfernt, die neue Züge annimmt, wird er zur gespenstischen Fiktion, mit der Entfremdung ebenso überspielt wie schmerzhaft faßbar wird.

Der Realismus ist nur noch brutal. Der Humanismus unterliegt dem gleichen Prozeß, doch vermag er ihn besser zu verbergen, seine Mittel sind sublimèr. Von daher gesehen wird die Isolierung beider zu einer Nebensächlichkeit, zur Frage der optimaleren Anpassung, funktionellerer Nutzung. Beide stehen unter dem gleichen Gesetz, sind unter diesem Aspekt identisch. Nur spiegelt der Humanismus den Untergang; der Realismus den Aufstieg. »Sorgen Sie, daß nicht eine Kluft gezogen wird in unserer Volksbildung: Hie Realia, hie Humaniora!« ruft Dr. Hauck aus und meint, es müsse eine Vermittlung gesucht werden. »Es war«, so fügt Dr. Münch hinzu, »zwischen idealen und praktisch-utilitarischen Gesichtspunkten eine Vermittlung zu suchen«. Der Nenner dieser Vermittlung ist der Imperialismus selbst, die Totalität der Brutalisierung.

Wie 1890 enthält das Verhältnis von Humanismus und Realismus das aufdeckende Leitmotiv. Paulsen hatte dies auf der vorhergehenden Konferenz gewichtig gefaßt; Bildung als agens bedarf beider. Nur der Realismus gibt das Instrument der Naturüberwältigung an die Hand; für sich selbst aber vermag er nicht von der Angst zu befreien, die die Determination über uns verhängt. Der Humanismus ist die jenseitige Dimension des Realismus; für sich selbst leer, öffnet er die Aussicht im Wirklichen, wenn er diesem verbunden wird. Paulsens Definition vermochte sich von ihrer historischen Bedingung nicht freizumachen, doch enthielt sie im Ansatz den Indicator. 1900 ist es Theodor Mommsen, der die größte Souveränität an den Tag legt, über sich selbst Distanz schafft und die unterliegende Thematik von der Sprachlichkeit her umgreifend faßt. Zunächst sollen klassische und moderne Bildung deutlich voneinander getrennt sein, damit sie ihren spezifischen Gehalten gerecht werden; Mommsens Ausführungen kommen eher einem Plädoyer für die neueren Sprachen gleich. Jeder enge Anspruch liegt weitab; die persönliche, griechische Passion bleibt im Bereich des Privaten. Eine Bildungswelt wird entworfen, »von Molière bis George Sand«, von »Shakespeare bis auf unsere Zeit«, der

Bogen wird weit gespannt. Bildung ist Sprachfähigkeit, die aus sinnlicher Verhaftung zum menschlichen Zeichen wird, den Menschen konstituiert. »Nach meiner Meinung ruht die gesamte höhere Bildung auf dem Sprachunterricht. Der Sprachunterricht ist der einzige, der vom frühen Alter an der Entwicklung des Kindes zu folgen im stande ist«, er ist »nach meiner Meinung die Grundlage aller Bildung«. In der Tat sind damit zwei Hinweise gegeben. Die Bewältigung der Natur durch den Menschen, als Prozeß seiner Freiwerdung von Angst, setzt Sprache voraus; sie ist Vorbedingung aller Organisation, aller Technik, aller Künste. Aus sinnlicher Verhaftung gezeugt, befreit sie zugleich von ihrem Zwang, enthält sie das Jenseits ihrer Verhaftung schon in sich. Sie selber ist Inbegriff aller Dialektik von Natur und Freiheit. Realismus und Humanismus sind somit gemeinsam unter die Sprache gerückt; als Gemeinsamkeit beider enthält sie den Schlüssel zur Auflösung ihres Widerspruchs. Verlangt die konkrete Bewältigung der Geschichte das Verhältnis von Realismus und Humanismus als Punkt und Kontrapunkt, so ist es der Überfluß der Natur, die Revolutionierung der Produktivkräfte, mit der beide schließlich auf die gemeinsame Einheit hin rücken, in der die Ängste ebenso überwunden sind wie das ortlose Verlangen. Realismus und Humanismus werden zu überwundenen Momenten; der Realismus löst sich in Humanismus auf, der Humanismus gewinnt mit ihm seinen Inhalt. Der Mensch gewinnt seine volle Vergegenwärtigung; dies aber ist nichts anderes, als daß er sich aussprechen kann, daß er seine Sprache findet, in der die Dichotomie überwunden ist. Mit der Sprache selbst vollzieht sich der Befreiungsprozeß, mit dem die fragmentarische Gestalt abgeschüttelt wird; sie ist selber Prozeß von Innewerdung, als sie reale Geschichte enthält und in die Hände des Menschen gibt. Heute ist der Humanismus als Bildungsidee fast erloschen; der sich selbst überlassene Realismus wird zum Werkzeug der Vernichtung. Die Sprache der Herrschaft verliert ihren historischen Charakter, weil er sie aufdecken könnte; die Sprache der informationstheoretischen Kybernetik gerinnt zur mathematischen Formel. Sie täuscht damit Widerspruchsfreiheit vor, obgleich sich der Widerspruch stetig, unsäglich verschärft. Sprache wird zum

Gitter. Das historisch notwendige Verhältnis von Humanismus und Realismus ist das Verhältnis von Werkzeug und Bewußtsein. Das Bewußtsein unterliegt dem Werkzeug, mit dem es sich zugleich befreit. Befreiung aber ist nur möglich als Artikulation, als werdende Sprache, mit der sich der Mensch als geistig-sinnlichen Inhalt ergreift, der seiner Versöhnung zustrebt. Mit der Revolutionierung der Produktivkräfte gewinnt das Verhältnis von Werkzeug und Bewußtsein eine neue, veränderte Möglichkeit; der Mensch kann hervorkommen. Seine eigene, von Zwängen befreitere Welt kann sein Gegenstand werden, im Verhältnis von Basis und Bewußtsein gewinnt das Bewußtsein eine neue, historische Dimension. Es gewinnt sie nur, wenn es seine Sprachlosigkeit überwindet, die Sprache zum Werkzeug seiner Selbstfindung erhebt. Ist Sprache auch von Beginn an Ausdruck wachsender Klassenspaltung, so weist sie zugleich als Kommunikation auf ihre Überwindung hin; sie trägt die schließliche Versöhnung in ihrem Schoß.

In seinem Gutachten verweist der Provinzial-Schulrat Dr. Vogel auf das neue Zeitalter. »Wir stehen im Zeitalter des Verkehrs, so lautet ein berühmter Ausspruch aus hervorragendem Munde! Sind aber durch die äußeren Verkehrsmittel, durch Eisenbahnen, Dampfschiffe, Telegraphen die Nationen einander nur äußerlich näher getreten, oder bedingt diese äußere Kommunikation nicht vielmehr auch eine gesteigerte innere? Ist unser politisches, soziales, geistiges Leben nicht in ungleich höherem Grade als früher mit den politischen, gesellschaftlichen und geistigen Zuständen der uns umgebenden, mit uns strebenden Kulturvölker verflochten? Eisenbahnen und Telegraphen haben tatsächlich nicht nur die äußere, sondern vor allem auch die innere Entfernung abgekürzt!« Mehr als bisher, fährt Vogel fort, öffnet sich die Welt für neue Formen der Gemeinsamkeit. Dies bleibt noch begrenzt, auf die Völker der westlichen Zivilisation zugeschnitten. Der historische Zeitpunkt der Konferenz ist jedoch umrissen; wie nie zuvor wird mit dem Imperialismus die räumliche Dimension der Erde geöffnet; damit auch eine neue geschichtliche, mit der unbekannte Völker in die Bewegung einbezogen werden. Raum und Zeit gewinnen eine veränderte Dimension; die Metropolen, die

Gehirne des Imperialismus, erwecken zugleich eine andere Welt, die bislang geschlafen hatte und lassen ihr Bewußtsein an der Zerstörung ihrer überlieferten Werte entstehen. Die Metropolen sind nun nicht mehr die Zentren der kommenden Welt allein, neben ihnen entstehen andere; Jerusalem, Rom und Athen sind nicht mehr die einzigen Geburtsstätten möglicher, umfassender Menschheitskultur. Im Prozeß der Zerstörung und der Selbstzerstörung wird Last, Aussicht und Bedrückung der Geschichte vervielfältigt, treten die Widersprüche der Kontinente in das härteste Licht. Der Imperialismus nimmt die Totalität der Entdeckungen auf und macht sie zum Gegenstand unbegrenzter ökonomischer und psychischer Ausbeutung; es ist erst seine Weltweite, die eine weltweite Solidarität ermöglicht, eine weltweite Neuverständigung des Menschen, in die die Gesamtheit seiner zivilisatorischen Überlieferung eingeht. Auch hierauf verweist die Konferenz, wenn man ihre eigenen Umrisse füllt, das Umfassende ihrer Absicht in neue Inhalte setzt.

Kein Zweifel, daß es der herrschenden Klasse 1890 und 1900 gelingt, ihre Angelegenheiten auf bildungspolitischem Gebiet zu regeln. Zwar hatte die Reichsverfassung vom 16.4.1871 den vollkommenen Föderalismus zu Grunde gelegt; die entscheidenden Entwicklungstendenzen wurden dadurch nicht beeinträchtigt. Auch der Wechsel der Personen, der zwischen beiden Konferenzen zu beobachten ist, besitzt kaum Gewicht. Die wesentlichen Probleme werden gelöst, alles gelingt für die Zeit vorzüglich, im Vorgriff werden Möglichkeiten der Zukunft durchgespielt. Vor 1914 wird noch die Frauenbildung geregelt, die Mittelschule erhält eine verstärkte Position; den Ergebnissen der Weimarer Verfassung wird in vielerlei Hinsicht vorgearbeitet. Man ist mit der Zeit und vor der Zeit; ohne die deutsche Schule, ohne ihr vorzügliches, systemgerechtes Funktionieren, wäre der Aufstieg des imperialistischen Deutschland, der Aufstieg seiner Industrie bis 1914 nicht möglich gewesen. Dies allein spricht für sich selbst und schützt vor einer naiven Progreßideologie, die zwischen rationeller Interessenwahrung und wirklichen Befreiungsakten der Geschichte nicht zu unterscheiden weiß. Die deutsche Schule gab mehr Menschen zwischen 1870 und 1914 eine Chance als dies in anderen westeuropäischen Ländern der Fall war; wozu gab sie ihnen eine Chance? Die potentielle Gefahr wachsender Erkenntnis durch Bildung wurde paralysiert; erweiterte Bildung wurde zum erweiterten Mittel, eine bestehende Herrschaft zu festigen. Durch die Nähe der Probleme und die zugleich bestehende zeitliche Distanz werden die Konferenzen von 1890 und 1900 zu Lehrstücken.

3.

»Wenn es wahr ist, was schon L. v. Stein erkannt hat, daß das Bildungswesen einer Zeit ein Ausdruck der gesellschaftlichen, wirtschaftlichen und politischen Machtverhältnisse im Staate ist und sein muß, dann ist es selbstverständlich, daß wir vor einer großen Umwälzung unseres gesamten Bildungswesens stehen. Diese Umwälzung hat bereits begonnen. Noch wehren sich die Verteidiger des Alten. Aber ich habe doch ... den Eindruck, als wenn es sich hauptsächlich um Rückzugsgefechte handelt. (Widerspruch und Zustimmung).« (S. 655) So begann der Hamburger Lehrer Roß seine Stellungnahme zum Lehrerbildungsproblem am 4. Tage der Reichsschulkonferenz. Diese Sätze waren ungewöhnlich und typisch zugleich für das, was bei der Reichsschulkonferenz zutage trat. Untypisch war der Verweis auf die objektiven Bedingungen, denen die Konferenz selber wie das unterlag, wovon sie handelte: die Schul- und Bildungsreform. Bezeichnend vielmehr für Berichte und Debatten im Plenum wie in den Ausschüssen war ein verblasener Idealismus, der den verbalen Austrag der Konflikte auf die Suggestion stützte, die Reichsschulkonferenz habe etwas zu bewirken, sei Knotenpunkt und Hebel umwälzender Veränderungen in der Gesellschaft vermittels der Bildungsreform. Dieser Idealismus lebte von Mythen; ganz selten einmal, daß ein Redner oder eine Rednerin die Dunstschleier zerriß, auf die Fäden gedeutet hätte, an denen die Rollen gespielt wurden, und selbst diese Andeutungen, wie bei Roß, waren eingehüllt in ein Wunschdenken, das den Vorhang wieder herabzog. Nur eine einzige Stimme – neben einer Reihe gut gemeinter, auch mutiger Stellungnahmen –

zerfetzte am Ende das Gespinst, das die Wirlichkeit verbarg, die Stimme einer Einzelperson. Der Reallehrer Dr. Hierl aus München stellte fest: »Es hat sich auf der Reichsschulkonferenz endgültig gezeigt, daß gerade derjenige Teil der Erzieher, der die Erziehung der zur Zeit noch herrschenden Klassen in Händen hält, sich wie die herrschenden Klassen auf den Machtstandpunkt stellt und daß also auch die neue Erziehung nur in Kampfgenossenschaft mit der kämpfenden Arbeiterschaft verwirklicht werden kann.« (S. 1032 f.). Immerhin – der Beifall zu dieser Feststellung war lebhaft, sicher nicht weniger lebhaft als der Widerspruch, den sie provozierte. Es mag also manchem Teilnehmer am Ende der Konferenz deutlich geworden sein, was einigen wenigen schon zu Beginn klar war: daß die Umwälzung nicht nur nicht begonnen hatte, vielmehr bereits verraten war, bevor sie hätte beginnen können. Die Konservativen lieferten keine Rückzugsgefechte, sondern bauten mit relativer Vorsicht schon ihren Sieg aus.
Fugenlos paßte sich die Reichsschulkonferenz der sozialdemokratischen Nachkriegspolitik ein, einer Politik, welche die evolutionäre Überführung der Gesellschaft des absolutistischen Reiches in eine der demokratischen Republik für möglich hielt. Gegenüber den Vertretern einer in sich zerfallenden USPD setzten die Führungskräfte der SPD 1919 die Liquidation der radikaldemokratischen Rätebewegung durch; der Betrug des Rätekongresses ist aktenkundig. Weder Offizierskorps, noch der Beamtenapparat, noch schließlich – und entscheidend – die kapitalistische Organisation der Wirtschaft wurden angetastet, es wechselten lediglich die politischen Beamten. Diesen verdankte auch die Reichsschulkonferenz Idee und Vorbereitung. Bereits im Dezember 1918 von der Preußischen Regierung gefordert, zogen sich die Vorbereitungen zur Konferenz über das Jahr 1919 hin, bis schließlich die Einladung für die Zeit vom 7.–17. April 1920 ausgesprochen wurde. Der Kapp-Putsch erzwang die Verlegung, als neuer Termin wurde die Zeit vom 11.–19. Juni 1920 festgesetzt. Inzwischen war die Weimarer Verfassung verabschiedet worden, und die Reichstagswahlen am 6. Juni 1919 hatten den beginnenden Gegenschlag der alten Herrschaftsgruppen dokumentiert. Aber

der Kompromiß, zu dem die Sozialdemokraten daher zur Reichsschulkonferenz schon gezwungen waren, fügte dieser auf seiten der politischen Leitungsinstanzen keine neuen Elemente hinzu; der Ausverkauf politischer Chancen gehörte zur Struktur sozialdemokratischer Politik spätestens seit Kriegsbeginn. In die Vorbereitung der Konferenz, die eine knappe Woche nach den Wahlen begann, konnten die Wahlergebnisse nicht einbezogen worden sein. So muß es im strategischen Konzept der SPD gelegen haben, die konservativen Gruppen unter den Teilnehmern mit soviel Gewicht zu versehen, daß in den Resultaten der Konferenz eine Provokation der Rechten nicht liegen konnte; mit der Linken fertigzuwerden, hatte die SPD zu diesem Zeitpunkt schon genug Erfahrung und Selbstvertrauen angehäuft. Die radikale Linke war auf der Konferenz nur durch einige kleinere Gruppen vertreten, die Namen Theodor Neubauers, Edwin Hoernles, vor allem Clara Zetkins, der langjährigen Mitstreiterin Heinrich Schulz' in Sachen Schul- und Bildungspolitik, fehlen in den Teilnehmerlisten. Der progressive Flügel der Schulreform war durch den Deutschen Lehrerverein und andere Verbände unterprivilegierter Lehrergruppen repräsentiert, er war stark genug, um die Diskussion der kontroversen Fragen zu erzwingen, aber zu schwach, auch nur in den Resolutionen irgend eine Lösung zu verankern, die in der Veränderung der gesellschaftlichen Institution Schule dem politischen Bruch mit dem Absolutismus entsprochen hätte. Auch diesem, im Grunde kleinbürgerlichen, Flügel gegenüber hatten die vorbereitenden Instanzen vorsichtige Zurückhaltung geübt. Tews, Generalsekretär des 120 000 Mitglieder umfassenden Deutschen Lehrervereins, war ursprünglich nicht zur Berichterstattung eingeladen worden. Staatssekretär Heinrich Schulz erklärte: »Nachträglich haben wir uns noch entschlossen, auch Herrn Tews zu bitten, einen Bericht zu erstatten. (Sehr gut! – Zurufe; Warum denn?!) Ich darf den Grund kurz angeben: Wir wünschten, daß auch einer, der aus dem Volksschullehrerstande stammt, hier als Referent das Wort erhält.« (S. 465). Ein Blick auf die Liste der teilnehmenden Verbände zeigt, daß die Delegierten des Deutschen Lehrervereins etwa die Hälfte des Volksschullehrerkontingents ausmachten, und die Volksschullehrerschaft war etwa gleich stark wie die Lehrerverbände der höheren Schulen vertreten. Zählt man zu diesen auch die Vertreter der Rektoren-, Mittel- und Realschulvereinigungen, sowie die Hochschullehrer hinzu, so wird der außerordentliche Grad der Unterrepräsentation der gewaltigen Mehrheit deutscher Lehrer ebenso wie die Überrepräsentation der ihre Privilegien verteidigenden Gruppen offenkundig. Hinzu kam der in jeder Hinsicht gewichtige Block der Behördenvertreter, derer also, die in aller Regel die Kontinuität alter Ruhe und Ordnung verbürgten. Ferner ist zu beachten, daß mit den konfessionellen Verbänden ein erhebliches, wenn auch nur partiell konservatives Potential in einem jeweils eigenen Block innerhalb aller Gruppen der Vertreterhierarchie bestand; damit erfuhren die Volksschullehrerschaft und der Reformflügel eine weitere Schwächung.

Die Repräsentation gesellschaftlicher Konflikte mußte, sollte der Schein evolutionären Einvernehmens aufrecht erhalten werden, folgerichtig die Entpolitisierung der Auseinandersetzung fordern. So fand es der demokratische Reichsinnenminister Koch in seiner Eröffnungsrede »angebracht, von vornherein vor einer Überschätzung der Möglichkeiten, die diese Konferenz bietet, zu warnen (sehr richtig!).« Wissenschaftliche Wahrheit ließe sich sowieso nicht mit Stimmenmehrheit festlegen, und so habe die Konferenz die Aufgabe, »ein Bild (zu) geben von den vielfachen Anschauungen, die auf dem Gebiet des Bildungswesens in Deutschland bestehen, ein Bild zugleich von dem Stande, den unser Bildungswesen in diesem Augenblick erreicht hat.« (S. 441). Staatssekretär Schulz, langjähriger Bildungsexperte der Sozialdemokratie, der in Abwesenheit Kochs die Konferenz leitete, gab der Überzeugung Ausdruck, daß die Fachleute »ihre sachlichen Gegensätze sachlich, mit ernster Würdigung des entgegengesetzten Standpunktes und ohne unsachliche Heranziehung politischer Meinungsverschiedenheiten, auszutragen« vermöchten. »Der Parteien Haß und Gunst soll und kann vor dem köstlichen Jugendland, das wir hier bearbeiten wollen, Halt machen. (Bravo!)«. (S. 450). Das lief darauf hinaus, daß die Reichsschulkonferenz »keine bindenden Beschlüsse fassen« können sollte.

»Sie ist nur eine amtlich zusammenberufene Vereinigung von Gutachtern und kann nur gutachtliche Äußerungen zutage fördern« (S. 450). Unter diesem Vorbehalt sollten Abstimmungen möglich sein, welche die rechte Fraktion nach Möglichkeit ganz verhindern wollte und tatsächlich auch in der Sache verhindern konnte (Vgl. S. 878 ff). So ging sozialdemokratische Bildungspolitik nahtlos in bürgerliche über. »Sachlich« leitete Koch »die Berechtigung« der Konferenzführung aus der Überzeugung ab, »eine Mitte zwischen den verschiedenen Auffassungen finden zu können und selbst auch auf einer mittleren Linie zwischen den verschiedenen Anschauungen zu wandeln. Ich glaube also, Sie können sich getrost meiner Leitung anvertrauen. Es wird mir gelingen, Gerechtigkeit nach rechts und links zu üben.« (S. 453).

Im Zustand politischer Kastration aber sollte die Reichsschulkonferenz den gewaltigen Komplex der Schul- und Bildungsreform in seiner Gänze behandeln. Die preußischen Schulkonferenzen der Jahre 1890 und 1900 hatten im mächtigsten Staat des Deutschen Reiches die notwendigen Anpassungen des Bildungswesens an die Bedürfnisse des aggressiven Imperialismus der Herrschaftsklassen vollzogen, und glänzend war das Schulwesen diesen Bedürfnissen gerecht geworden. Das leitende Interesse an diesen Anpassungen, das der grandios anlaufenden Monopolkapitale, fand sich durch den verlorenen Weltkrieg wohl seines feudal-aristokratischen Bündnispartners beraubt und daher gezwungen, die gesellschaftlichen Frontstellungen zu reorganisieren, nicht aber in sich selbst widerlegt, sondern nur zur Reflexion seiner Methoden und Strategien veranlaßt. Diese Situation erklärt das Eingehen der Rechten auf die Problemstellungen der Bildungsreform; deren Inhalte kann sie nicht annähernd erschöpfend erklären. Diese Inhalte waren auch nicht in erster Linie durch die Forderungen der Arbeiterbewegung konstituiert, für die das Problem der Bildungsreform bis zum Beginn des Krieges keine zentrale Bedeutung gehabt hatte. Sie waren vielmehr aufgeworfen durch Aufbrüche in der gesellschaftlichen Tektonik, Gewichtsverlagerungen auf neu sich formierende Mittelschichten, die sich ganz wesentlich in der pädagogischen

Reformbewegung seit der Jahrhundertwende den ihnen adäquaten Ausdruck geschaffen hatten. Ihrem ganzen Habitus nach unpolitisch, gewannen diese Schichten doch eine derartige Bedeutung, daß sie angesichts der Drohung sozialer Umwälzung im Reich die politischen Kräfte entweder in ihren Bann zogen oder doch zur Stellungnahme zwangen. Der Diskussion konnten sich die Herrschaftsklassen umso weniger entziehen, als es sich bei den hinter dieser Bewegung stehenden Gruppen um die des Kleinbürgertums handelte, dessen sich jene Klassen zur Stabilisierung und langfristigen Kontrolle ihres Systems versichern mußten. Von dieser Seite mußte sich das Problem der Reichsschulkonferenz als eines der kontrollierten Aneignung reformpädagogischer Inhalte nach Maßgabe langfristiger Sicherung des gesellschaftlichen Status quo stellen, also als Erhaltung des bestehenden Bildungssystems unter Einschmelzung all der reformpädagogischen Elemente, die den Entwicklungen tendenziell entgegenkamen oder sie wenigstens nicht störten. Die Linke dagegen wurde mangels ausreichender eigener Konzepte weithin in den Strudel kleinbürgerlicher Reformekstase hineingezogen. Diese stellte das gesamte Bildungssystem infrage. Der prinzipielle Ansatz ließ kein Bestandsstück der Institution unberührt. Den Angriff auf ganzer Front spiegelt sogar noch der Katalog der Konferenzgegenstände, wie er aus dem Filterwerk der Behörden hervorfloß (vgl. S. 12 f, 76 ff). Die entscheidende Frage der Weltlichkeit des Schulwesens war freilich darin hängengeblieben; die erbärmliche Kompromißbereitschaft der Sozialdemokratie hatte auch dieses Kernstück ihres alten Programms ohne große Umstände verschenkt. Die meisten der zugelassenen Problemkomplexe beschränkte die Konferenzstrategie auf Ausschußberatungen, deren Ergebnisse dem Plenum bekanntgegeben und erläutert wurden; für eine Diskussion im Plenum war die Zeit nicht vorhanden. Zu allen Problemkomplexen hatte das Innenministerium Sachverständige zur Fassung von Leitsätzen und Erstattung von »Vorberichten« im Plenum eingeladen. Bei der Auswahl der Sachverständigen wurden die jeweils führenden Interessengruppen berücksichtigt; der größte Teil der Leitsätze sowie die Texte der Berichte wurden den Konferenzteilnehmern zu deren Vor-

bereitung vorab zur Verfügung gestellt. Das Plenum hörte alle Berichte. Zur Diskussion gestellt wurden im Plenum nur die Themenkreise Schulaufbau, innere Umgestaltung der Unterrichtsarbeit und Lehrerbildung. Nur in der Diskussion dieser Komplexe, die von den Protokollen auch wörtlich referiert wird, konnte sich das Widerspruchsgefüge der gesamten Bildungsreform hinlänglich entfalten.
Die Verfassung war um diese Zeit längst in Kraft getreten. Die Konferenz konnte also die ihr ursprünglich zugedachte Aufgabe, die Revolution der öffentlichen Erziehung gegenüber den Verfassungsorganen mit Nachdruck zu vertreten, ohnehin nicht mehr leisten. Mit den Formulierungen der einschlägigen Artikel in der Verfassung war ihr nunmehr ein fester Rahmen vorgegeben, den sie – mit Blick auf die noch ausstehende Reichsschulgesetzgebung – nur noch ausfüllen konnte. Dieser Rahmen war eng genug; gegenüber einer kompromißseligen Sozialdemokratie hatte sich das kulturpolitisch reaktionäre Zentrum mit einem Erfolg durchzusetzen vermocht, der selbst von Zentrumspolitikern nicht erwartet worden war. Die Weltlichkeit des Schulwesens war verschenkt worden, ebenso die Zuständigkeit des Reiches für mehr als nur eine Rahmengesetzgebung. So wurde faktisch die Entscheidung über Wissenschaftlichkeit oder Magieverhaftung des Unterrichts einem kirchlich manipulierbaren Elternwillen, die konkrete Schulgesetzgebung den Zufälligkeiten föderaler Legislativen ausgeliefert. Die alte Forderung des progressiven Bürgertums auf eine Einheitsschule, die gleiches Recht auf gleiche Bildung materiell verwirklichte, war aufgegeben, die Unentgeltlichkeit des Schulbesuchs nur für Volks- und Fortbildungsschulen gesichert worden. Die verwaschenen Kategorien zur Inhaltlichkeit öffentlicher Erziehung des Artikels 148 boten sich der Interpretationswillkür der politischen Interessengruppen geradezu an, wie überhaupt der formale Rahmen des Verfassungstextes mehr Probleme aufwarf, als er zu lösen geeignet war.
Gerade diese Lage aber erklärt das Interesse an einem so aufwendigen Unternehmen, wie die Reichsschulkonferenz es war. Den Schulreformern mußte es darum gehen, die vom Verfassungstext offengelassenen Spielräume mit ihren Vor-

stellungen zu besetzen, bevor föderale Einzelgesetzgebung oder Ansätze zu Gewohnheitsrecht das überkommene System unter neuen Bezeichnungen erneut präsentierten; ihren Gegnern darum, jene Spielräume im Sinne der Aufrechterhaltung des Status quo zu blockieren. Immerhin gewährte der Verfassungstext noch eine Reihe von Möglichkeiten. Der Artikel 146 forderte die »organische« Ausgestaltung des Schulwesens, also dessen systematisierten Zusammenhang. Derselbe Artikel verpflichtete zur »gemeinsamen Grundschule« als Unterbau aller weiterführenden Bildung. Damit war nicht nur das sozial exklusive Vorschulwesen überwunden – auch private Vorschulen wurden ausdrücklich abgetan – vielmehr war hier mit der fehlenden zeitlichen Begrenzung der gemeinsamen Grundschule auch die Linie noch nicht festgesetzt, bis zu der die Forderung nach Einheitsschule schon zurückgeschlagen worden war. Das galt auch für die Lehrerbildung: der Artikel 143 verankerte Voraussetzungen zur Vereinheitlichung des Lehrerstandes und zur Hebung des Niveaus der Volksschullehrerschaft – und damit auch der Volksschule – in der Verfassung: »Die Lehrerbildung ist nach den Grundsätzen, die für die höhere Bildung allgemein gelten, für das Reich einheitlich zu regeln«. Schließlich bestimmte die Verfassung im Artikel 148 »Staatsbürgerkunde und Arbeitsunterricht« zu »Lehrfächer(n) der Schulen«. Dieser Satz, der keine Ausnahmen zuließ, also auch die Unterrichtsarbeit der weiterführenden, namentlich der höheren Schulen betraf, konnte als Ermöglichung erster Schritte auf die Organisation von Unterrichtsinhalten hin verstanden werden, die sowohl die politische Bildung der nachwachsenden Generation, insbesondere der Kinder der Massen, als auch die allseitige Entfaltung der subjektiven gesellschaftlichen Potentiale inmitten der kapitalistischen Industriegesellschaft perspektivisch anzugehen erlaubten. So sehr also Schulz und Koch als Repräsentanten der Sozialdemokratie und des quasi-liberalen Bürgertums bemüht waren, die politische Bedeutung der Konferenzarbeit und ihrer Ergebnisse herunterzuspielen, so sicher ist doch auch, daß sie für dieses Vorgehen in den Entwicklungsmöglichkeiten der Konferenzarbeit selbst Veranlassung und Begründung fanden.

Die Protokolle zeigen, daß sie sich nach ihrer und der Kultusbürokratie ausgefeilter Vorbereitung der Konferenz diese Sorge nicht hätten zu machen brauchen: an den Verhandlungen nahm niemand teil, der die Erörterungen der anstehenden Probleme auf eine auch nur in Ansätzen hinlängliche Analyse der objektiven Voraussetzungen und Bedingungen der Schulreform gestützt hätte; das geschickte Einladungs-Arrangement hatte definitiv gewirkt. Die Protokolle bestärken den Zweifel, daß es in dieser Versammlung von »berufenen Persönlichkeiten« (Schulz, S. 446) in Sachen Schul- und Bildungsreform mehr als eine Handvoll Menschen gab, die die gesellschaftlichen Implikationen der behandelten Probleme überhaupt sahen oder sehen wollten; jeder Ansatz zum Aufweis der objektiven Widersprüche verirrte sich hoffnungslos in den Haufenwolken harmonistischen Geschwafels. Weil andererseits kein Zweifel an der Ernsthaftigkeit der Reformgruppen bestehen kann, ihre Vorstellungen so weit wie möglich durchzusetzen, müssen die Ursachen für dies idealistische Defizit der Reformgruppen in der objektiven, gesellschaftlichen Struktur von deren Bewußtsein gesucht werden. Eine Analyse der Verhandlungen und Problementwicklungen auf der Reichsschulkonferenz muß daher, will sie auf den Kern vorstoßen, ein Gefüge von Aussagen zur dynamischen Struktur des deutschen Kleinbürgertums und zum Gesellschaftsprozeß enthalten, der das Kleinbürgertum gebiert und dessen Dynamik definiert. Das ist von Wichtigkeit nicht nur deshalb, weil die Erforschung des Kleinbürgertums noch weite Problemfelder zu bearbeiten gelassen hat, sondern auch, weil die Schulreformdebatte selbst noch unserer 70er Jahre die Kontinuität des deutschen Kleinbürgertums belegt – wie der Gesellschaft, die dieses Problem aufwirft und die Beständigkeit des deutschen Wunschtraums von Strukturreformen in Sachen Schule objektiv definiert. Hier freilich sind nur Hinweise möglich.

Die notwendige Schulreform wurde im Kern unpolitisch verstanden. Doch wurde in den Beiträgen der Schulreformer – welchen Gruppen und Parteiungen sie im einzelnen immer angehören mochten – ein substantielles Empfinden für die geschichtliche Zäsur sichtbar, die der Beginn der Republik bedeutete; die Schulreform sah sich als wesentlichen Zug eines geschichtlichen Neubeginns. Aber dessen Bestimmungen waren allein den autonomen Subjekten anheimgestellt, es wurden keine objektiven Schranken wahrgenommen; der Sprung über den Abgrund in das gelobte Land menschengemäßer Zukunft hing allein vom guten Willen, vom gemeinschaftlichen Gefühl für den leidenden Menschen ab, dessen geschichtliche Wunden die Erziehung heilen konnte und sollte. Daneben traten die entscheidenden politischen Fragen in die Dämmerung der Peripherien zurück; Schuldirektor Dr. Gaster aus Cammin, der zum deutschen Auslandsschulwesen referierte und die Kontinuität des aggressiven deutschen Imperialismus offen vertrat, in einer schon präfaschistischen Form, fand keinen Widerspruch in der Versammlung, lediglich eine geradezu senile Anmerkung seitens der Vertreter der Arbeitsgemeinschaft sozialdemokratischer Lehrer (vgl. S. 907). »Für das näher wohnende Deutschtum«, sagte Gaster, »wollen wir aber daran festhalten, daß politische Grenzen für die seelische, die völkische Gemeinschaft nicht maßgebend zu sein brauchen.« (S. 1055) »Denn unsere Auslandsschulen sind, in Zukunft noch mehr als früher, bei all ihrer friedlichen Wirksamkeit zur Eroberung wie zur Verteidigung bestimmt, nicht für jenen Krieg, der auf dem Schlachtfeld, wo die Kanonen donnern, ausgefochten wird, sondern auf dem viel bedeutsameren Kampfplatze des Welthandels, der Weltwirtschaft, auch der Weltsprachen.« (S. 1057, vgl. S. 84 ff., 903 ff.) Die Widerspruchslosigkeit, mit der derlei Sentenzen akzeptiert wurden, bezeugt keine Feigheit der Schulreformer, noch standen die Braunhemden nicht leibhaftig auf den Galerien. Vielmehr weisen die Texte darauf hin, daß im kleinbürgerlichen Bewußtsein eine handfeste Inklination zum nationalen Gedanken, eine Affinität vorwaltete, für die der Übergang zum Nationalismus ein fließender ist. Aber ob diese Affinität nun auf untergründige, mächtige Züge in den kleinbürgerlichen Identifikationsprozessen oder lediglich auf eine hochgradige Rezeptivität gegenüber äußeren Impulsen hinweist – die chauvinistischen, völkisch-nationalistischen Elemente der Diskussion wurden vom Reformflügel nicht als Politica aufgefaßt, auch der Verfassungstext stellte ja den

Geist des deutschen Volkstums und die Völkerversöhnung umstandslos nebeneinander; die Energie des Neubeginns wurde derart dem Kontinuum des deutschen Imperialismus rückverbunden. Ganz anders die Rechte. Das feudale Staatsbewußtsein der Monarchie war in großen Teilen des konservativen Flügels noch ungebrochen, hier gehörte der Nationalismus zum offenen politischen Selbstverständnis, alte feudalistische Raubinstinkte, domestiziert in der Kumpanei mit dem expandierenden Großkapital und überformt von dessen Interessen, blieben hier quicklebendig und machten weder sich noch anderen etwas vor. »Ich leugne es, daß wir einen Zusammenbruch erlebt haben (Zustimmung). Was ist denn geschehen? Der Deutsche ist in einem Ringkampf mit einem Gegner unterlegen, weil die Spannkraft seiner Muskeln eher nachließ als die seiner Gegner. ... Vorgestern hatte er gesiegt, gestern unterlag er, – und übermorgen kann er wieder den anderen niederringen (Bravo!). So sehe ich den militärischen und den außenpolitischen Zusammenbruch an. Ein wirtschaftlicher Zusammenbruch ist bis zur Stunde nicht erfolgt. (Widerspruch.) ... Noch weniger ist ein kultureller Zusammenbruch erfolgt. (Zustimmung.)« (S. 580). In der Tat – die Rede und ihre Aufnahme durch die Versammlung belegt: es hatte sich nichts geändert; das Zitat ist realitätsgeladen wie nur wenige Partien der Konferenzprotokolle. Im Rücken der verspielten Revolution erfolgte die Fortsetzung der Preußischen Schulkonferenzen, mit höchst unternehmungslustigem Feudalismus, der am Aufbau der republikanischen Schule im beruhigten Wissen darum mitwirkte, daß der Kapp-Putsch bereits überflüssig gewesen war. Der Deutsche Lehrerverein, die Vertreter des Neubeginns, erklärten gegen derlei Auffassungen den von ihnen behaupteten Zusammenbruch als Versagen der bestehenden Institutionen; aber hinter der Kritik der alten Ordnung blickte – was immer sonst noch dahinter gesteckt haben mag – bloß die Rankünе gegen die alte Herrenkaste hervor; das Kleinbürgertum hätte den Krieg besser geführt. »Wer war es denn, der ... uns militärisch und wirtschaftlich so unvorbereitet in den Weltkrieg hineingehen ließ? (Lebhafte Zustimmung. – Gegenrufe: Oho! und Unerhört!) War es nicht die Herrenschicht, die durch die höheren Schulen, zumal das

Gymnasium, vorgebildet worden war? ... Wer war es denn, der sich und uns täuschte über die Zähigkeit des Engländers und die wirtschaftliche und militärische Tüchtigkeit des Amerikaners? Wo war denn das logische Denken, auf das man die höhere Schule mit Vorliebe stellt? Von diesem logischen Denken haben wir auch während des Krieges in der Herrenschicht herzlich wenig gespürt, dafür umso mehr hochmütige Verblendung und nationales Pharisäertum (Wiederholte Unterbrechungen und Zurufe).« Was hier dem Kleinbürgertum nicht paßte, war lediglich das Pharisäertum, die Arroganz, der keine Leistungsfähigkeit entsprach. Das Nationale war gerade *sein* Argument, und eben ein neues: »Unser Schulwesen ist bis auf den heutigen Tag ein zusammenhangloses Klassen- und Standesschulwesen, und ein Volk, das durch eine solche Klassenschule ... hindurchgeht, kann nur unter dem Klassenbewußtsein stehen; ihm gilt die Nation nichts ... So kam es, daß wir uns nicht verstanden. Was wußte die Herrenschicht von dem Sehnen und Wünschen, das aus der Tiefe der Volksseele ans Licht drängte? Was wußte sie von dem Wogen und Gären in der Masse der Arbeiterschaft?« (S. 477 f.) Wie der Text freilich zeigt, wußten die Herrenschichten, die den kollektiven Aufstieg der Arbeiterklasse bekämpften, davon mehr als das Kleinbürgertum, das sich nur auf den ihm verweigerten individuellen Aufstieg bezog, als seine eigene Gärung, die es in die Massen projizierte und von dort zurückgespiegelt fand. Diesen individuellen Aufstieg aber intendierte es als Chance für alle, als egalisierte Bildungschance, als einen Aufstieg ferner, der sich nicht im Medium kapitalistischer Konkurrenz in der Schule und auf dem Arbeitsmarkt zu vollziehen hätte, sondern – mit einer für das Kleinbürgertum charakteristischen antikapitalistischen Wendung – im Medium einer Gemeinschaft, die sich über den blutigen Dschungelkampf in der Klassengesellschaft erhoben haben soll. In den – auch intellektuell – ernsthaftesten Bekundungen dieser Ideologie wurde daher der Neubeginn zu einem Menschenreich glücklichen Einvernehmens unter Ausblendung aller geschichtlichen Widersprüche bürgerlicher Gesellschaft, und zwar mit äußerster Folgerichtigkeit, schon auf den Weg bezogen, der allein einer der Erziehung ist; das

Rätsel der Geschichte war durch Tilgung der Fragezeichen gelöst. Natorp fordert zum Eingeständnis auf, »daß ein wirtschaftlicher und politischer Zusammenbruch, wie wir ihn erfahren haben und bitterer noch erfahren werden, einen geistig-sittlichen Zusammenbruch voraussetzt und also beweist. ... Wir stehen vor einer unsäglichen Not, der nichts gewachsen ist als ein völliger Neubau« (S. 546). »Das Chaos ist da, es gilt aus diesem Chaos die zertrümmerte Welt wie neu zu schaffen. Deshalb steht die Aufgabe so riesengroß vor uns, die diese Reichsschulkonferenz lösen soll, vorausgesetzt, daß sie es kann... Und doch sage ich: Wir müssen glauben an diese eine Möglichkeit. Das muß der kategorische Imperativ der Erziehung sein, der Glaube: es ist zu helfen, sonst wird jedes Erziehungsstreben sinnlos.« (S. 547). Bei Natorp erfolgte die Wendung zur Gemeinschaft relativ am differenziertesten in der Form der »Genossenschaft der Arbeit«. Sie sei der Weg des Neubeginns, Aufbaus aus den Trümmern, und der Gedanke wurde weit über den der Arbeitsgemeinschaft im Unterrichtsprozeß hinaus gefaßt. »Hierdurch ist nun gefordert ein Aufbau der Erziehung, folglich aber des ganzen sozialen Lebens, nicht von oben her durch generelle Befehlsordnung, sondern von unten, auf dem festen Erdgrunde der unmittelbaren Zusammenarbeit der einzelnen in brüderlichem Verein (Genossenschaft). Nur in dieser kann die Einheit der Bildung ohne Vergewaltigung der Einheit, d. h. als Gemeinschaft der Freien, sich kraftvoll aufrichten« (S. 177). Das war auch die von Natorp vorgestellte Struktur des Staates, der »auf Genossenschaftsgrund gebaute(n) Wirtschaftsordnung« (S. 178). Was jedoch den Weg anbetraf, so trat ein weiterer zentraler Topos dieses Bewußtseins auch bei Natorp auf, wenn auch bar jeder chauvinistischen Beimischung: »Ich sehe in der Genossenschaft der Arbeit vor allen Dingen die einfache Lösung des schwersten Erziehungsproblems, des Problems der Führerschaft« (S. 549). Nur aus der »Unmittelbarkeit des Zusammenlebens« ergebe sich »mit tödlicher Sicherheit die Folgsamkeit«, die andere Seite der Führerschaft (S. 549). Auch wenn der Führergedanke jede Nähe, jede Beziehung zu der alten Herrenkaste abwies, vielmehr seinen Widerspruch zum Gesellschaftsaufbau von unten im Komplement der charismatischen Begabung auflöste, deckte auch hier der Neubeginn verborgenen Anschluß an Bestehendes auf, die Kontinuität hierarchischer Ordnung, wie im Gesellschaftsleben überhaupt, so auch und gerade in der Organisation der Erziehung. Ohnehin – so war es »Überzeugung« – kann der Mensch das Neue nicht konstruktiv hervorbringen, er kann nur die Geburt des Neuen andächtig und hilfreich begleiten. »Die Keime schaffen sich im Grunde auch die Bedingungen ihrer Entwicklungsmöglichkeit selbst. Darauf vertraue ich ohne weiteres.« »Was fallen muß, fällt auch ohne mich; dazu braucht man keinen Finger zu rühren.« (S. 548). Dieser Biologismus war durchweg nicht zugleich Fatalismus; er war im Gegenteil die vehemente Anmeldung der kleinbürgerlichen Forderungen nach Beteiligung an der Herrschaft, nach Fortleben des junkerlich-großbourgeoisen Wechselbalgs in anderem, nämlich kleinbürgerlichem Gewand, auch und gerade in der Schule.

Schulaufbau, Lehrerbildung, innere Umgestaltung des Unterrichts: hier hatte die Weimarer Verfassung neue Elemente gesetzt und damit Probleme aufgeworfen, deren Lösungsmöglichkeiten noch Alternativen enthielten. Die Tagesordnung der Reichsschulkonferenz bot der Diskussion dieser Komplexe den relativ breitesten Raum, und die Reformer waren darauf vorbereitet, hier ihren Auffassungen Geltung zu verschaffen. Um den Schulaufbau rang die Plenumsdebatte des ersten und eines Teils des zweiten Konferenztages unter dem Gesichtspunkt der Einheitsschule. Die spätere Ausschußarbeit hatte zu diesem Komplex Leitsätze zu formulieren und dem Plenum zu berichten; durch Erklärungen konnten den Sätzen Ergänzungen angefügt, es konnte ihnen auch widersprochen werden. Der breit gefächerte Reformflügel legte eine Reihe von Modellen des Schulaufbaus vor; alle gründeten sie auf Vorstellungen zu Dauer und Erstreckung der gemeinsamen Grundschulzeit und entwickelten – mindestens implizit – Konsequenzen für das Verhältnis der Schularten zueinander im aufzubauenden Schulsystem. Der konservative Flügel hatte die gemeinsame Grundschulzeit schon stillschweigend akzeptiert; seine Abwehrkraft massierte sich aber auf der Grenze vom 4. zum 5. Schuljahr, hielt jedem Druck zur Erweiterung der Grundschulzeit stand und versuchte, den weiterführenden Schularten das Terrain des 4. Schuljahres zurückzuerobern. Durch Tews forderte die im Deutschen Lehrerverein organisierte Volksschullehrerschaft unter dem Titel »deutsche Volksschule« als Bezeichnung »für die Gesamtheit der öffentlichen Unterrichtsanstalten im deutschen Volksstaat« (S. 148) die gestufte und differenzierte Einheitsschule. Nach einer »für Kinder, denen eine geordnete häusliche Erziehung nicht zuteil wird« (S. 151), obligatorischen 3jährigen Kindergartenerziehung sollte sich auf der 6jährigen Grundschule die Bürgerschule (Volksschuloberstufe) und die Mittelschule aufbauen. Die erste sollte insbesondere zur Berufsschule führen, die zweite »ist die Unterstufe der Sonderschulen für die erkenntnismäßig Begabten« (S. 154). Diese – die Oberschulen – sollten in drei Jahren »den Anforderungen der wissenschaftlichen Berufe bzw. ... den entsprechenden Anforderungen des Hochschulunterrichtes« (S. 154) genügen. Die »erkenntnismäßig Begabten« sollten keine Sackgasse vorfinden; von der Bürgerschule (in der sie besondere Förderung zu erfahren hatten) sollten sie über die »Aufbauschulen« (vgl. S. 156) ebenfalls auf das Studium vorbereitet werden können.

Der weitestgehende Vorschlag wurde von Karsen und Oestreich für den »Bund der entschiedenen Schulreformer« vertreten. »Ganz allgemein ist die Einheitsschule gefordert als einheitliche Organisation des gesamten Bildungswesens vom Kindergarten bis zur Hochschule« (S. 105). Sie soll allen »Volksgenossen« ungeachtet sozialer, ökonomischer, konfessioneller Zuordnungen offenstehen. Sie »ist eine Arbeits- und Lebensgemeinschaft in Hinsicht auf Wirtschaft, Verwaltung und geistiges Leben.« (S. 99). Die ersten Differenzierungsmöglichkeiten wurden nach dem 4. Schuljahr erwartet; von hier ab sollten freie Angebote die verschiedensten Neigungen und Begabungen berücksichtigen. Die Wünsche der Schüler sollten den Primat haben, Elternwille und Lehrerberatung in die Rolle des Korrektivs zurücktreten. Nach Maßgabe der Schülerwahl und der ausgewiesenen Leistungsfähigkeit sollte die differenzierte Einheitsschule ins Berufsleben mit gleichzeitiger Fachschulbildung oder bis zur Hochschulreife führen.

Wilhelm Rein, der dem eigentlichen Reformflügel nicht zuzurechnen ist, der »das bewährte Alte, was unsere Vorfahren erarbeitet haben, beibehalten und nur eine Fortbildung vornehmen, keinen absoluten Neubau« (S. 486) schaffen wollte, nahm die Reform auf ihr Minimum zurück: auf eine 4jährige Grundschule sollte eine Art differenzierender Mittelbau von zwei Jahren folgen, an den der nur unwesentlich modifizierte überkommene Bestand weiterführender Schulen angeschlossen wurde. Reins Vorschlag ist nicht weiter ausgeführt, kopiert aber deutlich Kompromißphantasie von sozialdemokratischem Format und traf vermutlich die Stimmung politisch mittlerer Gruppen; die Rechte griff die Anregung auch bald auf, ohne die Position Reins ernstlich zu übernehmen (vgl. S. 495 f.).
Zu diesen Grundmodellen fügte die Diskussion nur noch unwesentliche Varianten hinzu. Aber selbst die am weitesten vorprellenden Auffassungen in der Frage des Schulaufbaus begriffen die Einheitsschule, auf die sich der ganze Komplex zuspitzte, nicht in der ihr innewohnenden Gleichheitsforderung, der Anmeldung des Rechts auch des Parias auf die Befähigung zur Selbstbestimmung in konkreter historischer Situation, auf den harten und substantiellen Kern gleicher rationaler Bildung inmitten der mannigfaltigen Sonderveranstaltungen zu spezieller Leistungsbefähigung, auf die ein universales Bildungswesen nicht verzichten kann. Diese fundamentale Dimension ist ausgeblendet. Unter den Draperien pädagogischer Vorgaben blieb – diesen Eindruck vermitteln die Protokolle – dem Reformflügel selber seine Beschränkung auf den Kampf um soziale Aufwertung verborgen. Dieser Kampf implizierte die Anerkennung des bestehenden Systems und bestätigte es. Der Berichterstatter schilderte die Ausgangslage mit Bezug auf das Kaiserreich so: »... man hat die Scheidung des Volkes nach arm und reich, nach Gebildeten und Ungebildeten, nach Dienenden und Herrschenden als gegeben hingenommen und bei der vielfachen Abhängigkeit der Bildung vom Besitz diese Gegensätze kulturell noch befestigt.« (S. 342). Demgegenüber sollten nun in der Republik die Klassengegensätze so überwunden werden, daß wachsend persönliche Eigenschaften und Talente, nicht gesellschaftliche Zuordnung in allen Berufen den Maßstab

des Aufstiegs abgaben. Als Aufgabe der Schulreform wurde also gegen die herkömmliche Zuweisung von Funktionen im Herrschaftssystem durch die Schule deren Einstellung allein auf die individuelle Eigenart des Menschen gesetzt. Sie sollte das Letzte sein, das Radikale; daß der Mensch Zweck, nicht Mittel sei, darin blieb die Schulreform den großen Ansätzen des antifeudalistischen Bürgertums verbunden. Aber daß dieses Postulat aus der objektiven Vernünftigkeit des Menschen und seiner möglichen Geschichte sich ergibt, diese Erkenntnis war dem Kleinbürgertum abhanden gekommen. An die Stelle der objektiven und allgemeinen Vernünftigkeit als Potenz aller Individuen tritt deren schlechthinnige Besonderheit als Aufgabe der Schule; allein der Individualität gegenüber behielt die Gleichheitsforderung kleinbürgerlichen Sinn. »Gleichheit darf hier nur besagen, das volle, gleiche Recht jeder positiven Besonderheit« (S. 175), so definierte Natorp. Gleichheit reduziert sich also auf die der Chance, die eigene, spezifische Entfaltungsmöglichkeit in einer Schule gesichert zu finden, die eine solche Entfaltung bisher unter die Kuratel bestehender Herrschaft gebeugt hatte. Bei Tews heißt es: »Die Schule, die wir neu aufbauen wollen, hat die Aufgabe, die ganze Volksjugend zu umfassen und zu berücksichtigen und alle Anlagen in unserer Jugend herauszubilden und zu entwickeln ...« (S. 466). »Was wir wollen, das ist, daß jeder und jede, daß alle im Volke zu den Bildungsgütern gelangen, die Ausbildung erfahren können, die ihnen gemäß ist ... alle im Volke und der ganze Mensch. ... Keiner hat das besser ausgedrückt als Fichte ...: Erziehung allen ohne Ausnahme! Aber jedem das Seine ...« (S. 532, 533). Hier verlangt das Kleinbürgertum nur, den formalen Gleichheitsbegriff der Bourgeoisie auch auf das Bildungswesen anzuwenden, auf das Recht eines jeden, ein Besonderer, ein Individuum zu sein. »Wir sind ja nicht die Vertreter der ›Gleichheit‹, wir sind nicht die Vertreter der Einförmigkeit. Wir wollen ja die ganze Mannigfaltigkeit des menschlichen Lebens und Seins in die Schule hineintragen.« (S. 530). Die letzte Konsequenz aus dem individualistischen Ansatz, die Auflösung der Schulklasse, die Differenzierung des Lehrplans in ein breit gegliedertes System wahlfreier Kurse, zog Tews freilich

nicht, das geschah im Modell des Bundes entschiedener Schulreformer, auf dessen eigene, verhaltene Weise auch bei Petersen, der schon als Hamburger Lehrer Elemente des späteren Jenaplans vortrug (vgl. auch S. 603 f.). Weil für Tews die stofflichen Angebote, welche die neue Schule den »Anlagen und Neigungen« aller Individuen entgegenbringen mußte, (damit sie »dem dient, was diese Anlagen und Neigungen im geistigen Leben und auch im wirtschaftlichen Schaffen geleistet haben und in Zukunft leisten sollen« S. 466), im Grunde durch die funktionsbezogenen Lehrpläne der bestehenden Schulen schon repräsentiert wurden, genügte es ihm, im Rahmen seines Modells alle Bildungsgänge für »gleichwertig« zu erklären und im übrigen handfeste Zugeständnisse zu machen (vgl. S. 710). Mehr gab der Ansatz auch nicht her. Wo die Frage ungestellt bleibt, was der Mensch – die Leistungen der Schule anbelangend – in konkreter historischer Situation objektiv braucht, lassen sich alle möglichen Resultate der Schularbeit unterschiedslos gleichordnen, alle drücken sie die besonderen Werte besonderer Individuen und damit die naturwüchsige Anarchie des Ganzen aus. Folgerichtig wurde dem Bewertungssystem der bestehenden Ordnung das Feld kampflos geräumt; vielmehr erkannte der auf den Bereich der Bildung zurückgenommene Gleichwertigkeitsanspruch die gesellschaftliche Ungleichheit an und stabilisierte sie. Für Tews »ist die Bürgerschule . . . keine niedere Schule, keine Schule der ›Dummen‹, sondern die Schule, in der sich vor allem die Kreise des Volkes, die in Gewerbe und Kunst schaffen werden, entwikkeln sollen. Neben dieser steht gleichwertig die als Mittelschule bezeichnete Schule; ich möchte sie Wissensschule nennen. Das Erkenntnisvermögen ist nicht das höchste im Menschen, es ist ein gleichwertiges neben allem andern. . . . der Mann, der mit seinen Händen etwas Ehrliches und Tüchtiges schafft, ist durchaus gleichwertig demjenigen, der sich in der Wissenschaft betätigt (Sehr richtig!)« (S. 468). ». . . es ist kein Aufstieg, wenn jemand von einer Dorfschule an ein Gymnasium übergeht . . . Das ist ein Übergehen in eine andere Tätigkeit, die in ihrem Wesen anders . . ., aber der ersten durchaus gleichwertig ist.« (S. 467).
»Gleichwertig, aber nicht gleichartig« – auf diese Formel

konnten sich alle Flügel der Reformkonferenz einigen, von etlichen anpassungsunfähigen Reaktionären abgesehen: der Reformflügel konnte sich in der Illusion der Anerkennung sonnen, während die »Elite« nur die Anerkennung ihrer Ungleichartigkeit brauchte, um ihre Privilegien durch den entpolitisierten Reformangriff wirksam bestätigt zu finden. Die Rechte, die wohl wußte, daß die Bildungsgänge ihre Bewertung nicht von der Einmaligkeit und Würde der Individuen erfahren, sondern von den gesellschaftlichen Funktionen her, auf deren Ausfüllung jene Gänge schulisch vorbereiten sollen, brauchte nur die alte Fabel des Menenius Agrippa vom Bauch und den Gliedern erneut anzuwenden, um den Reformflügel mit dem vermeintlichen Zugeständnis der Gleichwertigkeit auch der gesellschaftlichen Funktionen (der Berufe) ganz einzuschläfern. Nahezu unübertrefflich gelang das Spranger, der die Reform als »ruhmvolle Entwicklung« bezeichnete und Tews als ihren »Vollender« hofierte, hinzufügend, »daß wir jetzt eine ganz andere soziale Struktur in Deutschland haben werden, so daß hoffentlich der Bildungsgang allein nicht mehr entscheidend ist für das Ansehen, das ein Mensch genießt. (Sehr gut!) Wenn ich mit einem Bauern über sein Feld gehe und nicht fühle, wie dumm ich bin, dann bin ich wahrhaftig ein doppeltes Kamel. (Große Heiterkeit und Zustimmung).« (S. 636). Die Plumpheit ist Raffinesse; Spranger kennt seine Pappenheimer, schaut dem Kleinbürger aufs Maul. Weniger intelligente, unvorsichtigere Vertreter der Rechten waren da offener: die Ungleichheit ist von Gott, es wird immer Intelligente geben, die intellektuelle Bildung, und Dumme, die sittliche Erziehung brauchen. Universitätsprofessor Mausbach war sich da ganz sicher; »denn bei all den angestrebten Ausgleichungen und Vermittlungen zwischen verschiedenen Schularten wird es vom rein intellektuellen Standpunkte aus doch immer einen Vorrang der höheren Schulen geben, eine aristokratische Auslese der Denkenden und Schaffenden, die nach unten hin einen peinlichen Abstand bedeutet. (Sehr richtig!) Nur der sittliche Gesichtspunkt, daß alle Pflichttreue, hingebende und begeisterte Arbeit den Menschen adelt, und nur der aus einer solchen Gesinnung hervorgehende soziale Gemeinsinn kann der nationalen und sozialen

Einheitsschule einen wirklich belebenden und versöhnenden Geist verleihen und einen organischen Zusammenhalt gewährleisten,« (S. 476). Die Anerkennung der Gleichwertigkeit forderte dem Reformflügel einen hohen Preis ab: daß er alles beim alten lasse, die Naturordnung anerkenne. Aber diese Forderung war nicht überzogen; sie setzte auf den Grundwiderspruch der kleinbürgerlichen Position, der in der reformerischen Stoßrichtung auf die Statusanhebung bisher unterprivilegierter Gruppen im stabilen Zusammenhang bürgerlicher Gesellschaft ging. Studienrat Dr. Behrend nannte den »Grundfehler« des reformerischen Konzepts, daß die »Einheitsschule einseitig mit dem Ziel der Universität aufgebaut wird. Sie werfen uns vor, daß wir akademischen Standesdünkel haben. (Zustimmung und Zurufe. Aber sehr!) Trotzdem bauen Sie Ihre Schulen einzig und allein darauf auf, daß jeder sich diesen Standesdünkel auch erwerben kann. (Lebhafte Zustimmung. – Widerspruch und Zurufe.) Es ist vorhin gesagt worden, und dem können wir zustimmen, daß alle Schulen, die Sie nebeneinander aufbauen, ... gleichwertig sind. Der Ansicht sind wir auch. ... Aber die Schule wird nicht eine gleichwertige Vorbildung zur Universität geben. ... es wird einfach so dargestellt, als stünde nebeneinander einer mit praktischer Begabung, der Handarbeiter, und auf der anderen Seite der Theoretiker. Nein, meine Herren, das spreche ich hier scharf aus, daß unsere Industrie und unsere Weltstellung doch von der Intelligenz in allererster Reihe abhängig ist und daß man diese Begabung nicht einfach nur als anderswertig bezeichnen kann.« (S. 480). »Gleichwertig« hätte Behrend im Kontext gesagt haben müssen, »anderswertig« hatte er *gemeint*, Decouvrierung machte nichts aus; die Mehrheit wußte ohnehin, worum es ging. Im Rahmen der gegebenen Ordnung konnte sich »gleichwertig« bestenfalls auf die optimale Effektivität des Verschiedenartigen in der Klassengesellschaft beziehen, auf die Vollkommenheit der Funktionstüchtigkeit sowohl des Handarbeiters wie des Industriekapitäns und dessen, was zu dieser Tüchtigkeit führte.

Freilich drohte mit solchem Eingeständnis die Einheit der Einheitsschule sinnlos zu werden. Wieder fand das Kleinbürgertum eine Lösung, die sowohl seine unverwechselbare

Identität zwischen Proletariat und Großbourgeoisie emphatisch hervorhob als auch die wachsenden Mittelschichten den herrschenden Gewalten als unentbehrlich andiente. Schon für die Schule und ihre Gestaltung, nicht erst für die Beruhigung der breiten Massen, wurde die Ideologie der Sozialpartnerschaft ausgebaut und geschärft; sie stammte im Monopolkapitalismus aus kleinbürgerlichen Quellen und trat zu dieser Zeit mit besonders irrationalistischem Habitus auf, tendierte von Anfang an zu aggressivem Chauvinismus. Als das Einheitsstiftende wird die *Gemeinschaft* proklamiert. Die Kategorie der Gemeinschaft unterlief alle gesellschaftlichen Widersprüche, alle Klassenantagonismen; sie gebot, zu den Ursprüngen zurückzukehren, vor allen Widerspruch, in die warme Bergung der Natur, in der »Gemeinschaft« sich als »Nation« zu erkennen geben sollte. In der ursprünglichen Einheit der Nation sah man die Gegensätze negiert. »Wenn ich früh morgens mit meinen Schülerinnen zur Schule gehe, und es gehen mit uns die Arbeiter und Arbeiterinnen, dann habe ich den Eindruck: Ihr seid doch eine einzige große Nation« (S. 579), so Gaudig. Einheitsschule bedeutete gemeinsames Umfaßtsein aller Schularten von vorrationaler, guter Gewalt, bedeutete Erziehung aller Verschiedenartigen zur Gemeinschaft, Rückführung in den Schoß, in dem alles Heil wirkt und webt. Hier wurde der bürgerliche Warenfetischismus total mystifiziert; die Magie des Worts löschte jeden scharfen Gedanken aus, Beschwörung ersetzte Analyse. Unversehens wurde so aus dem Konzept des aufklärerischen, antifeudalistischen Bürgertums, dem die Einheit der Volksbildung als Konsequenz aus dem revolutionären Vernunftbegriff hervorging, ein reaktionärer Schulbegriff, der die Vernunft durch den irrationalen Qualm völkischen »Geistes« ersetzte: »Die Pflege eines einheitlichen völkischen Geistes wird aber am meisten verbürgt durch einen einheitlichen, vom Staate geleiteten Aufbau unseres Schulwesens ...« (S. 431). Die Einheit der Schule lag in ihrer Aufgabe als »deutscher Nationalschule«, die »unsere höchsten und heiligsten Güter« zu vermitteln hat. »Der äußere Feind hat uns viel genommen. Er kann uns noch viel mehr nehmen. Aber diese Quelle unserer Kraft, unseren Glauben, unser Deutschtum, kann er uns niemals nehmen.

Ich meine, darauf kommt es nicht an, daß wir uns hier schließlich um die beste Schulorganisation streiten. ... die Kardinalfrage ... müßte dies sein: Was haben wir zu tun, daß unser armes deutsches Volk wieder gesund werde an Leib und Seele.« Die unvergänglichen Quellen auch der Schularbeit seien Christentum und Deutschtum. »Solange diese Quellen noch fließen, sage ich: Noch ist Deutschland nicht verloren. (Lebhafter Beifall.)« (S. 507). Der Beifall kam durchaus auch vom Deutschen Lehrerverein, handelte es sich hier doch um eine Einheitsvorstellung, der auch Tews als Repräsentant des Vereins nicht fernstand: die verschiedenartigen Schularten müssen »in sich verbunden sein, ... damit jeder das in sich entfalten kann, was er in sich trägt, und damit im Volke, in der Jugend der Gedanke der Volksgemeinschaft ... fest begründet wird.« (S. 466). Dergleichen Sentenzen, soweit sie die Industrieproduktion, also die »deutsche Weltgeltung« nicht behinderten, führten in ihrer monumentalen Irrationalität zu Wiederbelebung des Neandertalers: die Flügel konnten sich unter der Leitwährung des Gruppeninstinkts im Überlebenskampf innig verbinden. Der in der Konsequenz dieses Gemeinschaftsgedankens liegende Schulbegriff war so reaktionär, daß auch die Rechte ihm zustimmte, sofern ihr nicht, aus den feudalistischen Verhaftungen ihres Bewußtseins, *alles* Bürgerliche zutiefst suspekt war. Binder, der halbliberale Berichterstatter der höheren Schulen, wußte, daß unter diese Einheitsauffassung alles sich subsumieren ließ, sowohl die verschiedenen Modelle des Reformflügels wie die heteronomen Bildungszüge des überkommenen Schulwesens. Im Appell an die tiefsten Instinkte des Kleinbürgers lag auch die Chance für diejenigen, die mit den alten Eliteschulen ihren Status verteidigten. »In diesem Sinne«, sagte Binder, »ist der erste Gedanke, den wir vorausstellen, der Einheitsgedanke. ... wenn sich alle dieses Einheitswillens als eines nationalen bewußt bleiben«, wird vielleicht »diese Reichsschulkonferenz im Gedächtnis der Nachwelt fortleben können als ein Bekenntnis zur nationalen Schuleinheit in diesem geistigen und höchsten Sinne.« (S. 458). Was immer der Staat, der das Schulwesen zu organisieren hat, zu tun für richtig befinden würde – es empfinge die Weihe des Wurzelbodens, wenn der einheitliche Volkswille die staatlichen Entscheidungen trug. Denn: »Das Recht zur Gestaltung der Bildungswege liegt bei der Volksgemeinschaft, die sich des Staates nur als Mittel zur eigenen Vollendung bedient« (S. 454), so Kerschensteiner.

Das aber eben war das sehr schlichte Problem: Was wollte die »Volksgemeinschaft«? Unter dem schillernden Vokabular der Beschwörung chthonischer Gewalten lagen aber die handfesten Interessenkämpfe nicht so tief, daß sie uns unauffindbar wären: die »Volksgemeinschaft« wollte die ungestörte Maximierung der Profite über den Weltmarkt. Umgekehrt brauchte man in den Diskussionen jener Konferenztage nicht subjektiv unehrlich zu sein, wenn man ein (wenigstens vages) Wissen davon hatte, daß die soziale und ökonomische Pazifizierung der proletarischen und kleinbürgerlichen Massen letztlich von den Steigerungsraten des Sozialprodukts und der Kapitalexportquote abhing und von dem ganzen Komplex politischer und psychologischer Bedingungen, die ein Nachkriegserfolg der Wirtschaft erfüllt finden mußte. Und auf der Grundlage dieses Wissens warf das Reden um Neuanfang oder Bewahrung des Überkommenen zentral die nüchterne politische Frage auf, bis zu welchem Grade die Beteiligung des Kleinbürgertums an der gesellschaftlichen Herrschaft erzwungen werden konnte. Die Fronten auf der Reichsschulkonferenz vergegenständlichten unmittelbar keine Klassenantagonismen – diese deuteten sich nur indirekt und in Randbemerkungen an –, sondern setzten das untergründige gemeinsame Interesse an der Stabilisierung des ökonomischen Systems voraus – trotz alles kleinbürgerlich-antikapitalistischen Pathos, das hinter dem Zorn gegen die ihren Erfolg abschirmenden Kapitalisten die Lust verbarg, eben jenen Erfolg zu teilen. Der »recht verstandene Einheitsschulgedanke« bedurfte nur des »innerlich einheitlichen« Bildungsbegriffs, so konnte mit der scharfen Abhebung »innerer Einheitlichkeit« von »äußerlich mechanischer Gleichheit« (S. 619) der Nationbegriff auch in der Schulreformdebatte die identischen Interessen der Flügel ausdrücken. Das Problem wird viel mehr von der Sprache aufgeworfen, in der die Antworten auf diese Fragen ebensosehr über der Geschichte schwebten, wie sie eben gerade in diesem idealistischen Gewand und unter dessen Verhüllung, auch *vermittels* der Verhüllung, manifeste Interessen befriedigten. Dieses durch die Sprache der Reichsschulkonferenz sich entfaltende Problem ist das der deutschen Pädagogik überhaupt, wie sie mit der Reformbewegung um die Jahrhundertwende ihr kleinbürgerliches Regiment anzustreben begonnen hatte; es handelt sich um ein politisch-ökonomisches Problem. Aber es ist einstweilen noch unklar, welcher Art genau die Beziehungen zwischen den sich durchsetzenden monopolistischen Strukturen und den von ihnen ausgelösten politischen und sozialen Verwerfungen und Veränderungen sind, besonders in den Niederschlägen, die diese Beziehungen im Überbau haben und ihrer Dynamik. Die deutsche Pädagogik war auf dieser Stufe des Gesellschaftsprozesses imstande, entscheidende pädagogische Kategorien des sich emanzipierenden Bürgertums des 17. und 18. Jahrhunderts zu reaktualisieren und zur gesellschaftlichen Forderung zu schärfen: Selbsttätigkeit, Autonomie, Arbeit, Einheitsschule, Bildungsgleichheit. Die Spontaneitätstheorien indessen, welche diese Reaktualisierung ebenso umfassen und tragen, wie sie selber zu ihren Momenten gehören, lähmten von allem Anfang sich selber und ihre Folgen durch den tiefen Irrationalismus einer verzerrten Rousseau-Rezeption, durch die totale Mystifikation der Kräfte, die eine jede Spontaneitätspädagogik an die Stelle der von ihr verworfenen Autorität setzen muß.

Die Instanz, auf die das Kleinbürgertum sich zur Legitimierung seiner Forderungen berief, war längst bürgerlich vorgegeben: Die Natur. Diese hatte allerdings schon im konkurrenzkapitalistischen Stadium alle Beziehung zur Vernunft abgebrochen. Ihren bornierten bürgerlichen Sinn offenbarte sie nun, indem sie sich als vorrationale Macht dem Denken entzog und damit – auch in der Pädagogik und der Schulreformdebatte – keinen Einspruch gegen ihre sozialdarwinistischen Entfaltungen zuließ. Alle Flügel auf der Reichsschulkonferenz waren sich einig darin, daß die Natur über die Frage des individuellen Bildungsganges jeweils schon vorentschieden hatte, gegen Anlagen und Begabungen gab es keine Berufsinstanz, als pädagogisches Problem blieb nur das der richtigen Auslese. Dabei war es durchaus nicht so, daß mindestens die Schulreformer, die ihrem eigenen Anspruch nach ja das ganz Neue wollten, die Naturverhängung gesellschaftlichen Schicksals hätten akzeptieren müssen, weil die Voraussetzungen zur Erkenntnis der gesellschaftlichen Konstitution von »Begabung« noch nicht gegeben gewesen wären. Schließlich waren das 17. und 18. Jahrhundert vorausgegangen, und auch auf der Konferenz schlug die aufklärerische Tradition des Bürgertums gelegentlich konkret durch. So etwa bei Oestreich in Zusammenhang der Begründung von Vorschulerziehung: »Wenn man immer wieder damit ankommt, daß das Kind, das von Hause aus Kenntnisse mitbringt – tatsächlich sind es meist die sozialen Vorsprünge, die das Kind befähigen, in drei Jahren die Vorschule durchzumachen –, diese ›Reife‹ nicht verlieren soll, dann sage ich: Die Proletarierkinder, die von Hause aus diese guten Manieren und dieses gute Sprechen nicht mitbringen, sind im Nachteil...« (S. 481). Aber diese Bemerkung, wie etwa auch die Wynekens, daß es »geradezu ein Wunder« wäre, »wenn eine prästabilierte Harmonie bestände zwischen dem, was die Natur geschaffen hat und dem, was das soziale, wirtschaftliche usw. Leben fordert« (S. 494), blieben folgenlos, wurden von der Versammlung übergangen; in dieser Situation wären die Konsequenzen in der Tat revolutionär gewesen. So blieb es auf allen Flügeln bei der sozialdarwinistischen »freien Bahn für die Tüchtigen«, die es angeblich von Natur haben, mit dem kleinbürgerlichen Interesse nun freilich im Zusatz: »... woher sie immer kommen mögen« (S. 506). Der Naturfetischismus des Bürgertums sollte praktisch werden, die Natur künftig die Auslesekriterien liefern, nicht gesellschaftliche Zuordnungen. Wenn »jedes Kind eine seiner Natur und seinem Entwicklungstempo entsprechende Förderung« erfahren sollte, »besteht der organische und gesunde Fortschritt darin, daß an die Stelle der früheren Differenzierung nach äußeren (wirtschaftlichen und gesellschaftlichen) Gesichtspunkten ... eine Differenzierung nach inneren Gesichtspunkten gesetzt werde (Zustimmung).« Schulrat Sickinger aus Mannheim machte unmißverständlich klar, worum es ging: um neue – pädagogische – Formen des Betrugs an den Massen, damit die alte Elitebildung intakt bleibe. »Menschlichkeit und erhöhte Fürsorge dem Schwachen, damit er auch in den vollen Besitz seines natürlichen Erbgutes und zum Bewußtsein seines Menschenwertes gelange; freie Bahn aber auch dem Starken von jedweder Herkunft, damit er zur vollen Auswirkung seiner Persönlichkeit gelange und mit dem ganzen Reichtum seines Könnens dem Ganzen dienen lerne. (Lebhafter Beifall.)« (S. 476). »Fort deshalb mit der Anschauung, die schon soviel Unheil gestiftet hat, alle Kinder hätten ein Recht auf die gleiche Bildung, ... das gleiche Recht der Kinder besteht darin, daß jedes einzelne den Weg zu sich selber finde...« (a. a. O.). Die strenge Forderung nach vollständiger »Pädagogisierung und Psychologisierung« von Schul- und Unterrichtsorganisation, die sich daraus schlüssig ergab, setzte die Instrumentalisierung der Pädagogik für den Zweck voraus, den Individuen durch die gestreckten schulischen Bildungsprozesse mit ihrer Einmaligkeit die Naturwüchsigkeit ihres in Vorbereitung befindlichen sozialen Schicksals zu suggerieren, sie damit blind zu machen für die objektiven Kanalisierungen, in die sie eingespeist wurden. Diese »stärksten pädagogischen Anstöße unserer Zeit sind nicht aus der höheren Schule hervorgegangen, sondern aus der Volksschule. (Sehr richtig.)« (S. 524). Aber eben darin wurde auch der die Auseinandersetzung bestimmende kleinbürgerliche Vorwurf erkennbar, daß erst die Einheitsschule es vermögen sollte, die Kanäle zur Höherqualifizierung auf allen sozialen Ebenen zu öffnen, daß das bestehende System der Tatsache nicht Rechnung trug, daß Naturbegabung zur Elite auch in den Massen vorhanden ist und aktualisiert werden muß. Die Einheitsschule, sagte Gansberg, kann »die große Masse in ihrer Bildung heben. Das können wir dem Staat garantieren. Und wenn wir die Allgemeinbildung erhöhen, sorgen wir auch am besten für den Nachwuchs unter den Führern. Denn aus der großen Masse erheben sich in allen Lebensaltern und nicht bloß in der Kindheit die originalen Geister, die das Leben ihrer Zeit befruchten. (Sehr richtig!)« (S. 524). Es gibt in den Protokollen keinen Hinweis darauf, daß etwa die Bildung der Arbeiterklasse und ihrer Führung gemeint gewesen wäre, die Masse wurde an der kurzen Elle des Kleinbürgertums gemessen, sogar mit einem gewissen

Bewußtheitsgrad; denn der Plan, mit »wirtschaftlichen Mittelschulen« eine Art Zweiten Bildungsweges zu schaffen, der einen neuen »Weg für aufstrebende, bildungsfähige, bildungswillige Leute aus der Masse der werktätigen Bevölkerung« darstellte, »die berufen sind, Führer für diese Masse zu werden« (S. 970 ff.), sollte unter Beteiligung der Arbeiterorganisationen bei dem »Führenden Verständnis für den Sinn der Unternehmung und für die Stellung des Arbeiters in der Unternehmung« (S. 970 f.) erzeugen. Der allmächtigen vorrationalen Natur als dem Determinator der Schulreform blickte hier das Kapitalinteresse aus allen Löchern ihres fadenscheinigen Ornats. »Meine Damen und Herren, wir müssen den Mut haben, den Begabten zuzurufen: Haltet ein! Wir brauchen auch in der Industrie, im Handwerk befähigte und tüchtige Köpfe. (Lebhafte Zustimmung). Jeder Stand muß seinen Adel haben. ... Arbeit adelt – wenn sie mit Herz und mit Verstand getätigt wird. (Lebhafter Beifall und Händeklatschen.)« (S. 582 f.). Nachdem die gesellschaftlich erforderlichen Arbeitsqualifikationen einerseits in dem Naturereignis »Begabung«, andererseits in funktionsbezogenen Bildungsgängen festgemacht worden waren, war mit dem Meßinstrument Leistungsprüfung der Regelkreis zwischen der Urmutter Natur und dem Arbeitsmarkt geschlossen, und zwar als elastische Beziehung, die den Schwankungen der Konjunkturen zu folgen und damit die Rigidität des alten, feudalbourgeoisen Schulsystems zu überwinden vermochte, ohne in die Grundstruktur dieses Systems wesentlich einzugreifen. »Die Pädagogik wird sich dessen bewußt bleiben müssen, daß jede Begabung als etwas Triebartiges nur aus der Leistung zu erschließen ist, die dem freien Willen des einzelnen entspringt. Die Schülerauslese muß sich daher an den Leistungen orientieren und aus ihnen auf die Veranlagung schließen.« (S. 301 f.). Allein der Bund der entschiedenen Schulreformer, getreu dem Glauben an die Macht der Natur in den Individuen, forderte die Schülerselbstauslese mit beträchtlicher Resonanz in den kleinbürgerlichen Gruppen, aber eben sein Festhalten am Naturfetischismus hinderte ihn an der Ausstattung seines Schulkonzeptes nach Maßgabe eines dynamischen Begabungsbegriffs, einer Ausstattung, zu dem dieses Konzept formell

mannigfache und die meisten Voraussetzungen bot. Der große Neubeginn setzte den alten Selektionsmechanismus mit neuen Mitteln fort; aber nur Hierl stellte das auf der Konferenz ausdrücklich fest, die kleinbürgerliche Korruptibilität denunzierend: »Wie gegenwärtig die reale Situation ist, wird bei der geplanten Auslese der Begabten nichts herauskommen als die Fortsetzung der materiellen und der Klassenunterschiede! Denn wir alle stammen aus einem bösen Geschlecht, aus einem bös materiellen, aus einem käuflichen oder gegenüber der Käuflichkeit feig schweigenden Zeitalter.« (S. 499 f.).
Die Korruptionsbereitschaft des Kleinbürgertums machte sich die Rechte bei der Verteidigung ihrer Privilegien in der Frage der Lehrerbildung besonders geschickt zunutze. Hier ging es um die gesellschaftliche Aufwertung der Volksschullehrerschaft, der einerseits Zugeständnisse zu machen waren, sollte die Kontrolle über die Leistungen des niederen Schulwesens gesichert werden, die andererseits aber ganze Institutionengefüge und die in ihnen verankerten Privilegien bedrohte, gab man ihr zu weit nach. Nachdem die Verfassung faktisch das Abiturprinzip eingeführt hatte, konnte die akademische Lehrerbildung der Volksschullehrer nicht mehr umgangen werden. Abgesehen von einigen in dieser Hinsicht hoffnungslosen Romantikern wie Gaudig, die im alten Lehrerseminar die platonische Idee der Lehrerbildung Fleisch geworden sahen (vgl. S. 670 f.), erkannte jedermann diese Konsequenz an; aber die Zuspitzung erfolgte auf die Alternative hin: selbständige Pädagogische Hochschulen bzw. Akademien oder Integration der Lehrerbildung in die bestehenden Hochschulen und Universitäten. Über die Fronten konnte es hier keine Mißverständnisse geben: Selbstverständlich erstrebten die unterprivilegierten Lehrergruppen den Zugang zur Universitätsbildung, den ihnen die Universitätsprofessoren mit Unterstützung der akademischen Lehrerschaft ebenso selbstverständlich mit allem Nachdruck und jeder nur denkbaren Ausflucht verlegten. Freilich war die Position der Rechten in dieser Frage fester; schon die besondere pädagogische Akademie bedeutete ja eine veritable Aufwertung des Volksschullehrerstandes. Dieser versuchte die Forderung nach universitärer Bil-

dung als Konsequenz aus dem Einheitsschulgedanken zu entwickeln, in dessen Diskussion er indessen bereits Kompromißbereitschaft hatte erkennen lassen. Bei dieser Sachlage mußte die Abriegelung der Universität in dem Maße leichter fallen, in dem es gelang, den Reformern die pädagogische Akademie mit Hilfe der kleinbürgerlichen Ideologie selber plausibel erscheinen zu lassen, und der Rechten mußte das um so wichtiger erscheinen, als eine Universitätsbildung der Volksschullehrer mit derart institutionalisierter Einheit der Lehrerschaft die Bekämpfung einer nicht nur nominellen Einheitsschulorganisation sehr viel schwieriger gemacht hätte. Die Protokolle lassen die Fülle der psychologischen Kunstgriffe, die der Rechten zu Gebote standen, bewundernswert erscheinen; das Kleinbürgertum trank den Kelch seiner eigenen hymnischen Verklärung durch seine Gegner wie ein Verdurstender. Zunächst wurden die Interessendifferenzen um die Verteilung von gesellschaftlicher Anerkennung und materiellen Gratifikationen hinwegeskamotiert und die »innere Einheit« des Lehrerstandes beschworen: »... was ist denn ein geistiger Stand geistiger Arbeiter? Das ist jedenfalls nicht ein Stand, der wesentlich zusammengehalten wird durch soziale und wirtschaftliche Interessen, sondern es ist ein Stand, der sein Wesen in dem Dienst an einem objektiven geistigen Gut erblickt.« (S. 616; vgl. 619 f., Gaudig S. 670). Sodann wurde im Verweis auf Spranger darauf hingewiesen, daß das »Wesen der Erzieherseele ... allein in der Liebe zum Menschen« liege (S. 620); es fehlt auch nicht der Bezug auf Pestalozzi, dessen eigentliches Erziehertum in seiner »selbstverleugnenden Liebe« (a.a.O.) gelegen habe, nach Meinung der Rechten hätte er auch Analphabet gewesen sein können, ohne an erzieherischer Zukunftswirkung einzubüßen. Kerschensteiner bekräftigte namens einer ganzen Gruppe am Ausgang der Konferenz noch einmal seine Angst vor einer intellektuellen Bildung der Volksschullehrer mit Verweis auf »den sozialen Wesenskern des Erziehers«, den »die aufopfernde Liebe und Hingabe an die seelische Entwicklung der Jugend« (S. 1045) ausmache. Die theoretische Einstellung des akademisch Gebildeten, so begründete Louis, ist nicht »etwas absolut Hohes«. Der Volksschüler habe ein primitives Bewußtsein, auf dessen Weltsicht müsse der Volksschullehrer eingestellt werden, das sei etwas der theoretischen Bildung durchaus Gleichwertiges (vgl. S. 618). Wolff, Lyzeallehrer, bestärkte: zwischen Volks- und höheren Schülern gibt es »keine Wesensunterschiede, nur Gradunterschiede«, also auch nicht zwischen den entsprechenden Lehrern. »Die seelische Entwicklung vollzieht sich bei allen Schülern nach gleichen Gesetzen.« (S. 639). Mit Abstand am wirkungsvollsten manipulierte Spranger die Volksschullehrerschaft; seine Rede war ein Meisterstück (S. 632 ff.), könnte Bernfelds Macchiavell-Passage angeregt haben. Das »Erziehertum« sei »nicht ein Stand oder eine Reihe von Ständen..., sondern eine Art von unsichtbarer Loge von innerlich Berufenen.« Daher seien bei denen, die Standesdünkel zeigten, »die tieferen Eigenschaften des Erziehers gar nicht vorhanden.« Nach dieser kostenlosen Disqualifikation der Akademiker – die ja auch von Spranger ausgebildet wurden – folgte das klagende Eingeständnis, den übermenschlichen Volksschullehrer nicht ausbilden zu können. »Ich will jemanden eher zum Gelehrten machen oder zum Techniker oder zum Politiker, ehe ich ihn durch organisatorische Einrichtungen zum Erzieher machen kann. Das Verständnis für die Jugend ist ein ursprüngliches Lebensorgan...«. Angefeuert vom Beifall der Claqueure, übertraf er sich selbst: »Das pädagogische Genie ist etwas Elementares, etwas, das aus Naturkräften quillt. (Sehr richtig!)«. Wo kann man diese Genies herstellen? Es müßte ein Ort sein, wo – ganz unähnlich den Universitäten – »Lebensnähe und Lebensfülle« nicht »unter dem Hauche der Wissenschaft... ersterben« müßten, eine »Kunsthochschule, eine Hochschule der Menschenbildung«. Zwar hätten die Universitäten die große Pädagogik hervorgebracht, von Fichte und Herbart bis zu Münch, aber was verlange eigentlich die Arbeit des Volksschullehrers? Spranger konnte da ohne Umstände die Volksschullehrerschaft selber zitieren: »Diese Berufsausübung... beruht letztlich auf einer formenden, bildenden, gestaltenden auf einer künstlerisch gerichteten, an Menschenleben sich erprobenden Tätigkeit. Sie setzt voraus Lebenskultur, Einfühlung in den Stoff und seine wissenschaftliche Durchdringung, Beherrschung der Ausdrucksmittel, vornehmlich auch der

Hand. Sie verlangt außerdem vom Lehrer Bodenständigkeit (Verwachsensein mit Heimat und Volkstum) und Einstellung auf das Leben der Gegenwart.« Es folgt der große Akt der Anerkennung durch die wissenschaftliche Welt ineins mit dem ganz schlichten, jedem Kind verständlichen Grund, warum die Akademiker dennoch unter ihresgleichen zu bleiben verurteilt sind: »Wir wollen das in die Universitäten übernehmen, wir sind bereit, dieses ganz Neue in den alten Körper der Hochschule aufzunehmen. Warum sollte das nicht denkbar sein? Denkbar wohl, aber technisch-praktisch, ist es ganz undurchführbar.« Wo sollen die qualifizierten Kräfte herkommen, die die neuen Massen von Lehrerstudenten betreuen? Und wäre das überhaupt wünschbar? Beklagenswert wäre es, »wenn das Fachlehrertum auch in die Volksschule hineinkäme und dort ausschließlich herrschte. Denn dort soll der volle Mensch und die lebendige Humanität herrschen.« Wer – wenn er so nach einem Zeichen des Wohlwollens seitens der Herrschaft gehungert hat wie die Volksschullehrerschaft – hätte einem solchen massierten Angebot einer entente cordiale widerstehen können? »Das 17. Jahrhundert hat die Akademien hervorgebracht – obwohl die Universitäten schon bestanden –, das 19. Jahrhundert die Technischen Hochschulen. Sollte nicht das 20. die gleiche Produktivität auf dem Gebiet der Pädagogik aufweisen können? Wenn diese Gründung (der Pädagogischen Akademien, G.K.) nicht möglich ist, ist die Bewegung nicht so stark, wie ich es ihr zutraue.« Die Bewegung war zu schwach. Unbeirrt zwar brachte sie ihre Forderung vor (vgl. S. 622 f., 630 f., 640 f., 641 f., 644 f., 655 f., 660 f., 669), aber zu genau schon hatte Spranger aus sicherer Kenntnis der Beweggründe jedes Argument konterkariert. Um Logik ging es ohnehin nicht, sondern um Psychologie. Die Schwäche der Auseinandersetzung mit Spranger belegt der Beitrag des sächsischen Kultusministers Seyfert (vgl. S. 681) oder der Habitus des Beitrags von Muthesius (vgl. S. 685 f.). Selbst die Rede Wynekens, die an Abstand und Kritik in diesem Diskussionszirkel ihresgleichen suchte, blieb verhaftet ans Gegebene. Zwar reichte sie schon in ihren einleitenden Sätzen aus, weit über Spranger hinauszuweisen, kaum freilich über diejenigen, die Sprangers Mimikry weniger karikiert als vielmehr geführt hatte: »Die Frage des Universitätsstudiums der Volksschullehrer ist durchaus die gleiche Frage wie die der Einheitsschule ... Die Frage ist bei der Einheitsschule sowohl wie bei der Lehrerbildung zunächst eine soziale Frage, eine politische Frage und als diese politische Frage ist sie eben einfach zu bejahen. Und wenn man sie auch nicht bejaht, die Sache kommt doch. Sie kommt mit einer sozialen Naturnotwendigkeit, man mag wollen oder nicht.« (S. 675).

Die Feinnervigkeit Wynekens, die ihn von der ganz andersartigen Sprangers unterscheidet, war geöffnet gegen die untergründigen Tendenzen der kapitalistischen Entwicklung, ahnte die Zwänge, die in dieser Entwicklung nicht sowohl zur Verwirklichung des Rechtes auf gleiche Bildung für alle, als auf die der Einheitsschule und der in die Universität integrierten Lehrerbildung hintrieben. Mehr als Ahnungen gestattete der *Arbeitsbegriff* nicht, in dem in den Diskussionen der Reichsschulkonferenz jene Tendenz ihren damaligen Kernbestand hatte. Zwar handelte es sich hier um die besondere, die pädagogische Variante des Arbeitsbegriffs, die für den Reformflügel mehr das Symbol einer vollständigen Reorganisation der inneren Schularbeit, des wilhelminischen Unterrichtsdrills bedeutete, und in dieser Form trat »Arbeit« in tiefster Spannung zu jenem Arbeitsbegriff auf, wie er vom gesellschaftlichen Reproduktionsprozeß gefordert wurde. Immerhin brach die konkrete, gesellschaftliche Arbeit stets wieder in die Diskussion pädagogischer Arbeit ein. Diese schillerte in den Bedeutungen, in denen von ihr gesprochen wurde, in allen Farben; die Konferenz war sich klar darüber (vgl. etwa S. 607). Aber die Bedeutungsvielfalt des pädagogischen Arbeitsbegriffes hatte etwas zu tun mit der Dimension gesellschaftlicher Reproduktion, die die Auseinandersetzung umgab, offene, vor allem verborgene Probleme aufwarf. Was die Forderung auf Einführung des Arbeitsprinzips in die Schule anbetraf, so gab Stadtschulrat Weiß die geschlossenste Formulierung, die auch Untertöne hörbar machte, Hintergründe andeutete: »Alle Schulen müssen den Unterricht unter den Gesichtspunkt des Arbeitsgedankens stellen. Das geschieht dadurch, daß wie bei den Mädchenschulen nun auch in den Knabenschulen der Handarbeitsunterricht zur planmäßigen Entwicklung der praktischen und technischen Anlagen als Fach eingeführt, ferner dadurch, daß in den Sachfächern zeichnerisches Darstellen und körperliches Gestalten geübt und die Arbeit als eine Quelle der Erkenntnis beachtet wird, schließlich dadurch, daß sich aller Unterricht auf innere Verarbeitung, auf aktives Verhalten der Jugend, auf Selbsttätigkeit stützt. Wir haben allzusehr das Buchwissen geschätzt, allzusehr die praktische Arbeit vernachlässigt, unsere höhere Bildung dem Volk entfremdet und diesem das Vertrauen zu den höheren Schichten dadurch genommen. Und wo wir technische Bildung gelehrt und verbreitet haben, geschah es viel zu sehr in dem Geiste der Nützlichkeit und des wirtschaftlichen Erfolges, viel zu sehr auch in dem Geiste vernichtender Kritik, die vieles zerstört, dem Volk die Ehrfurcht geraubt und nichts Ebenbürtiges an die Stelle gesetzt hat.« (S. 346; vgl. auch Kühnel S. 557 f.). Arbeit in der Schule also als Alternative zum kritischen Denken für alle; Arbeit als Quelle eines neuen, aktiven Menschentypus, der die Gegensätze zwischen höheren und niederen Klassen überwindet; Arbeit als neues stoffliches und methodisches Auswahlkriterium, als Denominator einer neuen Begabungs-, Qualifikationsstruktur und damit auch als neues Auslesekriterium für den Aufstieg der Begabten. Arbeit, so lehren die Protokolle, wurde gefordert als neues Medium, in dem sich das Einheitsstiftende der nationalen Einheitsschule, die Gemeinschaft, verwirklichen sollte, Arbeitsgemeinschaft wurde zur Grundorganisationsform des Unterrichts erklärt. Andererseits bezog sich die Arbeit der Gemeinschaft in der Schule auf den jeweils einzelnen, auf die Entfaltung seines »Erbgutes«, die innere Ausstattung seiner unverwechselbaren Individualität, wurde als bestimmter Gang zur Beseelung und Vergeistigung des Menschen verstanden. Die Kategorie der Selbsttätigkeit verweist auf den antiautoritären Zug im Begriff der Arbeitsschule, der die offene Dominanz des Staates in den Unterrichtsprozessen in das »Werkgeschehen« der Arbeitsgemeinschaft zurückzunehmen geeignet sein sollte. Mit der Arbeit in der Produktion, in der gesellschaftlichen Reproduktion, hatte dieser pädagogische Arbeitsbegriff, in welcher seiner Bedeutungen immer, in der Tat wenig zu tun. Zwar brachten die sozialistischen Lehrer im Reformflügel materialistische Töne in die Begründung der pädagogischen Arbeit ein; sie verstanden unter der Anwendung des Arbeitsprinzips »ein Hineinstellen so wie der Jugend, so auch der werdenden Lehrer in den Zusammenhang mit der werteschaffenden Arbeit« (S. 666), Löwenstein wies auf den Abgrund zwischen der modernen, arbeitsteiligen Industriearbeit und dem hin, was Schule als Arbeit leisten sollte (vgl. S. 585), und Robert Seidel, erster der modernen Arbeitsschultheoretiker und Intimfeind Kerschensteiners, leitete die Arbeitsschule mit Mitteln marxistischer Anthropologie ab (vgl. S. 187 ff.). Aber den Hiatus zwischen pädagogischer und Industriearbeit überwanden auch sie nicht; von der Schlußfolgerung her ergab sich der Materialismus als Quasi-Materialismus, der Realismus als romantisch verbogen: Die Beziehung der pädagogischen auf die werteschaffende Arbeit sollte deren Vergeistigung dienen (vgl. S. 666); Löwenstein wollte die Arbeit in einer künftigen sozialistischen Wirtschaftsordnung durch die Schule erzieherisch vorwegnehmen, um so die künftige Ordnung vorzubereiten (vgl. S. 585), und die Vorstellung Seidels, daß durch moderne Fabrikarbeit »keine Erziehung zur Arbeit möglich« (S. 189) sei, führte ihn nur zu dem Schluß: »Da die alte natürliche Arbeits- und Erziehungsgemeinschaft der Familie verschwunden ist, so muß eine neue Arbeits- und Erziehungsgemeinschaft geschaffen werden. – Diese neue Arbeits- und Erziehungsgemeinschaft ist die Arbeits- und Werkschule, wo die Arbeit als Unterrichtsgegenstand, als Unterrichts- und Erziehungsprinzip und als Unterrichts- und Erziehungsmethode in Wirksamkeit tritt« (S. 190).

Der Anschluß des sozialistischen Arbeitsschul- und Arbeitsbegriffes an den der Masse des kleinbürgerlichen Reformflügels war ein Anschluß an Vorstellungen, die einen präindustriellen, bestenfalls manufakturbürgerlichen Horizont gesellschaftlicher Arbeit wiederbelebten. »Alle Schulen«, sagte Seidel, »sollen Arbeits- und Erziehungsgemeinschaften der Schüler und Lehrer für erziehende und bildende Handarbeit in den Werkstätten, in den Schul- und Schülergärten, in den Feldern und Wäldern werden.« (a.a.O.). Das Produktionsschulkonzept des Bundes der entschiedenen Schulreformer wollte eine letztlich durch handwerkliche, landwirtschaftliche und gärtnerische Produktion ökonomisch selbständige Schulgemeinde einrichten. Nach Kawerau »handelt« es »sich ... darum, daß wir die typischen Erscheinungen des handwerklichen Lebens hineinnehmen in die Schule, daß die Kinder mit den Grundbedingungen von Ackerbau, Landwirtschaft und Viehzucht bekannt gemacht werden ... Deshalb muß die Schule an die Peripherie der Großstädte verlegt werden, damit dort in Verbindung mit dem Lande eine solche praktische Tätigkeit möglich wird ... Erst dann wird in der Schule die Gemeinschaft entstehen. Nur in dem gemeinschaftlichen Werk, in der Aufgabe, die mir positiv gestellt wird, und die ich zu bewältigen habe, ... wächst eine Schar von Kindern zusammen.« (S. 564 f.). Kleinbürgerlicher Anti-Urbanismus, tiefes Mißtrauen gegen die sich durchsetzende Großstadtkultur prägte sich dem pädagogischen Arbeitsbegriff hier auf. Mystifizierung der Gesellschaft und Mythologisierung der Natur werden als konstitutive Elemente des Arbeitsbegriffes sichtbar; die heile, kleinbürgerliche Arbeitswelt, wie sie höchstens noch in halbvergessenen Randzonen der Gesellschaft Bestand hatte, wurde in den Mittelpunkt gerückt, die ausdrückliche und scharfe Abwendung von der Arbeitswirklichkeit des Industrieproletariats war charakteristisch – diese Wirklichkeit war es gerade, die im Durchgang durch die schulisch organisierte Arbeitswelt eines vergangenen Kleinbürgertums geheilt werden sollte. Am weitesten ging da wohl Gurlitt mit seinen Schulfarmen: »Es würde dem deutschen Volk außerordentlich dienlich sein, wenn eine neue Generation heranwüchse, Millionen von Stadtkindern, die ihre Jugend wesentlich in der Natur verbracht haben.« Es sei eine Fehlentwicklung gewesen, daß »Stadtkinder naturfern aufwuchsen, nicht dazu kamen, in der freien Natur Stunden der Ruhe, Weihe und Andacht zu verleben. ... Großstadtkinder (haben) keine oder selten Gelegenheit ..., ins Freie zu kommen, die Sonne aufgehen, den Bauern pflügen zu sehen, die Lerchen singen zu hören usw. Was das für die Stadtjugend bedeutet, welche geistige Verödung, das ist klar. Wie sollen sie da z. B. ein Goethesches Gedicht verstehen von der Lerche: ›die über uns, im blauen Raum verloren, ihr schmetternd Lied singt‹ . . .«. Sie sollen »in der Natur, und aus diesem Urgrund allen Lebens und aller Erkenntnis die Stärkung ihrer eigenen Kraft und Bildung schöpfen . . . Es soll alle Arbeit für die Farm geleistet, die Kinder sollen angehalten werden, ihre Tätigkeit ganz in den Dienst der Farm zu stellen, und die Farm soll sich selbst erhalten.« (S. 963). Wie die alten Griechen sollte die Jugend hier aus den Festen in der Natur ihre künstlerische Kultur entwickeln. Die Kinder »werden mit dem Mutterboden eng verwachsen und aus dem mütterlichen Boden ihre Kraft schöpfen und auch rein materiell die Nährwerte schaffen, deren die unterernährte Jugend jetzt so dringend bedarf . . .« (S. 595 f.). Auch Heinrich Vogeler stand damals diesem spezifisch kleinbürgerlichen Irrationalismus noch nicht prinzipiell fern (vgl. S. 736). Heimwehkranke Kleinbürgerphantasien drängten sich in der Diskussion der inneren Reform allenthalben penetrant vor, Familienseligkeit schwindelte sich über die Vernichtung der proletarischen Familie hinweg, nur die Bedrohung der bürgerlichen Familie wurde bejammert (vgl. S. 328, 529, 568, 575, 612, 897), die Arbeitsgemeinschaft wurde an der Elle der mittelalterlichen Dombauhütte gemessen (vgl. S. 499, 526, 530, 610), deutsche Waldeinsamkeit beschworen (vgl. S. 896) und die Heimattreue biologisch verklärt: »Aus dem Boden der Heimat entsprossen, soll jede Heimatschule als ein eigenes Gewächs gehegt und gepflegt werden, je nach ihrer Art sich entfalten und mit ihresgleichen in fröhlichem, ungehemmtem Wettbewerb die Herzen der Jugend erfüllen mit vollem Verständnis, inniger Liebe und felsenfester Treue zur engeren und weiteren Heimat« (S. 897), zu welcher letzteren natürlich »ein leuchtendes Beispiel die Bewohner unserer Nord- und Ostmark« geben,« die gerade in diesen Tagen in so herrlicher Weise ihre Treue zur Heimat bekunden. (Bravo!)« (S. 896). Kleinbürgerlicher Antiintellektualismus bricht überall durch, wie ausdrücklich etwa in den Bekundungen des Darmstädter Ministers Strekker zur Arbeit der Volkshochschulen (vgl. S. 979).

Kein Zweifel, daß dergleichen petit-bourgeoiser Überschwang von der Rechten mit gemischten Gefühlen aufgenommen werden mußte, besonders bei den sporadischen

Industrievertretern. Die Professoren und die Lehrer der höheren Schulen konnten ihre Privilegien in der Verteidigung des herkömmlichen Schulsystems nur soweit sichern, als sie imstande waren, ihre den sozialen Besitzstand charakterisierenden Unterrichtsweisen unter den Begriff der pädagogischen Arbeit zu subsumieren; der Wind stand ihnen ins Gesicht. Sieht man einmal von dem in seiner Plumpheit einigermaßen schwachsinnigen Versuch des Düsseldorfer Generalpräses Mosterts ab, den Akademikern für ihren Nachwuchs eine Handwerkslehre anzuempfehlen (vgl. S. 589), so kann die Taktik der Rechten als im ganzen geschickt, jedenfalls erfolgreich gewertet werden. Am nächsten lag die Wiederaufnahme der alten Soziallüge von der Einerleiheit der Arbeit im Lichte ihrer notwendigen Teilung – eines Topos, den ja schon Kerschensteiners Begriff der Arbeitsschule kultiviert hatte und aus dem später – mit bloß untergründiger Beziehung zu Kerschensteiner – das lebensgefährlich-faschistische Geschwätz von den »Arbeitern der Stirn und der Faust« wurde, samt der ganzen Ideologie der deutschen Arbeitsfront (vgl. S. 587 f.). Dazu mußte der herkömmliche Gymnasialunterricht als Arbeitsunterricht nachgewiesen werden. Zwar ging das nicht so leicht, wie jener Philologe es sich gedacht hatte, der namens »einer größeren Anzahl von Gleichdenkenden« erklärte, es sei »eine durchaus aktive Leistung, einem zusammenhängenden Vortrag mit gesammelter Aufmerksamkeit zu folgen und das Vorgedachte nachdenkend sich anzueignen. (Beifall und Zischen)« (S. 964). Vorsichtiger war da schon sein Kollege, der mit dem Nachweis einer Reihe von Möglichkeiten, im mathematisch-naturwissenschaftlichen Unterricht der höheren Schule die Schülerhand zu betätigen, den Eindruck erweckte, als sei die höhere Schule zum Arbeitsunterricht nicht nur bereit (vgl. S. 605). Die Grenze des möglichen Zugeständnisses lag für die höhere Schule da, wo einmal ihre theoretischen Inhalte, zum anderen deren systematische Vermittlungsform durch das kleinbürgerliche Arbeitsprinzip infrage gestellt wurden. Sie wollte keinen Werkstättenunterricht akzeptieren, und sie wollte die Formen strenger unterrichtlicher Führung den gleichsam libertinistischen Methodenforderungen der Reformer nicht ausliefern. Das ließ sich freilich zu dieser Zeit schon nicht mehr mit der Unabhängigkeit der Welt des Geistigen gegenüber der bloßen Materie begründen (vgl. S. 574); diese These konnte wieder das Kleinbürgertum nicht akzeptieren. Eine Radikalisierung des Arbeitsprinzips indessen, die das Unterrichtsverständnis der verschiedenen Schularten unter einen Hut brachte, ließ Einigungen nicht aussichtslos erscheinen. »Der Kernpunkt der methodischen Reformen... ist wohl auch nicht die Handarbeit als solche, sondern das umfassende Prinzip der Aktivität, der Selbsttätigkeit des Schülers. Es hat vielleicht niemand diese Grundsätze besser und schärfer herausgearbeitet als unser Kerschensteiner...« (S. 575). »Dieses Prinzip des allgemeinen Arbeitsunterrichts ist viel fruchtbarer als der Anlaß, der es hat hervorquellen lassen, nämlich als das Prinzip, daß man die Manualität auf der Schule pflegen müsse. Gewiß, das muß auch geschehen, aber man muß überall den Gedanken des Arbeitsunterrichts auch am geistigen Stoff entwickeln und betonen.« (S. 576). Gaudig gelang es dann, das Arbeitsprinzip in dem der freien geistigen Arbeit so zu verdunkeln, daß jeder das Seine darunter verstehen und sich doch als Arbeitspädagoge wissen konnte (vgl. S. 589 f.). Die vom Ausschuß erarbeiteten Leitsätze zum Arbeitsunterricht taten ein übriges: sie empfahlen, das Verständnis des Arbeitsbegriffes und der Arbeitsschulmethoden weitgehend freizugeben (vgl. S. 741); »Wenn irgendwo, so muß auf dem Gebiet des Neulands Freiheit herrschen (Bravo!), nur nicht die Freiheit, das Gute zu unterlassen« (S. 961). Damit behielt die höhere Schule nicht nur faktisch freie Hand für ihre Lehrplangestaltung; auch die Forderung, das Schöpferische im Kinde durch freien, arbeitenden Umgang mit den Sachen in die Leitung des Bildungsprozesses ein-, die Lehrerautorität aber in den Kreis der Arbeitsgemeinschaft zurücktreten zu lassen, konnte damit als für das niedere Schulwesen reserviert erachtet werden. Der antiautoritäre Aspekt des Arbeitsprinzips war ja auch denen zutiefst suspekt, die die Mahnung zur »Ehrfurcht vor dem Kinde« ständig im Munde führten. Mit der im Monopolkapitalismus objektiv erfüllten Voraussetzung einer vom materiellen Mangel befreiten Welt erhalten antiautoritäre Strömungen, wie etwa die Jugendbewegung, ihren ebenfalls objektiven, guten Sinn: in einer Welt mit steigender Produktivität und zunehmenden technischen Möglichkeiten, die vitalen Bedürfnisse aller Menschen in immer kürzerer Arbeitszeit zu befriedigen, kann der Mensch den von der Gewalt gebeugten Nacken und den Blick vom Stiefel des Herrn zu dessen Antlitz heben. Das geschieht immer nur konkret, und die Masse wie der Kern der damaligen antiautoritären Bewegung war kleinbürgerlich: von heftiger Sehnsucht nach derjenigen individuellen Entfaltung berstend, von deren unverwechselbarem Substrat, dem bürgerlichen Eigentumstitel, sie keine Ahnung hatte, blind in ein Freies hinausstreunend, in dem nichts als die blaue Blume des Wandervogels wartete. Solcherart unpolitische Gärung aber ist domestizierbar; gelegentlich klangen auf der Konferenz Töne auf, welche die spätere freundliche Zurückhaltung der Industrie gegenüber kleinbürgerlichem Antiautoritarismus schon andeuteten (vgl. etwa S. 988). Der Oberlehrerschaft indessen, sogar großen Teilen der kleinbürgerlichen Lehrerschaft auf der Konferenz scheint der nüchterne Kalkül des Bilanzbuches, gar eines erst noch aufzuschlagenden, gänzlich fremd gewesen zu sein, jedenfalls war ihnen der Unband der Jugend zutiefst suspekt. Ein Musterbeispiel dafür gab Kerschensteiner, als er auf den Beitrag des Studenten Alfken erwiderte. Dieser warf als Vertreter der Jugendbewegung der Versammlung ein komplettes Mißverständnis des Jugendproblems vor, hielt ihr den Kuhhandel mit ihren Interessen entgegen: »Es ist ein trauriger Anblick für die Jugend, einen Vertreter nach dem anderen aufstehen zu sehen und sein Verslein herbeten zu hören, das an bestimmte Organisationen gebunden ist – das ist wahrhaftig ein trauriger Anblick. (Heiterkeit). Sie glauben, damit ihre Pflicht getan zu haben. Haben Sie wirklich so wenig Sinn für die Jugend, daß Sie sich hier um Systeme streiten, in denen jeder Typus Lehrer etwas für sich erhaschen möchte? (Oho-Rufe und Lachen.)« (S. 514). Die Rede war antiintellektualistisch, unklar, voller Gärung und Leidenschaft, voller Überdruß am Bestehenden. Aber sie riß den Vorhang vor den realen pädagogischen Problemen und Perspektiven fort, hätte der Konferenz als Material von außerordentlichem Wert dienen können. Die Versammlung vergab die Gelegenheit. Den servilen Kommilitonen Alfkens, stud. theol. Vogel, aestimierte sie mehr (vgl. S. 516 f.). Und Kerschensteiner, jedenfalls hier ohne Ahnung von den Problemen seiner Zeit außer der, daß sie seine wohlgefügte Ordnungsvorstellung zu erschüttern drohten, hatte für Alfken nicht mehr als Widerwillen und ein beleidigtes Witzchen übrig (vgl. S. 541 f.). Zu dem Problem der Spontaneität der Kinder und Jugendlichen im gesellschaftlich-organisierten Bildungsprozeß wußte die Oberlehrerschaft nicht viel mehr zu bemerken als Goethes »Entsagen sollst du, sollst entsagen«. Binder fügte hinzu: »Dazu müssen wir unsere Jugend doch erziehen. Ausleben, meine Damen und Herren, damit kommt das deutsche Volk nicht hoch. (Stürmischer Beifall.) Dieses strenge Wort wollen wir unserer Jugend von früh auf ins Gedächtnis, ins Gefühl und in den Willen einhämmern. (Bravo!).« (S. 538; vgl. S. 600 f.). Dabei hätte die Angst, die diese Rigidität hervortrieb, als solche vor dem schlechthinnigen Autoritätsverlust gar nicht bestehen müssen; was die antiautoritäre Jugend wollte, war nicht das Ausleben, sondern – ihre Führer (vgl. S. 1043 f.). Die kleinbürgerlich-antiautoritäre Jugendbewegung bedeutete die Vorahnung ihres absoluten, totalitären Gegenteils, die auf der Reichsschulkonferenz noch streng getrennten, je gegensätzlichen Seiten verschmolzen in der Folgezeit miteinander: der Führer, nach dem sich die kleinbürgerliche Jugend in ihrer Mehrheit gesehnt hatte, verwendete »einhämmern« als eines seiner Lieblingsworte.

Wo in der Diskussion der Arbeitsschule die Interessen der Industrie zur Sprache kamen, bot sich ein differenzierteres Bild. Daß der Arbeitsunterricht die Interessen der Wirtschaft berührte, wußten die Pädagogen, doch hielten sie sich als Pädagogen für unzuständig (vgl. S. 589). So wurden eine Reihe von Bemerkungen von höchster Relevanz für die Wirtschaft ohne Reflexion dieser Relevanz vorgetragen. Kein geringerer als Andreesen stellte fest: »Was wir brauchen, ist auch nicht der schöpferische Mensch, wie Herr Dr. Karsen verlangte; denn wir wollen uns klar sein: unter 100 Menschen ist noch nicht ein schöpferischer Mensch. 99 Menschen brauchen die Anlehnung (Sehr richtig); sie müssen nur den richtigen Menschen finden, an den sie sich anlehnen können.« (S. 592). Die Trennung der Idee des Arbeitsunterrichtes von der der Selbständigkeit und autonomen Produktivität fällt dem Kleinbürgertum umso leichter, als schon Tews erklärt hatte, die Autorität in der Schulstube verklärend: »Es ist ja Naturgesetz, daß wir Menschen nach oben sehen ... Wir sehen alle nach oben, an jeder Stelle.« (S. 532). Für die kapitalistische Betriebsorganisation ist diese Frage damals wie heute von zentraler Bedeutung; damals mußte sie nach dem Schock der Räteregierung von besonderer Dringlichkeit sein. In der Arbeitsschule mußten, sollte sie eingerichtet werden können, Begabungsentwicklung und Begabungsauslese kontrollierbar bleiben. Oberbürgermeister Luppe aus Nürnberg forderte unmißverständlich, »daß wir unsere ganze Schulpolitik in die großen Aufgaben des wirtschaftlichen und sittlichen Wiederaufbaus Deutschlands eingliedern müssen. Daraus ergibt sich, daß für die Frage der Berufswahl nicht allein die Befähigung des einzelnen entscheidend sein kann, sondern auch die Frage, welche Berufe wir brauchen. (Sehr gut!) Dieser Gesichtspunkt wird völlig übersehen. (Zustimmung.) Wir brauchen heute ... 50 v. H. ungelernte und angelernte Arbeiter ... Wie sollen wir uns diese Kräfte nun schaffen? Soll es dadurch geschehen, daß jeder erst einen Beruf erlernt und dann hinterher als sogenannter ungelernter Arbeiter deklassiert wird? (Zustimmung.)« (S. 568; vgl. S. 703). Für Luppe ist der schlicht idealistische Ausweg die Befreiung der »ungelernten und angelernten Arbeiter von dem Fluch der Deklassierung«, es sollte »die ungelernte Arbeit nicht mehr als minderwertig« erscheinen (a.a.O.). Die Erzeugung dieser Illusion in den Massen blieb freilich beim damaligen Stand der Sozialtechnologie noch ein frommer Wunsch. Nüchterner und praktikabler erschien da der kaltschnäuzige Kapitalismus, den Oberlehrer Wührer aus München vortrug: »Ein weiteres Schlagwort ist die größtmögliche Entwicklung der im Kinde steckenden Fähigkeiten. Das ist das richtige Schlagwort für die Zukunft, für die Zeit der Anarchie ... Wir brauchen 50 v. H. ungelernte Arbeiter. Das ist eigentlich ein Donnerschlag für jene Leute, die mit freier Phantasie nur die Kräfte frei entwickeln wollen. Die Jugend ist äußerst biegsam und beeinflußbar, und das ist ein Glück für den Staat. Wir müssen zu einer Berufsberatung hindurch kommen, die die Leute dahin leitet, wo man sie braucht und die Fähigkeiten entwickelt, die für sie nötig sind ... Das Wohl der Gemeinschaft kann es erfordern, daß bei vielen vorhandene Eigenschaften verkümmern müssen, damit andere Eigenschaften, die notwendig sind, entwickelt werden können. (Sehr richtig!)« (S. 581). Folgerichtig stellte Betriebsdirektor Jurthe die Institution der deutschen Lehrlingsausbildung als leuchtendes Vorbild der Arbeitsschule vor; dort sei »die wirkliche Verschmelzung von Arbeit und Wissen« zu finden; »wenn Sie ein Stück wirklicher ›Erlebnisschule‹ ... sehen wollen: Gehen Sie in die Fabrikwerkschule der deutschen Industrie, gehen Sie nach Augsburg zu M.A.N., zur A.E.G., zu Siemens, zu Loewe, zu vielen anderen ...« (S. 582). Bei demselben Redner finden sich aber auch andere Wertigkeiten. Danach war der Idealismus der Reformer, die die Pflege des schöpferischen Menschen in der Arbeitsschule forderten, gar so idealistisch nicht, wenn er sich zu amerikanischen Vorbildern bekannte (vgl. S. 573). Mindestens das langfristige Kapitalinteresse fand sich davon affiziert: »Denken Sie an Amerika! Dort werden die Arbeiterkinder mit höherer Schulbildung ausgestattet, aber nicht etwa, wie es bei uns gemacht wird, um sie zur höchsten Spitze der Bildung und Forschung heranzuziehen, sondern damit sie Arbeiter bleiben ...« (S. 583). Daß auch das am weitesten vorprellende Schulreformkonzept, der Einheitsschulplan des Bundes der entschiedenen Schulreformer, formaliter tragende Elemente der künftigen Gesamtschule vorweg – (nicht ohne Einfluß aus dem in der Diskussion mehrmals erwähnten Schweden und von der sozialdemokratischen Pädagogin Ellen Key), also reale Entwicklungstendenzen in der Reproduktionsstruktur aufnahm, das fand auf der Konferenz noch keinen merkbaren Niederschlag – soweit hatte das Kapitalinteresse sein Sensorium noch nicht entwickelt. Unmittelbar brauchte die Wirtschaft – im Hinblick auf die Lehrerbildung – einen Lehrertypus für die Elite und einen anderen für die Massen; sie werden gebraucht werden, »solange wir ein wirtschaftlich differenziertes Volk sind« (S. 665); im Hinblick auf die Arbeiterklasse war die sozialintegrative Indoktrination erforderlich. In seinem Ausschußbericht zitierte Götze den »Vertreter der Wirtschaftsforderung, Professor Hellpach«; dieser habe gezeigt, »daß die Industrie durch die Differenzierung und Spezialisierung der Arbeitsleistung nach dem Taylor-System bis auf die kleinste Handreichung nicht in der Lage ist, diese differenzierte Arbeit wieder zu integrieren...«, daß die Integration »aber wohl geschaffen werden könne und werden müsse, wenn man diese Synthese in den Arbeiter hineinlegt, d. h. wenn man ihm begreiflich macht, daß diese Teilarbeit, die er leistet, ein Stück Solidaritätsüberzeugung ist, indem er die Gemeinschaft vor sich sieht, für die er schafft.« (S. 985). Eine kleinbürgerliche Mehrheit im Ausschuß hatte dagegen zwar die Schülerselbstauslese für richtiger gehalten, weil es der Wissenschaft nicht zugestanden hätte, »über die Laufbahn von Menschen zu entscheiden, die aus irrationalen Quellen ihre tieferen Triebkräfte entfalten« (S. 987), aber der Ausschuß hatte die Forderung der Wirtschaft registriert. Das Kleinbürgertum war nicht bereit, den Baum abzusägen, dessen höhere Äste es unter entscheidender Mithilfe einer desorientierten Arbeiterklasse mühsam genug erklommen hatte. Und diejenigen Reformer, welche die Konferenz mit einem vertieften Verständnis für die notwendige radikale Neuorientierung der Reformfrage an dem Verhältnis von Kleinbürgertum und Proletariat verlassen haben mögen, waren – wie die Geschichte lehrt – jedenfalls zu schwach, sich der Tendenz entgegenzustemmen und so der Schule wie der Pädagogik ihre rationale Struktur zurückzugewinnen.

Bibliographische Hinweise

Zu: Reinhold Bernhard Jachmann
Die Bibliographie dient nur pragmatischen Gesichtspunkten; die behandelte Periode ist vielfältig bearbeitet. Für die in Betracht kommende Zeit kann es sich somit nur um Hinweise handeln.
Die Werke Jachmanns sind ausnahmslos in der Bibliographie genannt; von den übrigen Mitarbeitern des »Archivs« wird auf einige Werke Passows und Zellers verwiesen. Wenn die restlichen Mitarbeiter des »Archivs« in der Bibliographie nicht eigens berücksichtigt werden, dann ergibt sich dies ausschließlich aus dem Charakter ihrer Mitarbeit.
Im Hinblick auf die Bibliographie müssen die Arbeiten Helmut Königs besonders genannt werden. Er hat nicht nur Jachmann der Vergessenheit entrissen, sondern durch die Monumenta Paedagogica, Band I: »Zur Geschichte der Nationalerziehung in Deutschland« eine ganze Periode der deutschen Bildungs- und Schulgeschichte wieder zugänglich gemacht.

1. Schriften Jachmanns

Prüfung der Kantischen Religionsphilosophie in Hinsicht auf die ihr beygelegte Aehnlichkeit mit dem reinen Mystizism von Reinhold Bernhard Jachmann, Prediger der evangelischen Gemeinde zu Marienburg. Mit einer Einleitung von Immanuel Kant. Königsberg bei Friedrich Nikolovius, 1800.
Nachricht an das Publikum von den Conradischen Erziehungs- und Schulanstalten, 1801 (nicht mehr auffindbar).
Über das Ideal eines vollkommenen Erziehers, 1802 (nicht mehr auffindbar).
Immanuel Kant geschildert in Briefen an einen Freund von Reinhold Bernhard Jachmann, Königlichem Director des von Conradischen Provinzial- Schul- und Erziehungsinstituts Königsberg, bei Friedrich Nikolovius, 1804.
Entwurf zur Nationalbildung, 1809 (nicht mehr auffindbar).

Über das Verhältnis der Schule zur Welt, 1811, neu abgedruckt in: Dokumente des Neuhumanismus I, bearbeitet von Rudolf Joerden, 2, Weinheim 1962.
Nach den Beiträgen zum »Archiv Deutscher Nationalbildung« sind weitere Arbeiten Jachmanns nicht bekannt geworden.

2. *Passow und Zeller*

Franz Passow's Vermischte Schriften, hrsg. v. W. A. Passow, Leipzig 1843.
Franz Passow's Leben und Briefe. Eingeleitet von Dr. Ludwig Wachler, hrsg. von Albrecht Wachler, Breslau 1839 (mit ausführlicher Bibliographie).
K. A. Zeller, Schulmeisterschule, 4, Leipzig 1839.
ders., Lernmittel für den wechselseitigen Unterricht, Stuttgart 1839.

3. *Allgemeine bibliographische Hinweise*

F. von Baader, Über das dermalige Mißverhältnis der Vermögenslosen oder Proletairs zu den Vermögen besitzenden Klassen der Sozietät, München 1835.
J. F. J. Arnoldt, Friedrich August Wolf in seinem Verhältnis zum Schulwesen und zur Pädagogik, 2 Bände, Braunschweig 1861/62.
C. T. Perthes, Politische Zustände und Personen in Deutschland zur Zeit der französischen Herrschaft, 2 Bände, Gotha 1862.
Lübker, F., Gelehrtenschulwesen, in: Enzyklopädie des gesamten Erziehungs- und Unterrichtswesens, hrsg. von K. A. Schmid, Band 2, 1862.
R. Köpke, Zum Andenken an Dr. Joh. Schulze, Kl. Schriften, Berlin 1872.
Allgemeine Deutsche Biographie, XIII, 1881.
G. Voigt, Die Wiederbelebung des klassischen Altertums oder das erste Jahrhundert des Humanismus, 2 Bände, 3. Aufl. Berlin 1883.
C. Varrentrapp, Johannes Schulze und das höhere preußische Unterrichtswesen in seiner Zeit, Leipzig 1889.
C. Rethwisch, Deutschlands höheres Schulwesen im 19. Jahrhundert, Berlin 1893.
Geschichte der Erziehung vom Anfang an bis auf unsere Zeit, bearbeitet in Gemeinschaft mit einer Anzahl von Gelehrten und Schulmännern von K. A. Schmid, fortgeführt von Georg Schmid, 5. Band, Erste Abteilung, Stuttgart 1901.

John Edelheim, Beiträge zur Geschichte der Sozialpädagogik mit besonderer Berücksichtigung der französischen Revolutionszeit, Berlin 1902.
Alfred Heubaum, Zur Geschichte des 1. preußischen Schulgesetzentwurfs (1798–1807), Monatsschrift für höhere Schulen, Berlin 1902, 1. Jahrgang.
Alfred Heubaum, Die Nationalerziehung in ihren Vertretern Zöllner und Stephani, Halle 1904.
Eduard Spranger, Wilhelm von Humboldt und die Reform des Bildungswesens, Berlin 1910.
G. Budde, Die Pädagogik der preußischen höheren Knabenschulen unter dem Einfluß der pädagogischen Zeitströmungen von Anfang des 19. Jahrhunderts bis auf die Gegenwart, 2 Bände, Langensalza 1910.
Paul Schwartz, Die Gelehrtenschulen und das Abiturientenexamen in Preußen unter dem Oberschulkollegium 1788–1806, Band 1 und 3, Berlin 1910/12.
Eduard Spranger, Der Zusammenhang von Politik und Pädagogik in der Neuzeit. Umrisse zu einer Geschichte der deutschen Schulgesetzgebung und Schulverwaltung, in: Deutsche Schule, 18. Jg., 1914.
F. Paulsen, Geschichte des gelehrten Unterrichts, 2 Bände, Berlin und Leipzig 1919–1921.
Hans Girsberger, Der utopische Sozialismus des 18. Jahrhunderts in Frankreich und seine philosophischen und materiellen Grundlagen, Zürich 1924.
Karl-Ernst Schellhammer, Geschichte der Einheitsschulidee. Ein Beitrag zur Geschichte der Schulorganisation in Deutschland, Oppeln 1925 (enthält wichtige Quellen).
Hans Seel, Beiträge zur Geschichte des Begriffs einer deutschen Nationalerziehung am Ausgang des 18. Jahhunderts, Münster 1926.
Paul Schwartz, Die Schulen der Provinz Westpreußen unter dem Oberschulkollegium 1787–1806, in: Zeitschrift für Geschichte der Erziehung und des Unterrichts, 16. Jg. (1926), (Enthält wichtige Quellen).
Erich Feldmann, Der Preußische Neuhumanismus. Studien zur Geschichte der Erziehung und Erziehungswissenschaft im 19. Jahrhundert, I. Band, Bonn 1930.
Elisabeth Siegel, Das Wesen der Revolutionspädagogik, Langensalza 1930.
Käte Rauhut, Die pädagogischen Theorien der Französischen Revolution, Halle 1934.
Hubert Brocher, Das Problem der deutschen staatsbürgerlichen Bil-

dung und Erziehung vom Ausgang des 18. Jahrhunderts bis zum Ende der preußischen Reformzeit, Köln 1936.
Robert Alt, Die Industrieschulen. Ein Beitrag zur Geschichte der Volksschule, Volk und Wissen Verlag, Berlin 1948.
Erziehungsprogramme der Französischen Revolution. Eingeleitet und erläutert von Robert Alt, Volk und Wissen Verlag, Berlin 1949 (Enthält Schriften von Mirabeau, Condorcet und Lepeletier).
Deutsche Nationalerziehungspläne aus der Zeit des Befreiungskrieges. Eingeleitet und erläutert von Helmut König, Volk und Wissen Verlag, Berlin 1954 (Enthält Schriften von Jachmann, Harnisch, Hillebrand und Follen).
Schriften zur Nationalerziehung in Deutschland am Ende des 18. Jahrhunderts, Volk und Wissen Verlag, Berlin 1954, eingeleitet und erläutert von Helmut König (Enthält Schriften von Resewitz, Lachmann, Campe, Villaume, Wilhelm von Humboldt sowie Stephani).
Josef Dolch, Lehrplan des Abendlandes, Ratingen 1959.
Monumenta Paedagogica, Band I: Helmut König, Zur Geschichte der Nationalerziehung in Deutschland, hrsg. von der Kommission für deutsche Erziehungs- und Schulgeschichte der Deutschen Akademie der Wissenschaften zu Berlin (mit umfassender Bibliographie), Akademie-Verlag Berlin 1960.
Gernot Koneffke, Menschenbildung und Kinderarbeit bei Pestalozzi und Owen. Eine Analyse der Erziehungswerke Pestalozzis und Owens als Beitrag zur Ideengeschichte der Arbeitsschule, 1961.
Wilhelm Roessler, Die Entstehung des Modernen Bildungswesens in Deutschland, Stuttgart 1961.
Dokumente des Neuhumanismus I, bearbeitet von Rudolf Joerden, 2, Weinheim 1962 (Enthält Jachmanns Schrift: Über das Verhältnis der Schule zur Welt, sowie Schriften von Ast, Jacobs und Evers).
Adalbert Rang, Der politische Pestalozzi, Frankfurt a. M. 1967 (Frankfurter Beiträge zur Soziologie, Band 18).
Hans Weil, Die Entstehung des deutschen Bildungsprinzips, 2, Bonn 1967.
Heinz-Joachim Heydorn, Zum Bildungsproblem in der gegenwärtigen Situation, in: Kritische Beiträge zur Bildungstheorie, Diesterweg-Verlag, Frankfurt a. M. 1967.
Heinz-Joachim Heydorn, Wilhelm von Humboldt, Abstand und Nähe, in: Kritische Beiträge zur Bildungstheorie, Diesterweg-Verlag, Frankfurt a. M. 1968.
Heinz-Joachim Heydorn, Zum Verhältnis von Bildung und Politik, in: Die Pädagogik, Handbuch der Erziehungswissenschaften, ihrer Fachgebiete und Nachbarwissenschaften Band I (Mit Modellen Humboldt, Fichte, Marx), Rembrandt Verlag, Berlin 1968.

Zu: Bildungstheorie Hegels

Die Hegel Literatur ist unübersehbar. Zur Bildungstheorie im spezifischen Sinne sind zwei Arbeiten anzugeben:
Paul Ehlert: »Hegels Pädagogik, dargestellt im Anschluß an sein philosophisches System«, Berlin 1912
Karl-Ludwig Furck, Der Bildungsbegriff des jungen Hegel, Weinheim 1953
Auf folgende Untersuchungen wird besonders verwiesen:
Ernst Bloch, Subjekt–Objekt. Erläuterungen zu Hegel, Frankfurt 1962.
Hans Friedrich Fulda und Dieter Henrich (Herausgeber), Materialien zu Hegels ›Phänomenologie des Geistes‹, Frankfurt 1973.
Karl Löwith, Von Hegel zu Nietzsche. Der revolutionäre Bruch im Denken des 19. Jahrhunderts, Stuttgart 1950.
Georg Lukács, Der junge Hegel. Über die Beziehungen von Dialektik und Ökonomie, Neuwied 1967.
Oskar Negt (Herausgeber), Aktualität und Folgen der Philosophie Hegels, Frankfurt 1970.
Franz Rosenzweig, Hegel und der Staat, München–Berlin 1920.

Zu: Zur Bildungsgeschichte des deutschen Imperialismus
Abschnitte 1 und 2.

Robert Alt (Herausgeber), Monumenta Paedagogica Band 10 und 11, Berlin 1970.
Herwig Blankertz, Berufsbildung und Utilitarismus, Düsseldorf 1963.
Herwig Blankertz, Bildung im Zeitalter der großen Industrie, Hannover 1969.
Adolf Bohlen, Auswirkungen der preußischen Schulreform, Leipzig 1925.
Albert Fischer, Das alte Gymnasium und die neue Zeit, Lichterfelde 1900.
Gustav Friedrich, Die höheren Schulen und die Gegenwart, Leipzig 1896.
Ludwig Gurlitt, Der Deutsche und sein Vaterland, politisch-pädagogische Betrachtungen, Berlin 1903.
Ernst Haeckel, Die Welträthsel, Bonn 1899.
Heinz-Joachim Heydorn, Zum Verhältnis von Bildung und Politik, Erziehungswissenschaftliches Handbuch Erster Band, Berlin 1969.
Heinz-Joachim Heydorn, Über den Widerspruch von Bildung und Herrschaft, Frankfurt 1970.

Heinz-Joachim Heydorn, Zu einer Neufassung des Bildungsbegriffs, Frankfurt 1972.
Ferdinand Hornemann, Die Berliner Dezemberkonferenz und die Schulreform, Hannover 1891.
Ferdinand Hornemann, Die neueste Wendung im preußischen Schulstreite und das Gymnasium, Berlin 1901.
Georg Kerschensteiner, Grundfragen der Schulorganisation, Leipzig 1921 (4. Auflage).
Paul de Lagarde, Deutsche Schriften, Göttingen 1878–1881.
Julius Langbehn, Rembrandt als Erzieher, Leipzig 1890 (3. Auflage).
Hugo Müller, Das höhere Schulwesen Deutschlands am Anfang des 20. Jahrhunderts, Stuttgart 1904.
Friedrich Nietzsche, Über die Zukunft unserer Bildungsanstalten, Vorträge, gehalten in Basel in der Zeit vom 16. Januar bis 23. März 1872.
Friedrich Paulsen, Geschichte des gelehrten Unterrichts, Leipzig 1885.
Friedrich Paulsen, Das deutsche Bildungswesen in seiner geschichtlichen Entwicklung, Leipzig 1906.
Conrad Rethwisch, Die Schulfrage in ihrer Wendung durch die Kaiserworte und die Dezemberkonferenz, Berlin 1891.
Conrad Rethwisch, Deutschlands höheres Schulwesen im 19. Jahrhundert, Berlin 1893.
Gustav Roethe, Humanistische und nationale Bildung, Berlin 1906.
Eduard Sack, Unsere Schulen im Dienste gegen die Freiheit, Braunschweig 1874.
Eduard Sack, Schlaglichter zur Volksbildung, Nürnberg 1886.
Otto Schmeil, Über die Reformbestrebungen auf dem Gebiet des naturgeschichtlichen Unterrichts, Stuttgart 1899.
Heinrich Schulz, Die Schulreform der Sozialdemokratie, Dresden 1911.
Herbert Spencer, On Education, 1861, Deutsche Übersetzung Jena 1881.
Eduard Spranger, 25 Jahre Erziehungspolitik, Berlin 1919.
Johannes Tews, Ein Jahrhundert preußischer Schulgeschichte, Heidelberg 1914.
Heinrich von Treitschke, Die Zukunft des deutschen Gymnasiums, Leipzig 1890 (2. Auflage).
Hinweis:
Eine Dissertation von Eckhard Glöckner zu dem Thema »Die preußische Schulreform im Dienste des Imperialismus« ist in Frankfurt in Vorbereitung.

Abschnitt 3

Beiträge zur Bildungspolitik und Pädagogik der revolutionären deutschen Arbeiterbewegung in der Zeit der Novemberrevolution und der revolutionären Nachkriegskrise 1918–1923, Teile 1, 2, Monumenta Paedagogica Bd. e IV, V, Berlin 1968.
Klaus Bergk, Untersuchung über die schulpolitischen Innovationen der Weimarer Republik und ihre Rezeption durch die damalige politische Linke, Darmstadt 1971 (Magisterarbeit, unveröff.).
Die deutsche Schulreform. Ein Handbuch für die Reichsschulkonferenz, hg. v. Zentralinstitut f. Erziehung und Unterricht Berlin, Leipzig 1920.
Die Reichsschulkonferenz in ihren Ergebnissen, hg. v. Zentralinstitut f. Erziehung und Unterricht Berlin, Leipzig 1920.
Christoph Führ, Zur Schulpolitik der Weimarer Republik. Darstellung und Quellen, Weinheim 1972.
Günther Grünthal, Reichsschulgesetz und Zentrumspartei in der Weimarer Republik, Düsseldorf 1968.
Gerd Hohendorf, Die pädagogische Bewegung in den ersten Jahren der Weimarer Republik, Berlin 1954.
Johannes Schenk, Zur politischen und pädagogischen Position von Heinrich Schulz in der Novemberrevolution 1918, in: Jahrbuch für Erziehungs- und Schulgeschichte, Jg. 4 1964, Berlin 1964, S. 135 ff.
Roland Schmidt, Die Lehrerfrage auf der Reichsschulkonferenz von 1920, Diss. phil. Gießen 1969.
Heinrich Schulz, Der Weg zum Reichsschulgesetz, Leipzig 1920.

Über die Autoren

Dr. phil. Gernot *Koneffke,* geb. am 28. 8. 1927 in Lauenburg/Pommern. Studienfächer: Pädagogik, Philosophie, Kunstgeschichte. Professor für Pädagogik an der Technischen Hochschule Darmstadt.

Dr. phil. Heinz-Joachim *Heydorn,* geb. am 14. 6. 1916 in Hamburg-Altona. Studienfächer: Philosophie, Sinologie, Englisch. Professor für Pädagogik an der Johann Wolfgang Goethe-Universität Frankfurt am Main.

Die in den »Studien«, Band 2, vorgelegten Aufsätze beziehen sich auf folgende, von den Verfassern im Verlag Detlev Auvermann, Glashütten im Taunus, edierten Texte (ungekürzte Neudrucke der Originale):

»Archiv Deutscher Nationalbildung. Herausgegeben von Reinhold Bernhard Jachmann und Franz Passow«, Berlin 1812 (Frankfurt 1969)

»Hegel's Ansichten über Erziehung und Unterricht. In drei Theilen. Als Fermente für wissenschaftliche Pädagogik, von Dr. Gustav Thaulow«, Kiel 1853 (Glashütten im Taunus 1973)

»Hallische und Deutsche Jahrbücher für Wissenschaft und Kunst«, 1838–1843, 10 Bände (Glashütten im Taunus 1971)

»Verhandlungen über Fragen des höheren Unterrichts, Berlin, 4.–17. Dezember 1890«, Berlin 1891 (Glashütten im Taunus 1973)

»Verhandlungen über Fragen des höheren Unterrichts, Berlin, 6.–8. Juni 1900«, Halle 1901 (Glashütten im Taunus 1973)

»Die Reichsschulkonferenz von 1920. Ihre Vorgeschichte und Vorbereitung und ihre Verhandlungen, Berlin, 11.–19. Juni 1920«, Leipzig 1921 (Glashütten im Taunus 1973)